Jack Welch
con Suzy Welch

WINNING
[Ganar]

Jack Welch
con Suzy Welch

WINNING
[Ganar]

VERGARA
GRUPO ZETA **z**

Barcelona • Bogotá • Buenos Aires • Caracas • Madrid • México D.F. • Montevideo • Quito • Santiago de Chile

Título original: *Winning*
Traducción: Magdalena Palmer

1.ª edición: noviembre 2005
1.ª reimpresión: febrero 2006

© 2005 by Jack Welch, LLC.
© Ediciones B, S.A., 2005
   para el sello Javier Vergara Editor
   Bailén, 84 - 08009 Barcelona (España)
   www.edicionesb.com
   www.edicionesb-america.com

Publicado por acuerdo con Harper Business,
un sello de HarperCollins Publishers, Inc.

ISBN: 84-666-2109-1

Impreso por Quebecor World.

A los cientos de hombres y mujeres cuyo extraordinario interés
por los negocios les hizo alzar la mano para preguntar

El autor ha donado los ingresos que le ha reportado este libro a la beneficencia.

ÍNDICE

LA EMPRESA

LA COMPETENCIA

LA CARRERA

ATAR CABOS

Introducción

«UNA PREGUNTA NUEVA CADA DÍA»

C UANDO TERMINÉ mi autobiografía (una ocupación divertida, pero tan laboriosa e intensa que prácticamente arrinconó mi verdadero trabajo de entonces), juré que no volvería a escribir otro libro.

Pero no ha sido así.

Mi excusa, de haber alguna, es que la idea del libro no se me ocurrió a mí. Me la dieron.

Podría considerarse un regalo de jubilación de las miles de personas que he conocido desde que dejé General Electric: hombres y mujeres llenos de energía, curiosidad, agallas y ambición, cuyo amor por los negocios les llevó a plantearme todas las preguntas imaginables. Para responderlas, tuve que recapacitar acerca de lo que sabía, ponerlo en orden, formularlo, tomar prestadas historias de otras personas... Fue así como surgió este libro.

Las preguntas a las que me refiero empezaron durante la gira promocional de mi autobiografía, que abarcó desde finales del año 2001 hasta gran parte del 2002. Recuerdo haberme sentido abrumado por el cariño que la gente demostró hacia General Electric: de costa a costa de Estados Unidos y en numerosos países de todo el mundo, fueron muchos los que me relataron historias entrañables sobre sus experiencias laborales en la empresa, o de lo que había sucedido a su hermana, padre, tía o abuelo cuando trabajaban allí.

Sin embargo, además de estas historias, también me sorprendió que hubiese tantas personas interesadas en aprender y entender el mundo de los negocios.

Cuando aparecía en programas radiofónicos, los oyentes insistían en que explicase el sistema de diferenciación de General Electric, que divide a los empleados en tres categorías de rendimiento y los asciende o prescinde de ellos en función de su actuación. Los asistentes a las firmas de mi libro deseaban saber si hablaba en serio al afirmar que el jefe de recursos humanos de toda empresa debería ser al menos tan importante como el director financiero (¡muy en serio!). Durante una visita a la escuela de negocios de la Universidad de Chicago, un ejecutivo de India me pidió que le explicara con más detalle cómo llevar a cabo una excelente evaluación de rendimiento.

Las preguntas no terminaron con la gira promocional del libro. Continuaron en aeropuertos, restaurantes y ascensores. En una ocasión, un surfista casi me abordó con su tabla en Miami Beach para que le diera mi opinión acerca de una franquicia. No obstante, en su mayor parte proceden de las aproximadamente ciento cincuenta sesiones de preguntas y respuestas en las que he participado a lo largo de los últimos tres años en ciudades de todo el mundo, de Nueva York a Shanghai o de Milán a México D. F. En esas sesiones me acompaña en el estrado un moderador, por lo general un periodista especializado en economía, e intento responder a todas las preguntas que me plantea el público, cuyo número puede oscilar entre las treinta y las cinco mil personas.

Las preguntas son muchas y variadas: desde cómo hacer frente a la competencia de China, hasta la forma de dirigir a personas difíciles pero con talento, pasando por cómo encontrar el trabajo perfecto, mejorar Seis Sigma, contratar al personal adecuado, gestionar en tiempos de incertidumbre, sobrevivir a fusiones y adquisiciones o planificar una estrategia letal.

> Ha habido literalmente miles de preguntas, pero la mayoría de ellas se reducen a ésta: «¿Cómo se consigue el éxito?»

«¿Qué debo hacer —se me ha preguntado—, si obtengo excelentes resultados pero trabajo para un estúpido que no parece advertirlo, o si soy la única persona en mi empresa que considera necesarios los cambios, o si el proceso presupuestario en mi compañía está lleno de trabas, o si pretendo lanzar un gran producto y la dirección no quiere darme la autonomía ni los recursos necesarios para hacerlo?»

«¿Qué puedo hacer —me han planteado—, si los responsables de mi empresa no hablan claro, o si debo dejar marchar a un empleado de mi agrado pero que no rinde, o si tengo que ayudar a mi organización a manejar la crisis en la que estamos inmersos desde hace un año?»

Me han preguntando por el modo de combinar las exigencias de los hijos, el trabajo y todo lo demás, cómo jugar al golf, hacer reformas en la casa o recaudar dinero en un acto benéfico. Me han cuestionado sobre la forma de conseguir el ascenso soñado... sin hacerse enemigos. Ha habido preguntas sobre tendencias de la macroeconomía, industrias emergentes y fluctuaciones monetarias.

Ha habido literalmente miles de preguntas, pero la mayoría de ellas se reducen a ésta: «¿Cómo se consigue el éxito?»

Y ése es el tema del presente libro: ganar. ¡Posiblemente ninguna otra cuestión me habría hecho escribir de nuevo!

Porque creo que ganar es fabuloso. No simplemente bueno, sino fabuloso.

En los negocios, ganar es fabuloso porque si las empresas ganan, la población prospera y crece. Hay más oportunidades para todos y en todas partes. Las personas se sienten optimistas sobre su futu-

> Creo que ganar es fabuloso. No simplemente bueno, sino *fabuloso*. Porque si las empresas ganan, la población prospera y crece. Hay más oportunidades para todos y en todas partes.

ro; tienen recursos para enviar a sus hijos a la universidad, pagar una buena mutua médica, comprar una segunda residencia y tener una jubilación cómoda y segura. Ganar también les ofrece la oportunidad de devolver tales ganancias a la sociedad de formas muy importantes, no sólo pagando más impuestos, sino también mediante donaciones de tiempo y dinero o dando clases en escuelas de barrios desfavorecidos, por nombrar sólo dos. Ganar regenera todo lo que toca; hace del mundo un lugar mejor.

Por otra parte, cuando las empresas fracasan, todos reciben el golpe. La población siente miedo; su seguridad financiera mengua, y disponen de menos tiempo y dinero para ayudar a los demás. No hacen sino preocupar a sus familias y, entretanto, si no tienen trabajo, pagan pocos impuestos, si es que lo hacen.

Dediquemos unos minutos a los impuestos o, mejor aún, al gobierno en general.

Como es obvio, el gobierno es una parte vital de la sociedad. En primer lugar, nos protege de los persistentes desafíos a la seguridad nacional, tanto presentes como futuros. Pero el gobierno ofrece mucho más: un sistema judicial, educación, policía y bomberos, autopistas y puertos, asistencia social y hospitales. Una lista que se haría interminable.

Sin embargo, las virtudes del gobierno no deben hacernos olvidar que todos sus servicios provienen, de una forma u otra, de los impuestos. El gobierno no gana dinero por sí mismo; por tanto, sirve de apoyo al motor de la economía, pero no es el motor en sí.

Las empresas que triunfan y las personas que trabajan en ellas son el motor de una economía sana y, al proporcionar ingresos al gobierno, también constituyen el pilar de una sociedad democrática y libre.

Por todos estos motivos, ganar es fabuloso.

No hace falta recordar que se debe triunfar con juego limpio y según las reglas. Es una premisa indispensable. Las empresas y las personas que no compiten honradamente no merecen triunfar; por fortuna, los minuciosos procesos internos de las empresas y los organismos de regulación del Estado suelen descubrir y echar a la calle a quienes no respetan las normas.

Sin embargo, las empresas y las personas que son honradas (la inmensa mayoría de ellas) deben encontrar el camino del triunfo.

Este libro proporciona un mapa de rutas.

Cabe señalar que no es una guía sólo para directivos de alto nivel y directores generales. Si este libro consigue ayudarles, perfecto; espero que lo haga. Pero estas páginas están dedicadas principalmente a todos aquellos que trabajan en primera línea: propietarios de negocios, directivos de nivel medio, directores de fábricas, personal de operaciones, licenciados en administración de empresas que se plantean nuevas carreras laborales y personas emprendedoras. El principal objetivo de este texto es ayudar a todos aquellos que tienen ambición en la mirada y pasión en las venas, sea cual sea su categoría dentro de la organización.

En el libro aparecen muchas personas. Algunas nos recordarán a nosotros mismos, otras tan sólo nos resultarán muy familiares.

Un ejemplo es el director general que presenta a la empresa con un listado de nobles valores (como calidad, servicio al cliente y respeto), pero que nunca explica lo que significa vivirlos. También se muestra al director de rango medio que durante una reunión monta en cólera con otra división de su empresa, a sabiendas de que sus propios colegas podrían hacer mucho más si dejaran de darse constantemente palmaditas en la espalda. Se verá al empleado que durante años ha mostrado un escaso rendimiento, pero que es tan agradable y amable (e ignorante) que no nos atrevemos a despedirlo.

También se muestra al colega a quien no podemos mirar a los ojos porque es un «muerto en vida» que se dirige irremediablemente a la puerta de salida. Están los empleados que almuerzan en la que han bautizado como «la Mesa de los Sueños Perdidos» y necesitan demostrar su resentimiento con la autoridad. Está la ingeniera que ha invertido quince años de su vida en construirse una espléndida trayectoria laboral, sólo para echarlo todo por la borda al advertir que sus malabarismos para combinar vida y trabajo han hecho felices a todos... excepto a ella misma.

También se encuentran reflejadas en el libro muchas personas cuyas historias son un ejemplo de innovación, visión de futuro y coraje.

Está David Novak, el joven y enérgico director general de Yum! Brands, que ha transformado los treinta y tres mil restaurantes de su cadena en un laboratorio de nuevas ideas y a toda su organización en una máquina de aprendizaje. Está Denis Nayden, el consumado agente de cambio que nunca se da por satisfecho y hace alarde de un entusiasmo incombustible. Está Jimmy Dunne, que rehizo su empresa de las cenizas del World Trade Center con amor, esperanza y una actitud positiva. Está Susan Peters, una madre trabajadora y segunda directora ejecutiva de recursos humanos en General Electric, que podría escribir un libro acerca de cómo navegar sorteando los escollos de la vida personal y laboral. Está Chris Navetta, director general de U. S. Steel en Kosice, que ayudó a transformar una ciudad eslovaca mientras convertía una antigua fábrica estatal en una empresa floreciente y rentable. Está Kenneth Yu, responsable de las operaciones de 3M en China, cuyos negocios pasaron de un rendimiento modesto a lograr notables resultados tras desprenderse del falso ritual de los presupuestos anuales y reemplazarlo por un diálogo ilimitado sobre posibilidades. Está Mark Little quien, destrozado tras su descenso en el escalafón de General Electric, luchó para recuperarse y logró un importantísimo ascenso gracias a su coraje, su perseverancia y sus óptimos resultados.

En lo que respecta al éxito, las personas lo son todo. Por este motivo, el presente libro se ocupa en esencia de las personas: en algunos casos, de los errores que han cometido, pero principalmente de sus éxitos. Sin embargo, estas páginas tratan sobre todo de las ideas y de la capacidad humanas para llevarlas a cabo.

> Tener siempre una actitud positiva y contagiarla a quienes nos rodean; no caer nunca en victimismos y, ante todo, divertirse.

Llegados a este punto, algunos lectores se mostrarán escépticos. Quizá consideren que ganar es un tema demasiado complejo y lleno de matices para tratarse en veinte capítulos, y puede que no les importe en absoluto cuántas personas e ideas contenga el libro.

En efecto, el triunfo es complejo y está lleno de matices, por no mencionar que entraña una inmensa dificultad.

El presente libro no ofrece fórmulas fáciles. No las hay.

Sin embargo, dependiendo del capítulo, estas páginas brindan directrices que seguir, reglas que considerar, supuestos que adoptar y errores que evitar. El capítulo que trata la estrategia ofrece un proceso en tres pasos; el capítulo sobre la búsqueda del trabajo adecuado muestra lo que deben considerarse buenas perspectivas o señales de alarma. También se repiten con frecuencia varios temas: buscar y retener siempre a los mejores, pues el equipo que cuenta con ellos triunfa; no reflexionar en exceso para evitar caer en la inactividad; compartir siempre los conocimientos, independientemente de la parte del negocio en que uno se encuentre; tener siempre una actitud positiva y contagiarla a quienes nos rodean; no caer nunca en victimismos y, ante todo, divertirse.

Sí, divertirse.

Los negocios son un juego y ganarlo es un placer.

EL CAMINO QUE QUEDA POR DELANTE

Antes de empezar, permítanme algunas palabras acerca de la organización del libro, que consta de cuatro partes.

La primera, denominada «Los cimientos», es conceptual. Contiene más filosofía de empresa de la que muchos pueden cuestionarse en un día de trabajo y, sin duda, más de la que yo consideré en una cualquiera de mis jornadas laborales. Pero mi planteamiento de los negocios se fundamenta en una subestructura de principios y estimo necesario describirla en esta primera parte.

Para resumir, estos cuatro principios consideran la importancia de una misión fuerte y unos valores concretos; la absoluta necesidad de la sinceridad en todos los aspectos de la gestión; el poder de la diferenciación, es decir, de un sistema basado en la meritocracia, y el valor de que cada individuo tenga voz y dignidad.

La segunda parte del libro, «La empresa», se ocupa del interior de la organización. Trata de la mecánica: personas, procesos y cultura. Sus diferentes capítulos abordan el liderazgo, la contratación, la gestión de personal, los despidos, los cambios y la gestión de las crisis.

La tercera parte, «La competencia», trata del mundo exterior a la organización. En ella se discute cómo crear ventajas estratégicas, idear presupuestos con sentido, crecer de forma orgánica, crecer mediante fusiones y adquisiciones, así como desmitificar un tema que nunca deja de intrigar y sorprender, el programa de calidad Seis Sigma.

A continuación, la cuarta parte, denominada «La carrera», plantea cómo mejorar la trayectoria y la calidad de la vida profesional. Se inicia con un capítulo sobre la búsqueda del trabajo correcto: no sólo el primer trabajo, sino también el más adecuado en cualquier punto de la carrera profesional. También incluye un capítulo sobre ascensos y otro dedicado a una situación que todos hemos vivido en alguna ocasión: trabajar para un mal jefe. El último capítulo de esta parte considera el deseo tan humano de tenerlo todo (y todo a la vez), algo que, como todos sabemos, es imposible de conseguir. No obstante, sí puede (y debe) saberse lo que nuestro superior opina al respecto.

La última parte del libro se denomina «Atar cabos», y en ella respondo a nueve preguntas que no pertenecen a ninguna de las categorías antes mencionadas. Tratan de la gestión de la «amenaza china», el impacto de nuevas regulaciones como la ley Sarbanes-Oxley y cómo deben responder los negocios a crisis sociales como el SIDA. También aquí se me pregunta por el trabajo de mi sucesor, Jeff Immelt (para resumirlo en una palabra: genial), si sigo jugando al golf y si creo que iré al cielo.

Esta última pregunta me dejó algo desconcertado.

En cuanto al resto de las preguntas de este libro, no me desconcertaron, aunque me obligaron a reflexionar en profundidad sobre mis creencias y el motivo de éstas.

El presente libro contiene muchas respuestas, pero no todas: los negocios están sometidos a constantes cambios, igual que el mundo.

Como me dijo el año pasado un emprendedor holandés: «En la vida hay todos los días una pregunta nueva, eso es lo que nos mantiene vivos.»

Hay nuevas preguntas y también nuevas respuestas. En realidad, después de dejar General Electric, he aprendido casi tanto como cuando trabajaba allí. He aprendido de cada una de las preguntas que se me han formulado.

Y espero que mis respuestas también sean de ayuda.

LOS CIMIENTOS

I

Misión y valores

MENOS PALABRAS Y MÁS ACTOS

A HORA TOCA ARMARSE de paciencia, pues me dispongo a hablar de la misión y los valores.

Digo esto porque ambos términos se encuentran entre los más abstractos, utilizados y malinterpretados del mundo de los negocios. Cuando hablo en público, se me pregunta por ellos con frecuencia, en general con cierto grado de pánico en cuanto a su verdadero significado e importancia. (Una vez me preguntaron en Nueva York si podía definir la diferencia entre una misión y un valor, así como explicar qué diferencia implicaba tal diferencia.) Las escuelas de negocios añaden más confusión al obligar a los estudiantes a redactar regularmente declaraciones de misión y debatir valores, una práctica incluso más fútil por llevarse a cabo en el vacío. Muchas compañías hacen lo mismo con sus altos directivos, con el objeto de colgar una placa llena de nobles intenciones en el vestíbulo de la empresa.

Con demasiada frecuencia, estos ejercicios desembocan en un conjunto de tópicos que sólo consiguen dejar a los empleados desorientados o sumidos en el cinismo. ¿Quién no ha oído una declaración de misión como: «La empresa XYZ valora la calidad y el servicio» o «La compañía tal y tal está orientada al cliente»? ¡Díganme qué empresa no valora la calidad y el servicio, o no se centra en sus clientes! Y todos conocemos alguna empresa que ha invertido incontables horas de debate emocional en declarar valores que, a pesar de las buenas intenciones, parecen extraídos de un manual de virtudes generales: «Integridad, calidad, excelencia, servicio y respeto.» ¡Toda empresa decente adopta estas premisas! Con franqueza, la integridad es sólo el billete de entrada al partido. No debería permitirse el acceso a la cancha a quien no la lleve en la sangre.

Por el contrario, una buena declaración de misión y un buen conjunto de valores son tan reales y concretos como una bofetada en pleno rostro. La misión anuncia exactamente la dirección por la que se avanza y los valores describen el comportamiento que nos llevará hasta allí. Por cierto, me agradaría abandonar el término «valores» en favor del más simple «conducta», pero, para adecuarme a la tradición, me ceñiré a la terminología habitual.

PRIMERO LA MISIÓN...

Según mi experiencia, una declaración eficaz de misión responde básicamente a una pregunta: «¿Cómo nos proponemos triunfar en este negocio?»

No responde a: «¿Por qué éramos tan buenos en los viejos tiempos?», ni tampoco a: «¿Cómo podemos describir este negocio para no molestar a ninguna unidad o división, ni a ningún alto ejecutivo?»

Por el contrario, la pregunta «¿Cómo nos proponemos triunfar en este negocio?» es determinante. Requiere que las empresas tomen decisiones respecto a personas, inversiones y otros recursos, y les evita caer en la trampa de otras declaraciones de misión: asegurar que se será todo para todos en todo momento. La pregunta obliga a la empresa a describir sus grandezas y sus miserias, para determinar en qué punto de la escena competitiva deben situarse a fin de obtener beneficios.

Sí, beneficios; eso es lo esencial. Incluso la compañía de helados con sede en Vermont Ben & Jerry's, a pesar de toda su filosofía hippy y ecologista, cuenta con «crecimiento rentable» e «incrementar el valor para las partes interesadas» como elementos de su declaración de misión de tres partes, ya que sus ejecutivos saben que los objetivos sociales del mundo sólo tienen opción si van acompañados del éxito financiero.

Esto no implica que una misión no pueda ser atrevida o ambiciosa. Ben & Jerry's, por ejemplo, quiere vender «helados y mezclas eufóricas cien por cien naturales» y «mejorar la calidad de vida local, nacional e internacional». Este tipo de lenguaje es magnífico, pues posee la capacidad de animar y motivar al máximo.

En última instancia, una declaración de misión eficaz equilibra lo posible y lo imposible. Ofrece a las personas una dirección clara respecto a la obtención de beneficios y la inspiración precisa para hacer que se sientan parte de un proyecto grande e importante.

Tómese como ejemplo la misión de General Electric. Desde 1981 hasta 1995 afirmamos que íbamos a ser «la empresa más competitiva del mundo»; para lograrlo, debíamos situarnos en el primer o segundo puesto de todos los mercados, reformando, vendiendo o cerrando aquellos negocios que, por su bajo rendimiento, no pudiesen mantenerse en tales puestos. Lo que esta misión significaba o suponía no dejaba lugar a dudas. Era específica y descriptiva, sin abstracciones. También era ambiciosa, dadas sus aspiraciones internacionales.

Dicha misión surgió de un cúmulo de circunstancias. En primer lugar, en una época en que la estrategia empresarial solía guardarse en un

> Una declaración de misión eficaz equilibra lo posible y lo imposible.

> Establecer la misión es una responsabilidad de la alta dirección. Una misión no puede, y no debe, delegarse en nadie más que en aquellos que, en última instancia, rendirán cuentas de ella.

sobre en las más altas instancias y cualquier información sobre la misma era producto de rumores internos, nosotros hablamos abiertamente de qué negocios ya ocupaban los primeros puestos del mercado y cuáles debían reestructurarse de inmediato o cerrar. Esta franqueza conmocionó el sistema, pero obró maravillas para que la misión se hiciese real para nuestro personal. Quizá la odiasen cuando se vendieron algunos negocios, pero comprendieron los motivos.

Asimismo, insistimos en el tema de la misión constantemente, en cualquier reunión, fuese grande o pequeña. Toda decisión o iniciativa se relacionaba con ella. Recompensamos en público a todo aquel que la impulsara y despedimos a los que no la aceptaban, fuesen cuales fuesen los motivos, por lo general, nostalgia de «los viejos tiempos».

Habría sido posible proponer una misión totalmente distinta para General Electric. Digamos que, tras haber debatido y analizado en profundidad la tecnología, la competencia y los clientes, habríamos decidido que queríamos convertirnos en el diseñador mundial más innovador de productos eléctricos. O que el camino más rentable era globalizar rápidamente todos los negocios que poseíamos, con independencia de su posición en el mercado.

Cualquiera de estas misiones habría hecho que General Electric tomase un camino distinto al escogido. Habrían requerido, por ejemplo, la venta o la compra de otros negocios, o la contratación o el despido de otras personas. Sin embargo, técnicamente no tengo nada que reprocharles como misiones. Son concretas y específicas. Sin duda, la misión referida a los productos eléctricos habría sido recibida con alivio por la mayoría del personal de General Electric; a fin de cuentas, eso es lo que casi todos creían que era. A buen seguro, la misión centrada en la globalización habría alarmado a otros: los cambios repentinos suelen producir ese efecto.

Una última consideración acerca de las misiones, referida a su creación: «¿Cómo surgen?»

No es una cuestión de profundas reflexiones. La idea puede surgir de cualquier departamento o área, y es importante escuchar a las personas inteligentes, cualquiera que sea su puesto en la empresa. Sin embargo, establecer la misión es una responsabilidad de la alta dirección. Una misión no puede, y no debe, delegarse en nadie más que en aquellos que, en última instancia, rendirán cuentas de ella.

En realidad, una misión es el momento determinante en el liderazgo de una empresa. Es la verdadera prueba de su razón de ser.

... Y DESPUÉS LOS VALORES

Como ya se ha mencionado, los valores son sólo conductas; específicos, reales y tan descriptivos que dejan poco espacio a la imaginación. El personal debe ser capaz de usarlos como órdenes de movilización porque son el «cómo» de la misión, el medio para lograr el fin: ganar.

A diferencia de la creación de la misión, todo aquel que trabaja en la empresa debería opinar acerca de los valores. Posiblemente sea un proceso algo caótico; no importa. En las pequeñas empresas, todos pueden participar del debate mediante diversas reuniones. Las grandes organizaciones entrañan mayores dificultades. Sin embargo, es posible utilizar reuniones de amplio alcance o sesiones de formación para lograr la mayor discusión personal posible, así como ampliar la participación mediante la intranet.

Conseguir la mayor participación es esencial, pues es una fuente de inspiración e ideas y, al final del proceso, implica un nivel mucho mayor de aceptación.

En realidad, el proceso de creación de valores debe ser iterativo. El equipo ejecutivo puede crear la primera versión, que será únicamente eso, un borrador. Todo el personal de la organización deberá examinar, una y otra vez, ese documento, y el equipo ejecutivo no habrá de inmiscuirse; sólo así se creará un ambiente en que las personas se sientan obligadas a contribuir.

No obstante, en aquellas compañías donde se castiga a los empleados que toman la palabra, este método para desarrollar valores no funcionará. Lo comprendo y, mientras se permanezca en tal empresa, habrá que vivir con la placa de nobles intenciones colgada en el vestíbulo.

Pero si se forma parte de una empresa que aprecia el debate (que son muchas), es imperdonable no contribuir al proceso. Todos los que desean valores y conductas que comprendan y puedan seguir tienen que defenderlos públicamente.

LA IMPORTANCIA DE LA CONCRECIÓN

Durante mis primeros tiempos como director general, también pequé de defender valores excesivamente vagos y crípticos. Por ejemplo, en 1981 escribí en el informe anual que los líderes de General Electric «se enfrentan a la realidad», «viven una cultura de la excelencia» y «sienten la pertenencia». Estos tópicos sonaban bien, sin duda, pero estaban muy lejos de describir conductas reales.

En 1991 habíamos progresado mucho. A lo largo de los tres años anteriores, más de cinco mil empleados habían participado, en mayor o menor medida, en el desarrollo de nuestros valores. El resultado era mucho más concreto. Lo imprimimos en tarjetas plastificadas, para llevar en la cartera. El texto incluía imperativos como «Actúa sin imponerte límites; busca y aplica siempre las mejores ideas, independientemente de su origen»; «Sé intolerante con la burocracia», o «Contempla el cambio por la oportunidad de crecimiento que supone».

Algunas de estas conductas, por supuesto, requerían de explicaciones e interpretaciones posteriores. Y, por aquel entonces, lo hicimos mediante reuniones, durante las evaluaciones y ante la máquina de refrescos.

Desde que dejé General Electric he advertido que podríamos haber llevado la discusión sobre valores y conductas mucho más lejos. En 2004, vi cómo Jamie Dimon y Bill Harrison trabajaban juntos para desarrollar los valores y conductas de la nueva compañía surgida a raíz de la fusión de Bank One y JPMorgan Chase. El documento que utilizaron para iniciar el diálogo provenía de Bank One, y en él se enumeraban valores y sus conductas correspondientes con una precisión nunca vista hasta entonces.

Tómese el valor: «Tratamos a los clientes como nos gustaría que nos tratasen a nosotros.» Es bastante tangible, pero Bank One había identificado las diez o doce conductas que hacen dicho valor real y posible. He aquí algunas de ellas:

■ No permitir nunca que los conflictos por los beneficios de un departamento se interpongan en lo que es justo para el cliente.

■ Ofrecer a los clientes un trato bueno y justo. Lograr unas excelentes relaciones con el cliente lleva tiempo. No intentar maximizar los beneficios a corto plazo a costa de tales relaciones duraderas.

■ Buscar siempre el modo de facilitar los negocios con nosotros.

■ Comunicarse a diario con los clientes. Mientras nos hablan, no pueden estar haciéndolo con la competencia.

■ Nunca olvidarse de dar las gracias.

Otro valor de Bank One era: «Intentamos ser el proveedor de más bajo coste mediante operaciones eficaces e importantes.» Entre las conductas prescritas se encontraban:

■ Cuanto más ligero, mejor.

■ Eliminar burocracia.

■ Reducir gastos siempre que sea posible.

■ Las operaciones deben ser rápidas y simples.

■ Valorar el tiempo de los demás.

■ Invertir en infraestructura.

■ Conocer nuestro negocio mejor que nadie. No necesitamos asesores que nos digan lo que debemos hacer.

Es comprensible que este nivel de detalle parezca abrumador e incluso doctrinario. Cuando vi por primera vez el documento de valores y conductas de Jamie, cinco folios a un solo espacio, casi me caí de la silla. Sin embargo, al leerlo advertí su eficacia y su fuerza.

Tras escuchar, en estos últimos años, las historias que me han contado empleados de todo el mundo, estoy convencido de que ser muy específico en cuanto a valores y sus consiguientes conductas nunca está de más.

Y DE FOMENTARLOS

La claridad en los valores y las conductas de nada sirve si éstos no se fomentan. Para conseguir que los valores tengan un significado real, las empresas deben recompensar a las personas que los siguen y «castigar» a quienes no lo hacen. De esta forma, el éxito será mucho más fácil.

Lo afirmo porque siempre que, con independencia de su eficacia, solicitamos el despido de algún directivo que no seguía nuestros valores (y así lo dijimos públicamente), la organización respondió muy bien. En las encuestas anuales realizadas a lo largo de una década, los empleados afirmaron que éramos una empresa que vivía sus valores con creciente intensidad, por lo que las personas también se sentían comprometidas a seguirlos. Y mientras los niveles de satisfacción de nuestros empleados mejoraban, también lo hicieron nuestros resultados financieros.

Y, PARA TERMINAR, DE LA CONEXIÓN

Una misión concreta es fundamental, como también lo son unos valores que describan conductas específicas. No obstante, para que la misión y los valores de una empresa operen juntos como una proposición orientada al triunfo, deben reforzarse mutuamente.

Aunque parece evidente que los valores deben apoyar la misión, es muy fácil que éste no sea el caso. La falta de conexión entre las partes que forman la estructura de la empresa suele ser más una falta por omisión que de comisión, pero ocurre con frecuencia.

Por lo general, la misión y los valores de una empresa se bifurcan debido a las pequeñas crisis de la vida cotidiana empresarial. Un competidor reubica su sede en nuestra ciudad y baja los precios; nosotros hacemos lo mismo, minando así la misión de ofrecer un servicio excepcional al cliente. O, si sobreviene un cambio desfavorable de coyuntura, se limita el presupuesto publicitario, olvidando que la misión consistía en mejorar y proyectar la marca de la empresa.

Aunque estos ejemplos pueden parecer de escasa importancia o sólo temporales, si no se les presta atención acaban dañando a la compañía y, en el peor de los casos, pueden destruir literalmente un negocio.

Ésta es mi interpretación de lo sucedido en Arthur Andersen y Enron.

> Por lo general, la misión y los valores de una empresa se bifurcan debido a las pequeñas crisis de la vida cotidiana empresarial.

Arthur Andersen se fundó hace casi un siglo con la misión de convertirse en la auditoría más respetada e íntegra del mundo. Era una empresa que se enorgullecía de tener el valor de decir no, aunque implicase perder un cliente. Logró cumplir su misión contratando a los revisores de cuentas más capacitados e íntegros y premiándolos por realizar un trabajo que, con toda justicia, hizo que se labraran la confianza de corporaciones y reguladores de todo el mundo.

Entonces llegó el *boom* de la década de los ochenta y Arthur Andersen decidió iniciar una consultoría: era en este sector donde reinaba el mayor entusiasmo, por no mencionar las mayores cantidades de dinero. La compañía empezó por contratar a más revisores de cuentas y pagarles los sueldos cada vez más elevados que exigía la industria consultora. En 1989 la firma se separó en dos divisiones, Arthur Andersen y Andersen Consulting, ambas bajo el paraguas corporativo denominado Andersen Worldwide.

Más que valorar la escrupulosidad, las consultorías suelen fomentar la creatividad y premiar la conducta de ventas agresiva, en que se lleva al cliente de un proyecto a otro. En la década de los noventa en concreto, la industria consultora tuvo una mentalidad realmente agresiva y la parte contable de Andersen sufrió su influencia. Algunos de sus contables se dejaron llevar por el momento y olvidaron los valores del sector auditor que les habían guiado hasta entonces.

Durante gran parte de esa década, Arthur Andersen fue una firma en guerra consigo misma. La división consultora subvencionaba la auditoría con bastante desagrado, mientras que la auditoría no estaba satisfecha con la arrogancia de los consultores. En tales circunstancias, era imposible responder a preguntas como: «¿Cuál es nuestra misión?», «¿Qué valores son los más importantes?» o «¿Cómo debemos comportarnos?» Según el bando de la firma al que se debiese fidelidad, se obtendría una respuesta distinta, por lo que los asociados terminaron llevándose mutuamente a juicio para averiguar cómo dividir los beneficios de la empresa.

Finalmente, en 2002 la compañía se vino abajo debido, en gran medida, a la desconexión entre su misión y sus valores.

Una dinámica muy parecida explica la quiebra de Enron.

En su vida anterior, Enron era una simple y terrenal empresa de gasoductos; todos los empleados se centraban en llevar gas del punto A al punto B de forma rápida y barata, una misión que cumplían a la perfección gracias a su experiencia en fuentes y distribución de energía.

Entonces, al igual que en Arthur Andersen, la compañía cambió su misión. A alguien se le ocurrió convertirla en una empresa de comercialización. El objetivo era, una vez más, lograr un crecimiento lo más rápido posible.

En Arthur Andersen, auditores ataviados con viseras de contable se encontraron de pronto compartiendo despacho con ejecutivos vestidos de Armani. También en Enron (de nuevo, en lenguaje figurado) los empleados con mono de trabajo compartieron repentinamente ascensor con ejecutivos ataviados con tirantes.

La nueva misión de Enron se centró primero en comerciar con gas y después en comerciar con lo que fuese. Probablemente fue un cambio emocionante, pero nadie se detuvo a pensar y difundir los valores y las conductas correspondientes que apoyarían tamaña empresa. La mesa de negociaciones pasó a convertirse en el lugar de referencia y la generación de los gasoductos quedó arrinconada. Lamentablemente, no se instituyeron procesos para controlar a los tipos de tirantes. Y fue en este contexto —de falta de contexto— donde se produjo la quiebra de Enron.

Como en el caso de Arthur Andersen, esta historia de falta de conexión entre misión y valores termina con la pérdida de empleo para miles de personas inocentes. Toda una tragedia.

Este capítulo se iniciaba con la observación de que en los negocios se habla mucho de misión y valores, pero con frecuencia se trata más de palabras que de actos. Nadie quiere que sea así, pero el carácter algo pretencioso e impreciso de ambos términos parece hacerlo irremediable.

Sin embargo, hay mucho que perder en incumplir la misión establecida o no concretar los valores. No me refiero a que cualquier compañía pueda hundirse como sucedió con Arthur Andersen o Enron; éstos son ejemplos extremos de un colapso total de misión y valores. Pero sí afirmo que una empresa no llegará a alcanzar todo su potencial si por toda directriz tiene una placa de bonitos tópicos colgada en el vestíbulo.

Definir una buena misión y desarrollar valores que la apoyen lleva tiempo y exige compromiso. Requiere participar en largas y reñidas reuniones de las que nos gustaría marcharnos; atender discusiones por correo electrónico cuando preferiríamos centrarnos en nuestro verdadero trabajo; implica momentos dolorosos en que habrá que despedir a personas de nuestro agrado, pero que no entienden la misión ni siguen sus valores. En días como éstos, tal vez nos gustaría que la misión y los valores fueran vagos y genéricos.

Pero no pueden serlo.

Debemos invertir el tiempo y la energía necesarios. Hay que hacerlos reales.

2

Sinceridad

EL MAYOR SECRETO DEL MUNDO EMPRESARIAL

S IEMPRE HE SIDO UN FERVIENTE defensor de la sinceridad y durante más de veinte años la he elogiado públicamente en General Electric.

Sin embargo, desde mi jubilación he advertido que infravaloré su rareza. En realidad, el mayor secreto de los negocios es la falta de sinceridad.

Es un problema grave. La falta de sinceridad impide que las ideas inteligentes, la acción rápida y las buenas personas aporten todo el potencial que poseen. Es letal.

Si se es sincero (aunque nunca se consigue plenamente), todo funciona mejor y más rápido.

Cuando hablo de «falta de sinceridad» no me refiero a una falta de honradez malintencionada, sino a que demasiadas personas no se expresan (con excesiva frecuencia y de forma instintiva) con franqueza. No se comunican claramente ni sugieren ideas para estimular un verdadero debate. No se abren. Por el contrario, se guardan los comentarios o las críticas. Cierran la boca para hacer que otros se sien-

> La falta de sinceridad impide que las ideas inteligentes, la acción rápida y las buenas personas aporten todo el potencial que poseen. Es letal.

tan mejor o evitar el conflicto y endulzan las malas noticias a fin de cubrir las apariencias. Se guardan las cosas para ellos, acumulando información.

En eso consiste la falta de sinceridad. Es totalmente perniciosa, pero impregna casi todos los aspectos de los negocios.

En mis viajes de estos últimos años, cientos de personas de diferentes empresas me han descrito la absoluta falta de sinceridad de su experiencia cotidiana en cualquier ámbito, desde reuniones de presupuesto hasta sesiones de estrategia o de revisión de productos. Me han explicado la burocracia, los politiqueos y los falsos buenos modales que la falta de sinceridad engendra. Estas personas se preguntan cómo lograr que sus empresas sean lugares donde se expresen puntos de vista, se hable del mundo de forma realista y se discutan las ideas desde todos los ángulos.

Es aún más frecuente oír que en las evaluaciones de rendimiento se echa en falta la sinceridad.

Lo escucho tan a menudo que, en mis conferencias, acabo pidiendo a los asistentes que levanten la mano si durante el último año han recibido una sesión de feedback honrada, de la que hayan salido sabiendo exactamente qué tienen que hacer para mejorar y cuál es su lugar en la organización.

En un buen día, se alza el veinte por ciento de las manos; por lo general, la media es de un diez por ciento.

Cabe señalar que, si doy la vuelta a la cuestión y pregunto si ellos ofrecen una evaluación sincera y franca a su personal, el porcentaje no mejora de manera significativa.

Hay que olvidarse de la competencia externa. El peor enemigo del negocio es la forma en que nos comunicamos con los demás en el ámbito interno.

EL EFECTO SINCERIDAD

Veamos cómo la sinceridad conduce al éxito. Existen tres vías principales.

Primero, y fundamental, la sinceridad hace que más personas participen en la conversación; cuantas más personas participan, mayor es la riqueza de ideas. De esta forma, muchas más ideas afloran a la superficie, se discuten, se analizan y se perfeccionan. En lugar de cerrarse, todos se abren y aprenden. Toda organización (o unidad, o equipo) que aporta más personas y sus ideas a la conversación obtiene una ventaja inmediata.

En **segundo** lugar, la sinceridad genera rapidez. Cuando las ideas no se ocultan, sino que se exponen abiertamente, pueden debatirse con celeridad, extenderse, mejorarse y convertirse en actos. Este planteamiento —exposición, debate, mejora, decisión— no es sólo una ventaja, sino una necesidad del mercado global. Es indudable que cualquier negocio de cinco nuevos emprendedores, sea en nuestra misma calle, en Shanghai o en Bangalore, se moverá más rápido que el de una gran empresa. La sinceridad es una forma de no quedarse atrás.

Tercero, la sinceridad reduce costes (muchos), aunque no será posible establecer tal reducción en números precisos. Basta plantearse cómo elimina reuniones carentes de sentido e informes innecesarios que confirman lo que ya todos saben. O considerar que la sinceridad puede reemplazar los pases de diapositivas, las presentaciones tediosas y las juntas por conversaciones, sean acerca de estrategia empresarial, de la introducción de un nuevo producto o del rendimiento de algún empleado.

Cuando se tienen en cuenta todos estos beneficios y ventajas, es evidente que uno no puede permitirse la falta de sinceridad.

ENTONCES ¿POR QUÉ NO?

Dadas las ventajas de la sinceridad, cabe preguntarse por qué no se observa más a menudo. El problema empieza muy pronto.

Desde la infancia se nos enseña a suavizar las malas noticias y a maquillar los temas inconvenientes. Sucede en todas las culturas, en todos los países y en todas las clases sociales. No importa que se haya nacido en Islandia o en Portugal; nadie critica la forma de cocinar de su madre, llama «gordo» a su mejor amigo o le dice a una tía anciana que su regalo de boda le pareció espantoso. Sencillamente no se hace.

Lo que sucedió en un elegante cóctel al que asistimos recientemente es ilustrativo. Entre copas de vino blanco y rollitos de sushi, una mujer que se encontraba en un grupo de cinco personas empezó a lamentarse del terrible estrés que soportaba la maestra de música de la escuela local. Otros invitados se mostraron de acuerdo y afirmaron que los niños de nueve años eran capaces de enviar a cualquiera al manicomio. Afortunadamente, antes de que canonizaran a la maestra de música, otra invitada intervino en la conversación diciendo: «¿Estáis locos? ¡Esa maestra tiene quince semanas de vacaciones al año!» Se volvió hacia el médico que formaba parte del grupo, un hombre que había estado totalmente de acuerdo con los demás, y le espetó: «Te enfrentas diariamente a decisiones de vida o muerte, Robert. No me digas que has tomado en serio esa triste historia.»

Así se acaba con una charla educada. La nueva invitada ahuyentó a todo el mundo, principalmente en dirección al bar.

La sinceridad hace que la gente se ponga nerviosa.

Éste era un ejemplo algo frívolo, claro está, pero intentar comprender

> Desde la infancia se nos enseña a suavizar las malas noticias y a maquillar los temas inconvenientes.

la sinceridad pasa por entender la naturaleza humana. Durante décadas, psicólogos y científicos sociales han estudiado por qué la gente no dice lo que piensa, y los filósofos han reflexionado sobre el mismo tema durante siglos.

Tengo una buena amiga, Nancy Bauer, que es profesora de filosofía en la Universidad de Tufts. Cuando le pregunto por la sinceridad, responde que la mayoría de los filósofos han llegado a las mismas conclusiones que los legos alcanzamos con la edad y la experiencia. Con el tiempo, acabamos por comprender que la gente no dice lo que piensa porque es más fácil. Cuando se llama a las cosas por su nombre, es muy probable que surjan problemas: ira, dolor, confusión, tristeza o resentimiento. Para acabar de empeorar las cosas, en tales casos nos sentimos obligados a arreglar el desaguisado, lo que puede ser horrible y difícil, y llevarnos mucho tiempo. Por consiguiente, justificamos nuestra falta de sinceridad con la excusa de que ahorramos a otra persona tristeza o dolor; contemplamos el silencio o la mentira piadosa como la actuación más bondadosa y decente posible. Pero en realidad, afirma Nancy, los filósofos clásicos como Immanuel Kant ofrecen otros argumentos de peso: en última instancia, la falta de sinceridad se da siempre por nuestra propia conveniencia; hace más fácil nuestra vida, no la vida de los demás.

Nancy explica que Kant tenía también otra teoría. Afirmaba que los seres humanos se sienten muy tentados a no ser sinceros porque no ven la situación global. Les preocupa que, si dicen lo que piensan y las noticias no son buenas, probablemente se ganen el rechazo de otras personas. Sin embargo, lo que no advierten es que la falta de sinceridad es la última y definitiva forma de enajenación. «Para Kant, había una gran ironía en ello: consideraba que cuando una persona es insincera para lograr el favor de otros, en realidad

> Con el tiempo, acabamos por comprender que la gente no dice lo que piensa porque es más fácil.

destruye la confianza y así, finalmente, erosiona la sociedad», dice Nancy.

Replico a Nancy que lo mismo podría aplicarse a los negocios.

ANTES Y AHORA

La importancia de la sinceridad en los negocios de Estados Unidos es, no obstante, relativamente nueva. Hasta inicios de la década de los ochenta, las grandes compañías como General Electric y muchas otras actuaban con una gran falta de franqueza, al igual que la mayor parte de las empresas, independientemente de su tamaño. Tales compañías eran el producto del complejo militar-industrial que creció a la sombra de la Segunda Guerra Mundial. No tenían competencia global y, en realidad, dentro de cada industria las empresas eran tan similares que más parecían colegas que rivales.

Tómese como ejemplo la industria siderúrgica. Aproximadamente cada tres años los sindicatos de trabajadores de varias empresas exigían un aumento de salarios y beneficios. Las siderúrgicas aceptaban estas demandas y repercutían el incremento de los costes a la industria de automoción que, a su vez, derivaba el incremento de costes al consumidor.

Todo iba bien hasta que llegaron los japoneses con sus automóviles importados de bajo coste y gama media que al cabo de pocos años pasaron a ser de bajo coste y gama alta, muchos de ellos producidos en fábricas estadounidenses independientes de los sindicatos.

Sin embargo, hasta que la amenaza extranjera se extendió, la mayoría de las compañías de Estados Unidos eran ajenas al debate franco y la acción rápida que caracteriza a una organización sincera. No le encontraban mucha utilidad. Por consiguiente, incontables estratos burocráticos y códigos sociales obsoletos acabaron imponiendo los buenos modales y la formalidad en casi todas las organizaciones. Se producían escasas confrontaciones en lo referente a estrategia o valores; las decisiones se tomaban, por lo general, a puerta cerrada. Y, en lo que respecta a las evaluaciones, también se llevaban a cabo con cierta lejana cortesía. Aunque se reconocían los méritos de los mejores, las compañías eran tan fuertes desde un punto de vista financiero que podían permitirse mantener a los malos trabajadores en una división o un departamento poco relevante hasta que les llegaba la hora de la jubilación.

Sin sinceridad, todos salvaban la cara y el negocio renqueaba. Se aceptaba el statu quo. Las falsas conductas eran cotidianas y las personas con iniciativa, perspicacia y agallas se consideraban problemáticas... o algo peor.

Cabría predecir, quizá, que dadas sus ventajas competitivas la sinceridad habría hecho acto de presencia con los japoneses. Pero Japón no la implantó, ni tampoco Irlanda, México, India o China, por nombrar algunos de los protagonistas del actual mercado internacional. En lugar de eso, la mayoría de las compañías se han enfrentado a la competencia mundial por otros medios: recortes de plantilla, drásticas reducciones de costes y, en el mejor de los casos, innovación.

La sinceridad, aunque abriéndose camino, sigue siendo una herramienta accesoria del arsenal.

ES POSIBLE

Ahora las malas noticias. Aunque la sinceridad es esencial para el triunfo, inculcarla en un grupo, sea cual sea su tamaño, es difícil y lleva tiempo.

Es difícil porque va en contra de la naturaleza humana y de conductas organizativas muy arraigadas; también es un proceso largo, de muchos años de duración. En General Electric tardamos casi una década en usar la sinceridad de forma rutinaria y al cabo de veinte años todavía no era una conducta generalizada.

> Para obtener sinceridad, hay que premiarla, alabarla y mencionarla. Sobre todo, uno mismo debe mostrarla de forma opulenta e incluso exagerada... aunque no sea el jefe.

Sin embargo, es factible. El proceso no tiene nada de científico. Para obtener sinceridad, hay que premiarla, alabarla y mencionarla. Hay que convertir en héroes públicos a aquellos que la muestran. Sobre todo, uno mismo debe mostrarla de forma opulenta e incluso exagerada... aunque no sea el jefe.

Imaginemos que nos encontramos en una reunión cuyo tema es la expansión y cómo lograrla en una división con años de antigüedad. Todos están sentados alrededor de la mesa, hablando educadamente de las dificultades de triunfar en un mercado o industria concretos. Se discute acerca de la fuerte competencia. Se mencionan como impedimento para crecer las mismas razones de siempre y se concluye que las cosas no se están haciendo tan mal, dado el contexto. Cuando la reunión acaba, incluso se habrán felicitado todos por el «éxito» de la división, «dadas las circunstancias».

Por dentro nos sentimos a punto de estallar y nos decimos: «Ya estamos como siempre. Sé que Bob y Mary, sentados delante de mí, opinan lo mismo que yo: la complacencia nos está matando.»

De puertas afuera, los tres siguen el juego y se muestran de acuerdo con el resto.

Imaginemos ahora un contexto donde se asumen responsabilidades y se es sincero. En dicho entorno, se plantearían preguntas como:

«¿Se os ocurre algún nuevo producto o servicio para el negocio?», «¿Nos planteamos una adquisición?», «Este negocio absorbe demasiados recursos. ¿Por qué no nos desprendemos de él?»

Sería una reunión muy distinta; más divertida y mucho más útil para todos.

Otra situación que se produce con frecuencia es el negocio en expansión dirigido por un equipo autosatisfecho. La escena que se desarrolla en la reunión resultará familiar: los responsables se presentan con un crecimiento de dos dígitos (de un 15 %, pongamos por caso) y pasan diapositiva tras diapositiva para mostrarnos lo bien que lo hacen. La alta dirección muestra su aprobación, pero nosotros sabemos que puede hacerse mucho más. Para complicar el asunto, las personas que presentan las diapositivas son nuestros colegas de trabajo y se respira en el ambiente el código ancestral de «no me pongas objeciones y yo no te las pondré a ti».

Francamente, la única forma que conozco para salir del atolladero (e introducir algo de sinceridad) es inmiscuirse de forma no amenazadora: «Sois muy buenos, habéis hecho un trabajo excelente. Éste es el mejor negocio que tenemos; ¿por qué no invertir nuevos recursos e ir a por más?», o «Con el gran equipo que habéis montado, seguro que hay diez adquisiciones ahí fuera esperando. ¿Algo interesante en el ámbito internacional?»

Estas preguntas, como otras similares, logran que la reunión no sea un desfile de felicitaciones, sino una sesión de trabajo estimulante.

LA VERDAD Y SUS CONSECUENCIAS

Es muy posible que no deseemos hacer estas preguntas; nuestra intención es ser un miembro del equipo, no que se nos considere un pelmazo.

Es cierto que, al principio, los comentarios sinceros asustan a la gente. En realidad, cuanto más cortés, burocrática o formal es una organización, más asusta y molesta una sinceridad que, en ciertos casos, puede llegar a ser letal.

> Es cierto que, al principio, los comentarios sinceros asustan a la gente.

Es un riesgo, y la decisión de asumirlo depende de cada uno.

Evidentemente, es más fácil introducir la sinceridad en la empresa si se ocupa un puesto elevado en la jerarquía. Pero no debe culparse a nuestro superior o al director general si la compañía carece de sinceridad, ya que el diálogo abierto puede empezar en cualquier nivel. Yo decía lo que pensaba cuando tenía cuatro empleados en Noryl, la unidad más nueva y pequeña de una compañía jerárquica y muy estrecha de miras en lo referente a hablar claro. A la sazón, yo era joven y políticamente ingenuo para advertirlo, pero logré salvarme gracias a la rápida expansión de nuestro negocio.

Tuvimos coraje para ser sinceros, aunque entonces no lo advirtiésemos (no sabíamos lo suficiente para saber qué era la sinceridad). Simplemente nos parecía natural hablar con franqueza, discutir, debatir y hacer que las cosas sucedieran con rapidez. De ser algo, éramos insensatamente competitivos.

Cada vez que me ascendían, el primer ciclo de revisiones (fueran de presupuestos o de evaluación) solía ser embarazoso y desagradable. El nuevo equipo a mi cargo no estaba habituado a discusiones amplias y sinceras que abordasen todos los temas. Por ejemplo, si se hablaba de un informe directo en una revisión de personal, en la conversación todos reconocían que era un tipo horrible, pero su evaluación escrita lo hacía aparecer como un príncipe. Cuando yo afirmaba que se trataba de una falsedad, me respondían: «Sí, tienes razón, pero ¿para qué ponerlo por escrito?»

Yo explicaba los motivos y defendía la necesidad de la sinceridad.

En la siguiente revisión ya se notaba la influencia positiva de la franqueza y, con cada nuevo ciclo, fueron más las personas que se me unieron en su defensa.

De todos modos, la situación no fue siempre tan bucólica.

Desde el día que entré en General Electric hasta el día que fui nombrado director general, mis jefes me advirtieron que la sinceridad me traería problemas. Se me etiquetó de irritante y me repetieron muchas veces que la sinceridad acabaría interponiéndose en mi carrera.

Ahora que mi carrera en General Electric ha terminado, puedo afirmar que la sinceridad me fue de gran ayuda. Muchas más personas participaron en el juego, muchas más voces, mucha más energía. Siempre nos hablamos sin tapujos y cada uno de nosotros se hizo mejor gracias a ello.

Mis jefes me advirtieron que la sinceridad me traería problemas. Ahora que mi carrera en General Electric ha terminado, puedo afirmar que la sinceridad me fue de gran ayuda.

En este capítulo se ha hablado mucho de una palabra, pero todo lo dicho se reduce a una premisa muy concreta: la sinceridad funciona porque la sinceridad aclara muchas situaciones.

Todos coinciden en que la sinceridad es contraria a la naturaleza humana. También lo es levantarse a las cinco de la mañana para tomar cada día el tren de las 6.10, igual que lo es almorzar sentado a la mesa de trabajo para no perderse la importante reunión de la una. Por el bien del equipo o de la empresa se hacen muchas cosas que tampoco son fáciles. Lo bueno de la sinceridad es que es un acto innatural de un valor incalculable.

Es imposible imaginar un mundo donde todos digan siempre lo que piensan. Lo más probable es que tampoco nos gustase... ¡demasiada información! Pero aunque sólo lleguemos a la mitad de eso, conseguiremos que la falta de sinceridad ya no sea el mayor secreto del mundo empresarial.

Será un cambio para mejor.

3

Diferenciación

¿CRUEL Y DARWINIANA?
MEJOR JUSTA Y EFICAZ

S I ALGUNO DE MIS VALORES causa polémica, éste es, sin duda, la diferenciación.

A algunas personas les encanta la idea; juran por ella, dirigen sus compañías con ella y afirman que es la mismísima clave de su éxito. Otras la odian. La consideran mezquina, severa, inútil, desmotivadora, injusta, un juego político... o todo a la vez. En una ocasión, durante una charla radiofónica acerca de mi primer libro, una mujer de Los Ángeles detuvo su automóvil en el arcén de la autopista para llamar por teléfono al programa y etiquetar la diferenciación de «cruel y darwiniana». Y eso era sólo el inicio de su argumentación.

Evidentemente soy un ferviente partidario de la diferenciación. La he visto transformar empresas mediocres en sobresalientes y, desde un punto de vista moral, es tan válida como cualquier otro sistema de gestión empresarial. Funciona.

Las compañías triunfan cuando sus directores hacen una distinción clara y significativa entre las personas y los negocios de alto y bajo rendimiento, cuando alientan a los fuertes y los distinguen de

> Una empresa tiene una cantidad limitada de tiempo y dinero. Los buenos líderes invierten donde los beneficios son más elevados y reducen pérdidas en los otros sectores.

los débiles. Las empresas sufren cuando todos sus negocios y empleados reciben el mismo trato y se apuesta por igual a todas las cartas.

Cuando todo está dicho y hecho, la diferenciación es sólo una asignación de recursos, que es lo que hacen los buenos líderes y que, en realidad, es principalmente por lo que se les paga. Una empresa tiene una cantidad limitada de tiempo y dinero. Los buenos líderes invierten donde los beneficios son más elevados y reducen pérdidas en los otros sectores.

Si esto parece darwiniano, añadiré que estoy convencido de que la diferenciación, además de ser la forma más eficaz y eficiente de gestionar una empresa, es también la más justa y bondadosa. En última instancia, convierte a todos en triunfadores.

Cuando dirigía General Electric, la diferenciación provocó acaloradas discusiones en el seno de la empresa; sin embargo, con el paso de los años, la mayoría de los empleados acabó considerándola la mejor forma de llevar nuestro negocio. Cuando me jubilé, ya no era un tema de debate, aunque no pueda decirse lo mismo fuera de la compañía.

La diferenciación es, sin duda, el tema por el que más me preguntan los asistentes a mis charlas en todo el mundo. Como he mencionado, las personas tienden a amarla u odiarla, aunque también son muchos quienes simplemente muestran su confusión al respecto. Si pudiese modificar mi primer libro, dedicaría más páginas a la diferenciación, para explicarla desde todos los ángulos y subrayar que no puede (ni debe) aplicarse de un día para otro. En General Electric nos llevó una década instalar la sinceridad y la confianza que la hicieron posible.

No obstante, este capítulo no se ocupa de su puesta en práctica, sino de mis motivos para creer en ella y de por qué el lector debería hacer lo mismo.

DEFINIR LA DIFERENCIACIÓN

Uno de los mayores malentendidos respecto a la diferenciación es que únicamente atañe a personas. Eso es sólo una parte. La diferenciación es una forma de gestionar personas y negocios.

En esencia plantea que una compañía está formada por dos partes, el software y el hardware.

El software, evidentemente, son las personas. En cuanto al hardware, depende: si la empresa es grande, el hardware son los diferentes negocios de la cartera. Si la empresa es pequeña, el hardware son las líneas de productos.

Veamos primero la diferenciación en términos de hardware. Es sencillo y no tan incendiario.

Cada compañía tiene negocios y líneas de productos fuertes, otros débiles y otros que se encuentran a medio camino. La diferenciación requiere que los directores sepan distinguirlos e invertir en consecuencia.

Para hacerlo, la definición de «fuerte» debe ser muy clara. En General Electric, «fuerte» implicaba que un negocio ocupaba el primer o el segundo puesto del mercado. Si no era así, los directores debían modificarlo, venderlo o, como último recurso, cerrarlo. Otras compañías se mueven por parámetros distintos en lo que respecta a sus decisiones de inversión. Únicamente invierten su tiempo y su dinero en negocios o líneas de productos que prometen un aumento de las ventas de dos dígitos, por ejemplo. O sólo invierten en negocios o líneas de productos con una tasa de rentabilidad neta descontada del 15 % (o más).

Por lo general, me desagradan los criterios de inversión financieros por naturaleza, como la tasa de rentabilidad neta descontada, porque los números pueden amañarse fácilmente cambiando el valor residual, o cualquier otra premisa, en la propuesta de inversión. No obstante, mi teoría es la misma: la diferenciación entre negocios o líneas de productos requiere una estructura transparente comprensible para todo el personal de la empresa. Puede que a la gente le desagrade, pero la conocen y se atienen a ella.

En realidad, la diferenciación entre negocios y líneas de productos es una eficaz disciplina de gestión en general. En General Electric, la estrategia de los dos primeros puestos acabó con décadas de dispersar dinero por todas partes. En los viejos tiempos, posiblemente todos los directores de la compañía sabían que diseminar el dinero de esa forma no tenía sentido, pero era muy fácil hacerlo. Siempre existen presiones, directores que planifican todo tipo de maniobras para conseguir su parte del pastel. A fin de evitar la guerra, se da a todos un trocito y se espera lo mejor.

Las compañías también reparten su dinero por igual debido a razones sentimentales o emocionales. General Electric se aferró durante veinte años a un negocio de aire acondicionado de beneficios marginales porque consideraba necesario tener una línea completa de electrodomésticos. En realidad, la sede central odiaba el aire acondicionado porque su éxito dependía en gran medida de los instaladores. Estos contratistas independientes instalaban nuestras máquinas en viviendas y luego desaparecían; General Electric perdió el control de la marca. Aún peor, teníamos sólo una pequeña cuota del mercado y el aire acondicionado no resultaba demasiado rentable. Siguiendo la estrategia de los dos primeros puestos de la compañía, tuvimos que vender el negocio y, cuando lo hicimos (a una empresa cuya razón de ser era el aire acondicionado), los antiguos empleados de General Electric descubrieron el placer de ser apreciados. Asimismo, la atención de la dirección ya no se desvió hacia un negocio de bajo rendimiento y los accionistas obtuvieron mayores beneficios. Todos salieron ganando.

Dirigir una compañía sin diferenciar entre sus negocios y líneas de productos tal vez sería posible en un mundo menos competitivo; pero con la digitalización y la globalización actuales, no es así. Los directores de cualquier nivel deben tomar decisiones difíciles y asumirlas.

LA PARTE DE LAS PERSONAS

Se tratará ahora un tema más controvertido, la diferenciación entre personas. El proceso requiere que los directores evalúen a sus empleados y los dividan en tres categorías, según su rendimiento: una superior, que engloba al 20 % de los empleados; otra media, que incluye al 70 % de ellos, y una inferior, con el 10 % restante. Entonces —y esto es lo esencial— los directores deben actuar en consecuencia. Y quiero destacar que «actuar» es la clave porque la mayoría de los directores establecen tal distinción... si bien únicamente en teoría. Sólo unos pocos la hacen realidad.

Cuando la diferenciación entre personas es real, al 20 % superior se le colma de primas, opciones de compra de acciones, alabanzas, amor, formación y otros muchos premios para su alma y sus bolsillos. En una compañía que diferencia, está claro quiénes son las estrellas. Son los mejores y se les trata como tales.

Al 70 % de los empleados de la categoría intermedia se les trata de forma distinta. Son un grupo muy valioso para cualquier compañía; sencillamente es imposible funcionar sin sus aptitudes, energía y compromiso. A fin de cuentas, son la mayoría de la plantilla. Éste es el mayor desafío, así como el principal riesgo, de la estructura 20-70-10: mantener al 70 % intermedio comprometido y motivado.

Por esta razón, en dicho grupo es esencial la formación, el feedback positivo y un cuidado establecimiento de objetivos. A las personas especialmente prometedoras hay que rotarlas en funciones y negocios distintos para que aumenten su experiencia y sus cono-cimientos, así como para poner a prueba sus dotes de mando.

Para hablar con claridad, la gestión de este 70 % no consiste en mantenerlos fuera del 10 % inferior. Lo que se pretende no es salvar a empleados de bajo rendimiento; eso sería una mala decisión de in-versión. Por el contrario, la diferenciación pretende que se identifi-que y aliente a las personas del 70 % que tengan potencial para ascen-der. No obstante, todos los que constituyen ese grupo intermedio necesitan motivación y sentir que forman parte de la empresa. No se pretende perder a la gran mayoría del 70 %, sino mejorarla.

En cuanto al 10 % inferior, no hay forma de expresarlo de otro modo: tienen que marcharse. Es más fácil decirlo que hacerlo. Es horrible despedir a alguien; lo sé, y yo mismo odio esa palabra. Pero si se posee una organización sincera con expectativas de rendimien-to y procesos de evaluación de rendimiento claros (lo que no es fá-cil, obviamente, pero debería ser el objetivo de todos), las personas del 10 % saben dónde se encuentran. Cuando se les comunica su posición, suelen preferir marcharse antes de que se lo pidan. Nadie desea permanecer en una organización donde no se le aprecia. Uno de los mejores aspectos de la diferenciación es que las personas de este grupo suelen acabar triunfando en compañías y profesiones realmente adecuadas para ellos, en las que pueden destacar.

Éste es, de forma resumida, el funcionamiento de la diferencia-ción. En ocasiones me han preguntado cómo se me ocurrió la idea. Siempre respondo que yo no inventé la diferenciación; la aprendí en el patio del colegio, de niño. Cuando se formaban los equipos de béisbol, siempre se escogía primero a los mejores jugadores; los jugadores pasables ocupaban posiciones fáciles, como la segunda base, y los menos at-léticos miraban desde la línea de ban-da. Todos sabían cuál era su lugar. Los jugadores aventajados querían deses-

> Yo no inventé la diferenciación; la aprendí en el patio del colegio, de niño.

peradamente seguir en la cumbre, y disfrutar del respeto de los otros y de la emoción del triunfo; los intermedios se dejaban la piel para mejorar (y con frecuencia lo lograban, haciendo que la calidad del juego aumentase), y los que no conseguían jugar solían encontrar otras ocupaciones, deportivas o extradeportivas, en las que destacaban y disfrutaban. No todos pueden ser excelentes jugadores de béisbol, y no todo buen jugador de béisbol puede ser un buen médico, programador de ordenadores, carpintero, músico o poeta. Cada uno de nosotros destaca en algo, y creo que somos más felices si nos dedicamos a ello.

Esto es válido tanto en el patio del colegio como en los negocios.

RAZONES PARA ODIAR (O NO) LA DIFERENCIACIÓN

Podría dedicar las siguientes páginas a explicar los motivos de mi aprecio a la diferenciación pero, por el contrario, voy a enumerar las críticas más habituales que recibe este concepto. Dejo de lado la diferenciación «hardware» por ser menos polémica que la del 20-70-10.

A continuación se exponen las críticas a la diferenciación de las personas. Algunas tienen algo de verdad, pero se trata de una minoría.

La diferenciación es injusta porque está corrompida por la política de empresa: el 20-70-10 es sólo un modo de separar a los que adulan al jefe de los demás.

Es incuestionable que en algunas empresas la diferenciación está corrompida por amiguismos y favoritismos: el 20 % de la categoría superior son los amigos y aduladores del jefe, y los del 10 % inferior son los que no se callan, desafían y cuestionan el statu quo. El

70 % intermedio mira hacia otro lado y sobrevive. Esto sucede y es repugnante; es consecuencia de un equipo directivo sin cerebro, sin integridad o sin ambos.

Lo único bueno que puedo decir de un sistema que no valora el mérito es que, al final, acaba por autodestruirse. Cae por su propio peso o debe modificarse. Los resultados no son suficientemente buenos para sostener la empresa.

Por suerte, los casos de «abusos en la diferenciación» pueden evitarse mediante un sistema de rendimiento sincero y claro, con expectativas, objetivos y plazos definidos, así como con un programa de evaluaciones coherente. En realidad, la diferenciación sólo puede aplicarse si existe un sistema así establecido, proceso que se discutirá con más detalle en el capítulo sobre gestión de personal.

La diferenciación es injusta e intimidatoria. Es como el peor patio de colegio: a los niños débiles se les tacha de tontos, se les proscribe y se les ridiculiza.

He oído esta acusación cientos de veces y me molesta mucho, ya que una de las mayores ventajas de la diferenciación es que es buena y justa para todos.

Cuando la diferenciación funciona, las personas saben cuál es su lugar. Saben si tienen probabilidades de progresar o si es preferible que empiecen a buscar otras oportunidades, dentro o fuera de la empresa. Quizá cierta información sea difícil de asimilar al principio, y no cabe duda que las malas noticias duelen, pero pronto, como sucede con todo conocimiento, la información se vuelve liberadora. Cuando uno sabe dónde se encuentra puede controlar su propio destino, y ¿qué hay más justo que eso?

Cuando alguien menciona esta crítica en alguna de mis conferencias, suelo responderles con otra pregunta: si en el colegio les puntuaban con notas. Como es lógico, todos responden afirmativamente y entonces pregunto si lo consideraban un sistema injusto.

La respuesta suele ser negativa. Las notas a veces escuecen, pero los niños siempre han sobrevivido a ellas. Las notas lo dejan todo bien claro. Algunas personas se gradúan y se convierten en astronautas, científicos o catedráticos, otros se hacen directores de marketing o ejecutivos de publicidad y otros enfermeros, cocineros o surfistas profesionales. En realidad la puntuación de las notas nos guía y nos dice algo de nosotros que nos conviene saber.

¿Por qué tienen que dejar de ponernos nota a los veintiún años? ¿Para evitar injusticias? ¡Por favor!

Corolario: Soy demasiado buena persona para imponer el 20-70-10.

Por lo general, los que hacen este comentario sostienen que la diferenciación, como sistema de gestión, no valora a las personas que aportan al negocio aspectos intangibles como «sensación de familia», «humanidad» o «historia». Y todos conocemos organizaciones que siguen empleando a malos trabajadores porque son personas encantadoras.

Comprendo que no se quiera despedir a alguien encantador.

No obstante, proteger a los malos trabajadores siempre se vuelve en contra de todas las partes implicadas. En primer lugar, al no cumplir con sus responsabilidades, el mal trabajador provoca que haya menos para repartir entre los demás, lo que causa resentimiento. Tampoco es justo, y la injusticia nunca ayuda a que una compañía triunfe: socava en exceso la confianza y la sinceridad.

Lo peor, sin embargo, es que prote-

> Proteger a los malos trabajadores siempre se vuelve en contra de todas las partes implicadas. Lo peor, sin embargo, es que proteger a personas que no rinden también es nocivo para ellas.

ger a personas que no rinden también es nocivo para ellas. Se las mantiene durante años en la empresa, mientras sus compañeros miran hacia otro lado. En las evaluaciones se les dice vagamente que lo hacen «bien» y se les agradece su contribución.

Entonces se produce un cambio desfavorable de coyuntura y es necesario hacer despidos. Los «encantadores» trabajadores de bajo rendimiento son con frecuencia los primeros en irse y siempre resultan los más sorprendidos, pues nunca se les ha hablado con sinceridad de sus resultados o de su falta de resultados. Lo terrible es que esto suele suceder cuando la persona está al borde de la cincuentena: se les ha tolerado en la empresa durante la mayor parte de su trayectoria profesional. De pronto, a una edad en que empezar de nuevo es muy difícil, se ven sin trabajo, sin haberlo considerado ni planificado y con la sensación de haber recibido un golpe bajo del que probablemente no se recuperarán. Se sienten traicionados, y con razón.

Por muy severa que parezca en un principio, la diferenciación evita la tragedia porque se basa en medidas de rendimiento reales. Por este motivo, considero que alguien no es demasiado «bueno» para imponer el 20-70-10, sino demasiado cobarde.

La diferenciación hace que las personas se enfrenten entre sí y socava el trabajo en equipo.

¡Díganselo a Joe Torre, entrenador de los Yankees!

Los Yankees de Nueva York funcionan perfectamente como equipo (para desgracia de los seguidores de los Red Sox, como es mi caso) con un sistema muy transparente de diferenciación. A las estrellas se las premia con generosidad; a los que no cumplen las expectativas se les muestra la puerta de salida. Por si eso no fuera suficiente para hacer transparente el sistema de diferenciación, los salarios de los jugadores son públicos. No hay duda de que se sigue dicho sistema si algunos miembros del equipo ganan 18 millones de dólares anuales, mientras que otros con el mismo uniforme sólo ganan 300.000, el mínimo establecido en la liga principal.

A pesar de ello, todos trabajan juntos para lograr la victoria del equipo. A Alex Rodriguez le encanta hacer una gran jugada personal, pero sin duda se siente mucho mejor cuando su equipo gana. En julio de 2004 Derek Jeter hizo la parada del año, empotrándose en las gradas y saliendo con un ojo morado y un corte en la cara, una fotografía que adornó todos los periódicos de Nueva York. Seguro que gran parte del dolor que sintió se vio aliviado cuando los Yankees ganaron, en uno de los mejores partidos de béisbol de todos los tiempos.

Es incuestionable que a ambas estrellas les encanta sobresalir por méritos propios, pero sin duda se emocionan mucho más cuando su equipo vence.

Su trabajo en equipo también prueba otras dos cosas. Primero, una gran gestión. Es evidente que Joe Torre comprende los desafíos de dirigir un equipo según un sistema de diferenciación.

En segundo lugar, la cohesión de los Yankees, como la de otros muchos equipos, muestra la influencia positiva de un sistema de dirección claro y honesto, basado en evaluaciones de rendimiento y en recompensas. De este modo, la diferenciación no socava un equipo, sino que lo mejora.

En los negocios, se armaría un gran revuelo si las compañías empezasen a publicar los salarios de todos los empleados, y no lo defiendo. No obstante, la gente siempre parece saber lo que ganan sus compañeros. Es por eso que algunos se molestan cuando todos los miembros del equipo ganan lo mismo, si sólo unos pocos han hecho el trabajo. Se sienten estafados y se preguntan por qué la dirección no ve lo evidente: que no todos los miembros del equipo fueron creados iguales.

La diferenciación recompensa a aquellos miembros del equipo que lo

> La diferenciación recompensa a aquellos miembros del equipo que lo merecen.

merecen; lo que, por cierto, sólo molesta a los que no rinden en el trabajo (al resto de los empleados les parece justo). Asimismo, un ambiente de equidad fomenta el trabajo en equipo y, aún mejor, motiva a las personas para que lo den todo, que es lo que se pretende.

La diferenciación sólo es posible en Estados Unidos. Desearía aplicarla, pero en mi país, a causa de nuestros valores culturales, no sería aceptada.

Escuché hacer esta crítica a la diferenciación a uno de los directores de General Electric, cuando, al principio de su gestión, explicó que el 20-70-10 no podía aplicarse en Japón porque allí se valoraba más la educación que la sinceridad. Desde entonces he oído la excusa de la cultura nacional a cientos de personas de todos los países. Hace poco, unos directivos daneses nos dijeron que su país valora demasiado el igualitarismo para que la diferenciación obtenga una amplia aceptación. También se ha dicho lo mismo de Francia. El año pasado, en una reunión en Amsterdam, un directivo afirmó que había «demasiado calvinismo en la sangre de los holandeses» para que el sistema funcionase en su país. Supongo que esta persona consideraba que las recompensas sólo vienen del cielo, si eres el elegido... En China nos dijeron que la diferenciación tardará en implantarse porque en la mayoría de las empresas estatales (que siguen siendo más del 50 %, a pesar de las reformas del mercado), gran parte de los mejores puestos y oportunidades se reservan para los miembros más leales al partido, con independencia de cuál sea su talento.

Considero que las excusas de los obstáculos culturales a la diferenciación son sólo eso, excusas. En General Electric no podíamos permitir que la diferenciación existiese únicamente en nuestras operaciones estadounidenses. En primer lugar, porque creíamos a pie juntillas en la eficacia de la diferenciación; pero también sabíamos que implantar la diferenciación sólo en Estados Unidos sería injusto y confuso, sobre todo para los negocios entre Estados Unidos y las divisiones mundiales y para las personas que se movían en nuestro nombre por todo el planeta. Muy pronto decidimos abogar por la diferenciación allá donde hiciéramos negocios y afrontar los posibles problemas culturales que quizás encontrásemos.

Entonces nos sucedió algo muy curioso. Muchas cuestiones culturales no pueden confrontarse. Cuando se argumenta en favor de la diferenciación y se la relaciona con la eficacia del sistema de valoración por rendimiento, ésta funciona igual de bien tanto en Japón como en Ohio. De hecho, los que pensaban al principio que eso jamás daría resultado en su país lo apoyaron con decisión por ser un sistema honesto, equitativo y justo.

> Cuando se argumenta en favor de la diferenciación y se la relaciona con la eficacia del sistema de valoración por rendimiento, ésta funciona igual de bien tanto en Japón como en Ohio.

Como he mencionado, es muy frecuente que el comentario «en mi país no podemos implantar la diferenciación» provenga de directores que admiten apoyar el sistema. Su reticencia surge de suponer que el personal pondrá objeciones fundamentadas en valores culturales. Mi consejo es que actúen despacio, pero que la implanten. Les sorprenderá no encontrarse solos, pues la diferenciación, tras cierto tiempo en funcionamiento, demuestra su validez en cualquier lengua.

> *La diferenciación está bien para el 20 % superior y el 10 % inferior porque saben adónde van. Sin embargo, es desalentadora para el 70 restante, que acaba viviendo en una especie de limbo muy desagradable.*

También esta queja encierra algo de verdad. El 70 % intermedio es la categoría más difícil de manejar. El mayor problema radica en las personas que ocupan la escala superior de la franja, pues se saben no tan distintas del 20 % superior y con frecuencia son mucho mejores que la parte inferior de su misma categoría. Puede ser una situación deprimente, y en ocasiones estos trabajadores de talento dejan la empresa por dicho motivo.

El lado bueno de este inconveniente es que la existencia de un 70 % intermedio obliga a las compañías a una gestión mejor. Sus dirigentes deben evaluar al personal con más detenimiento del ordinario y proporcionar un feedback más fluido y sincero. Obliga a las compañías a establecer centros de formación que funcionen. Por ejemplo, en la década de los setenta, antes de la diferenciación, nuestro centro de formación de Crotonville, Nueva York, solía utilizarse como «almacén» donde las empresas enviaban a sus empleados de bajo rendimiento, una especie de apeadero en el camino a la jubilación.

El rigor del 20-70-10 nos ayudó a cambiar la situación. Convertimos Crotonville en un lugar donde el 20 % de los mejores y los más destacados del 70 % explicaban sus ideas, discutían nuestra visión de los negocios y acababan por conocerse y comprenderse mucho mejor. La alta dirección pasaba varias horas con cada clase, lo que también nos ofrecía una idea aproximada del rigor con que se ponía en práctica la diferenciación.

Otro aspecto positivo es que formar parte del 70 % intermedio puede desmotivar a algunas personas, pero también incentiva a muchas otras. A las personas del 20 % superior, por ejemplo, la mera existencia de un 70 % intermedio les procura otra razón para no detenerse ante los obstáculos. Deben seguir mejorando si quieren mantener su posición privilegiada... ¡Es una experiencia muy intensa! A fin de cuentas, la mayoría de las personas desean mejorar y desarrollarse día a día.

> Formar parte del 70 % intermedio puede desmotivar a algunas personas, pero también incentiva a muchas otras.

Para muchos empleados del grupo intermedio, mejorar es también energizante. Ascender al 20 % superior es un objetivo tangible que les obliga a trabajar mejor, pensar más creativamente, compartir más ideas y luchar a diario. Hace que el trabajo se convierta en un desafío y sea mucho más ameno.

La diferenciación favorece a las personas extrovertidas y con energía e infravalora a los tímidos e introvertidos, aunque tengan talento.

No sé si será bueno o malo, pero el mundo suele favorecer a las personas extrovertidas y que derrochan energía. También es algo que se aprende muy pronto y se refuerza en la escuela, en la iglesia, en los campamentos de verano, en los clubes y, por lo general, también en casa. Cuando llega el momento de empezar a trabajar, si se sigue siendo tímido, introvertido y con tendencia a la abulia, hay profesiones y trabajos donde tales características son una ventaja. Si nos conocemos a nosotros mismos, los encontraremos. Esta crítica a la diferenciación, que escucho de vez en cuando, es en realidad una crítica a los valores de la sociedad.

Cabe añadir que, en los negocios, las personas extrovertidas y con energía suelen hacerlo mejor pero, de todas formas, los resultados hablan por sí mismos, alto y claro. La diferenciación los escucha.

◼

Si deseamos que los más válidos estén en nuestro equipo, es necesario afrontar la diferenciación. No conozco ningún sistema de gestión de personal que funcione mejor: con más transparencia, equidad y rapidez. Aunque no es perfecto, la diferenciación, como la sinceridad, clarifica los negocios y optimiza su funcionamiento en todos los sentidos.

4

Voz y dignidad

TODOS PARTICIPAN EN EL JUEGO

R UDY GIULIANI SUELE DECIR: «Conoce aquello en lo que crees.» Considero que está en lo cierto, por lo que voy a concluir esta sección del libro con una de mis convicciones esenciales. Lo menciono porque es el eje de todos los principios expuestos hasta ahora: misión y valores, sinceridad y diferenciación.

Esa convicción es que toda persona quiere tener voz y dignidad, y que toda persona las merece.

Con «voz» me refiero a que las personas desean expresar lo que piensan y que se escuchen sus ideas, opiniones y sentimientos, con independencia de cuál sea su nacionalidad, sexo, edad o cultura.

Por «dignidad» entiendo que las personas, de forma inherente e instintiva, desean ser respetadas por su trabajo, su esfuerzo y su individualidad.

Si, tras leer lo anterior, se piensa: «Claro, es evidente», perfecto. Asumo que la mayoría de los lectores darán esa respuesta. Tal vez mi convicción en la voz y la dignidad ni siquiera deba explicarse, ya que se acepta mayoritariamente y su importancia es evidente. No

En China, una joven me preguntó cómo podían practicarse en su país la sinceridad y la diferenciación si «sólo estaba permitida la voz del jefe».

obstante, durante los últimos dos años me ha sorprendido comprobar que es un tema al que suelo recurrir con frecuencia cuando hablo de cómo alcanzar el éxito.

El año pasado, en China, una joven del público, con lágrimas en los ojos, me preguntó cómo podían practicarse en su país la sinceridad y la diferenciación si «sólo estaba permitida la voz del jefe».

«Nosotros, los que estamos abajo, tenemos muchas ideas, pero ni siquiera nos planteamos exponerlas hasta que accedemos a un cargo de responsabilidad. No hay problema cuando se es un emprendedor que crea su propia empresa, pues entonces eres tu propio jefe; pero para muchos de nosotros eso es imposible», añadió.

Respondí que durante las primeras operaciones de General Electric en China observé las dificultades que ella acababa de describir en nuestras fábricas de Nansha, Shanghai y Pekín. No obstante, a medida que las fábricas se desarrollaban y las prácticas comerciales crecían, los líderes chinos que trabajaban para General Electric mejoraron su actitud hacia los empleados. Añadí que, con la expansión de la economía de mercado y la maduración de sus prácticas de dirección, confiaba en que esta mentalidad de inclusión acabaría por extenderse definitivamente en su país.

Sin embargo, la represión de la voz y de la dignidad no es un problema exclusivo de China. Aunque esta joven china se mostró especialmente emotiva, en todos los países que he visitado son muchas las personas que comparten su frustración y su preocupación.

Ahora bien, cuando se dirige una unidad o una división, no suele considerarse que los empleados no hablan o no son respetados. La sensación que se tiene del personal que nos rodea no es ésa; los días están saturados de visitas, llamadas y notas de personas que expresan opiniones contundentes. No obstante, la experiencia personal resulta ser una muestra sesgada. En casi todas las organizaciones, la mayoría de los empleados no habla porque siente que no puede... y porque nadie les ha preguntado.

Lo advertí con claridad a finales de la década de 1980, siempre que participaba en una sesión maratoniana de nuestro centro de formación de Crotonville. De todas direcciones me llegaban preguntas detalladas sobre negocios locales, que tendrían que haberse respondido en «casa»: «¿Por qué la planta de refrigeración recibe nuevo equipamiento, mientras las otras plantas están abandonadas?», o «¿Por qué trasladamos el montaje del motor GE90 a Durham, si podemos hacerlo aquí, en Evandale?»

Tras oír varias de estas preguntas, invariablemente interrumpía la clase para interrogar:

—¿Por qué no preguntáis eso a vuestros jefes?

—No puedo plantearlo, me matarían —era la respuesta.

—¿Y por qué me lo preguntáis a mí? —quería saber yo.

—Porque aquí nos sentimos anónimos.

Tras un año de diálogos similares, comprendimos que debíamos crear un entorno en el que empleados de todos los niveles pudiesen hablar como lo hacían en Crotonville.

Había nacido el proceso Work-Out. Consistía en encuentros de dos o tres días, celebrados en emplazamientos de General Electric de todo el mundo, que seguían la pauta de las reuniones de Nueva Inglaterra. Grupos de treinta a cien empleados, además de un moderador externo, se reunían para discutir cómo hacer las cosas y eliminar los obstáculos burocráticos que nos impedían avanzar. El jefe estaba presente al inicio de cada encuentro: exponía el tema de la sesión y también se comprometía a aprobar o

> —¿Por qué no preguntáis eso a vuestros jefes?
> —No puedo plantearlo, me matarían —era la respuesta.

rechazar, allí mismo, el 75 % de las recomendaciones que surgiesen, así como a resolver el 25 % restante en un plazo de treinta días. Después desaparecía hasta el final de la sesión para no influir en la discusión abierta y sólo regresaba para cumplir su promesa.

Durante varios años se celebraron miles de estas sesiones, que llegaron a convertirse en una parte cotidiana de la vida de la empresa. Ahora ya no son grandes acontecimientos, sino una forma más de cómo General Electric resuelve sus problemas.

Fuese una planta de refrigeración de Louisville, Kentucky, donde los empleados discutían sistemas de pintura mejores y más rápidos; una fábrica de reactores en Rutland, Vermont, donde los empleados recomendaban cómo reducir el ciclo temporal en la fabricación de hélices, o unas instalaciones de procesamiento de tarjetas de crédito en Cincinnati, donde los trabajadores expusieron sus ideas respecto a la eficacia de la facturación, los programas Work-Out provocaron una explosión de productividad.

Hicieron que todos participasen en el juego.

Un obrero de mediana edad que asistió a un programa Work-Out habló por miles de personas cuando me dijo: «Me ha pagado durante veinticinco años por mis manos cuando podría haber tenido también mi cerebro... gratis.»

Finalmente, gracias a los Work-Out, teníamos ambos. En realidad, creo que este programa fue el causante de uno de los cambios más profundos de General Electric durante mis años en la empresa. Para la gran mayoría de los empleados, la aseveración de «el jefe lo sabe todo» desapareció.

■

Una gran burocracia como General Electric requería algo tan sistematizado como el programa Work-Out para romper el hielo y hacer que la gente se sincerase. Pero no es el único método para asegurar que todos tengan voz en un equipo o una empresa. Sólo hay que encontrar el sistema más adecuado.

No propongo que deban ponerse en práctica las ideas de cualquiera o que se satisfagan todas las demandas. En eso consiste el criterio de la dirección. Obviamente, algunas personas tienen mejores ideas que otras; las hay que son más listas, más experimentadas o más creativas. Pero todas deben ser escuchadas y respetadas.

Ellas lo desean y nosotros lo necesitamos.

> Algunas personas tienen mejores ideas que otras; las hay que son más listas, más experimentadas o más creativas. Pero todas deben ser escuchadas y respetadas.

LA EMPRESA

5

Liderazgo

NO ES SÓLO UNA CUESTIÓN PERSONAL

U N BUEN DÍA, NOS convertimos en líderes.

El lunes hacemos lo que es habitual: disfrutar del trabajo, dirigir un proyecto, charlar y reír con los colegas sobre la vida y la profesión, o criticar lo estúpida que puede ser la dirección. Entonces, el martes, nosotros somos la dirección. Nosotros somos el jefe.

De pronto, todo parece distinto... porque es distinto. El liderazgo requiere conductas y actitudes bien determinadas que, para muchas personas, se estrenan con el trabajo.

Antes de ser líderes, el éxito depende del desarrollo personal. Cuando somos líderes, el éxito depende de desarrollar a los demás.

Es incuestionable que hay muchas formas de liderazgo. Basta con mirar al abierto y distendido Herb Kelleher, presidente durante treinta años de Southwest Airlines, y al reservado innovador de Microsoft Bill Gates, para entender que hay líderes de todas clases. En política, compárese a Churchill y Gandhi; en fútbol americano, a Lombardi y Belichick.

Cada uno de ellos ofrecería una lista distinta de «reglas» para el liderazgo.

Si me preguntasen, yo daría ocho; aunque, de hecho, no me parecieron reglas cuando las utilizaba, sino la forma correcta de dirigir.

No es ésta la única parte del libro que tratará el liderazgo. De un modo u otro, cada capítulo toca el tema, desde el que se ocupa de la gestión de crisis hasta el que considera estrategias para equilibrar la vida personal y laboral.

Pero empiezo con un capítulo específico sobre esta cuestión porque siempre está en mente de todos. A lo largo de estos últimos tres años, en mis conversaciones con estudiantes, directores y emprendedores, siempre se me han planteado, invariablemente, preguntas acerca del liderazgo, como: «¿Qué hace en realidad un líder?», o «Acaban de ascenderme y nunca he dirigido antes; ¿cómo puedo ser un buen líder?» La microgestión es también un área de preocupación, en preguntas como: «Mi jefe siente que tiene que controlarlo todo; ¿eso es liderazgo o puericultura?» También el carisma despierta muchos interrogantes: «¿Se puede ser introvertido, callado o simplemente tímido y obtener resultados de los empleados?» En una ocasión, en Chicago, un asistente a una de mis charlas preguntó: «Tengo al menos dos subordinados directos que son más inteligentes que yo. ¿Cómo voy a evaluarlos?»

Estas preguntas me han obligado a reflexionar acerca de mis experiencias como líder a lo largo de cuarenta años. Con el paso de las décadas, las circunstancias han ido variando notablemente. Dirigí equipos de tres personas y también divisiones de treinta mil. Gestioné negocios agonizantes y otros que vivían una expansión desaforada. Hubo adquisiciones, descapitalizaciones, crisis, momentos de suerte inesperada y buenas (y malas) coyunturas económicas.

A pesar de tanta variedad, algunas formas de dirección siempre parecieron funcionar y se convirtieron en mis «reglas».

LO QUE HACEN LOS LÍDERES

1. Los líderes hacen que su equipo mejore continuamente, y aprovechan cualquier encuentro para evaluar, aleccionar y dar confianza a sus empleados.

2. Los líderes no sólo se aseguran de que el personal entienda la visión de la empresa, sino de que la viva y la respire.

3. Los líderes se meten en la piel de su personal e irradian energía positiva y optimismo.

4. Los líderes establecen la confianza mediante la sinceridad, la transparencia y el honor.

5. Los líderes tienen el valor de tomar decisiones impopulares y confiar en su instinto.

6. Los líderes cuestionan e insisten, con una curiosidad que raya en el escepticismo, para asegurarse de que se responde a sus preguntas con acciones.

7. Los líderes inspiran, con su ejemplo, la toma de decisiones arriesgadas y el aprendizaje continuado.

8. Los líderes celebran los triunfos.

LOS EQUILIBRIOS DIARIOS

Antes de tratar cada una de las reglas, haré un comentario sobre las paradojas, pues en el liderazgo hay muchas.

La más antigua es la paradoja corto-largo, como en la pregunta que me hacen con frecuencia:

—¿Cómo puedo conseguir resultados trimestrales y, al mismo tiempo, hacer lo mejor para mis negocios a largo plazo?

—¡Bienvenido al trabajo! —es mi respuesta.

Cualquiera puede gestionar a corto plazo, no hay más que seguir exprimiendo el limón. Y cualquiera puede hacerlo a largo plazo, no hay más que seguir soñando. Alguien se convierte en líder porque se le considera capaz de exprimir y soñar a la vez. Porque es una persona con ideas, experiencia y rigor para equilibrar las demandas en conflicto de los resultados a corto y a largo plazo.

Realizar equilibrios a diario es liderazgo.

Tómense las reglas 3 y 6. Una declara que se debe mostrar energía positiva y optimismo, así como irradiar tal actitud al equipo. La otra dice que siempre hay que cuestionar al equipo y nunca dar nada por sentado.

O véanse las reglas 5 y 7. Una afirma que se debe actuar como un jefe y afirmar la autoridad. La otra señala la necesidad de admitir los errores y apoyar a aquellos que asumen riesgos, sobre todo cuando fallan.

Evidentemente, la vida sería más fácil si el liderazgo fuese una lista de reglas simples, pero las paradojas son inherentes al negocio.

No obstante, también eso es parte de la diversión de liderar: cada día es un reto. Es una nueva oportunidad de mejorar en un trabajo en el cual, cuando todo está dicho y hecho, nunca se puede ser perfecto.

Sólo podemos dar cuanto tenemos.

Aquí se muestra cómo.

REGLA 1. Los líderes hacen que su equipo mejore continuamente, y aprovechan cualquier encuentro para evaluar, aleccionar y dar confianza a sus empleados.

Cuando los Red Sox de Boston acabaron con una sequía de títulos de ochenta y seis años y ganaron las Series Mundiales, era imposible encender el televisor o abrir un periódico sin oír o leer especulaciones de por qué 2004 había sido «el año». Había teorías de todo tipo, desde el corte de pelo del centrocampista Johnny Damon hasta el eclipse lunar.

No obstante, la mayoría de los entendidos opinaba que la razón no era tan misteriosa. Los Red Sox tenían los mejores jugadores. Los lanzadores eran los más destacados de la liga, los defensas eran bastante buenos y los bateadores eran sensacionales. A todos les unía un espíritu triunfador tan palpable que se sentía en el ambiente.

Siempre pueden producirse golpes de suerte y momentos desafortunados pero, por lo general, el mejor equipo gana. Éste es el sencillo motivo por el que la mayor parte del tiempo y la energía de un líder debe invertirse en tres actividades.

■ **Evaluar:** Asegurarse de que las personas adecuadas están en los puestos que merecen, apoyándolas y haciéndolas avanzar y, por otra parte, apartando a aquellas que no dan la talla.

■ *Coaching*: Guiar, criticar y ayudar para que las personas mejoren su rendimiento diario.

■ **Fomentar la autoestima** mediante el ánimo, el apoyo y el reconocimiento. La autoestima es una fuente de energía y proporciona a los empleados el valor de sobrepasar sus límites, asumir riesgos y lograr sus sueños. Es el combustible de los equipos triunfadores.

Con demasiada frecuencia, los directivos creen que el desarrollo de su equipo sólo se produce una vez al año, en las revisiones de rendimiento. Nada más lejos de eso.

El desarrollo del personal debería ser diario y estar integrado en cada aspecto del funcionamiento cotidiano.

Tómense como ejemplo las revisiones de presupuestos; son una ocasión perfecta para centrarse en el personal. Aunque, evidentemente, es necesario hablar del negocio y sus resultados, en una revisión de presupuestos puede verse en acción la dinámica del equipo. Si todos permanecen sentados alrededor de la mesa, en silencio y sin moverse, mientras el jefe del equipo pontifica, el líder tiene un serio trabajo de *coaching* por delante. Si todos los miembros del equipo intervienen en la presentación y participan activamente, el líder tiene la gran oportunidad de mostrar que le agrada lo que ve. Si el equipo cuenta con un empleado brillante o con uno que no da la talla, debe compartirse esta impresión con el jefe del equipo lo antes posible.

Todo acontecimiento de la rutina laboral puede utilizarse para desarrollar al personal.

Las visitas de los clientes son una oportunidad para valorar su cuerpo de ventas. Las visitas a la fábrica son la ocasión perfecta para conocer a un prometedor gerente de línea y comprobar si es capaz de asumir mayores responsabilidades. Un descanso en la reunión es una puerta para aleccionar a un miembro del equipo que está a punto de iniciar su primera presentación importante.

En todos estos encuentros, evaluar y aleccionar está muy bien; sin embargo, no debe olvidarse que fomentar la confianza es lo más importante. Hay que aprovechar cualquier oportunidad para infundir confianza en aque-

> Hay que aprovechar cualquier oportunidad para infundir confianza en aquellos que la merezcan, sin ahorrar elogios: cuanto más específicos, mejor.

llos que la merezcan, sin ahorrar elogios: cuanto más específicos, mejor.

Además de la gran influencia positiva que supone para el equipo, lo mejor de usar los encuentros para desarrollar al personal es su carácter ameno. En lugar de reuniones tediosas sobre cifras y visitas a fábricas para exhibir nueva maquinaria, la rutina diaria consiste en hacer crecer a las personas. En realidad, el líder debería considerarse un jardinero, con una regadera en una mano y un saquito de abono en la otra. Aunque de vez en cuando tendrá que arrancar alguna mala hierba, su principal tarea será cuidar su jardín.

Y ver cómo todo florece.

REGLA 2. Los líderes no sólo se aseguran de que el personal entienda la visión de la empresa, sino de que la viva y la respire.

No hace falta señalar que los líderes han de establecer la visión del equipo y que la mayoría de ellos así lo hace. Pero la visión es mucho más que eso, y un buen líder debe lograr que cobre vida.

¿Cómo conseguirlo? En primer lugar, sin galimatías. Los objetivos, por muy nobles que parezcan, no pueden ser vagos. Las metas no pueden ser tan confusas que sea imposible alcanzarlas. La dirección debe estar tan clara que, si despertamos a uno cualquiera de nuestros empleados a medianoche y le preguntamos: «¿Adónde nos dirigimos?», él pueda responder, aún medio adormecido: «Vamos a seguir mejorando nuestros servicios a los contratistas individuales y expandir nuestro mercado mediante una campaña enérgica de captación de pequeños mayoristas.»

Viví una experiencia de esa clase el año pasado, mientras promocionaba un fondo de inversión para Clayton, Dubilier & Rice, donde colaboro como asesor. Fue durante una cena celebrada en Chicago a la que asistieron una docena de inversores, todos interesados en nuestros criterios de inversión y previsiones de beneficios.

Steve Klimkowski, el director de inversiones de Northwestern Memorial HealthCare, era uno de ellos. En medio de la cháchara financiera, sólo parecía interesado en hablar de la misión de su hospital, «proporcionar un excelente cuidado a los pacientes... desde la perspectiva del paciente». Puso ejemplos de cómo empleados de todos los rangos (incluido él, el inversor) habían transformado su trabajo para cumplir aquella visión. En su caso, por ejemplo, le habían aleccionado para que nunca indicase a un paciente externo un lugar determinado del hospital, sino que lo acompañase hasta allí. En su revisión de rendimiento, le habían pedido que enumerase cómo había mejorado personalmente la experiencia de los pacientes en el Northwestern Memorial. En realidad, la comprensión de su papel en la misión y su pasión eran tan reales que, tras charlar con Steve quince minutos, también yo era capaz de explicarla si alguien me despertaba a medianoche.

Era evidente que los líderes del Northwestern Memorial habían comunicado la visión del hospital con una claridad y una coherencia sorprendentes. Esto es esencial. El líder tiene que hablar de la visión constantemente, hasta el punto de la náusea. En ocasiones, yo mismo hablaba tantas veces al día de la dirección de la compañía que me hartaba de oírme. Pero advertí que el mensaje siempre era nuevo para alguien. Por eso hay que seguir repitiéndolo.

También es imprescindible hablar con todos.

Uno de los problemas más habituales en las organizaciones es que los

> En ocasiones, yo mismo hablaba tantas veces al día de la dirección de la compañía que me hartaba de oírme.

líderes comunican su visión a los colegas más cercanos, pero sus implicaciones nunca se filtran al personal de primera línea. Piénsese en las veces que nos hemos topado con un dependiente maleducado en un comercio que pregona su excelente servicio al cliente, o cuando una operadora nos deja en espera en una compañía que promete rapidez y facilidades.

Estas personas no han oído la misión, tal vez porque no se ha gritado en su dirección, lo bastante alto o con la frecuencia suficiente.

O, quizá, no se les ha recompensado debidamente.

Y aquí está la última pieza de esta particular regla de liderazgo. Si se desea que el personal sienta y respire la visión, «hay que mostrarles el premio» cuando así lo hagan, sea con el salario, con primas o con un reconocimiento significativo. Para citar a un amigo, Chuck Ames, anterior presidente y director general de Reliance Electric: «Muéstrame los diferentes planes de compensación de una empresa y te mostraré cómo se comportan sus empleados.»

La visión empresarial es un elemento esencial del trabajo del líder; pero una visión no vale ni el papel en que está impresa si no se comunica constantemente y se refuerza con recompensas. Sólo entonces saltará del papel... y cobrará vida.

REGLA 3. Los líderes se meten en la piel de su personal e irradian energía positiva y optimismo.

En Estados Unidos tenemos un refrán que reza: «El pescado empieza a pudrirse por la cabeza.» Suele utilizarse para advertir que la política y la corrupción se filtran de arriba abajo en una organización, pero también podría emplearse para describir el efecto de una mala actitud en la franja superior de cualquier equipo, sea grande o pequeño. Finalmente, todos acaban infectados.

El estado de ánimo del líder es, a falta de una palabra mejor, contagioso. La dinámica es bien conocida: el jefe optimista que siempre muestra un talante positivo suele acabar dirigiendo un equipo o una organización compuestos de gente optimista con un talante positivo. Una persona desabrida y pesimista acabará con un grupo infeliz todo para él.

Y los grupos infelices lo tienen crudo para triunfar.

Obviamente, en ocasiones hay buenos motivos para el desánimo. La economía va mal, la competencia es brutal... De hecho, las razones son muchas y el trabajo puede hacerse muy difícil.

Sin embargo, es responsabilidad del líder frenar la tendencia gravitatoria al negativismo. No me refiero a endulzar los desafíos a los que se enfrenta el equipo, sino a mostrar una actitud enérgica y resolutiva respecto a cómo superarlos. Significa que el líder sale de su despacho y se mete en la piel de su personal, se interesa realmente en lo que hacen sus empleados y en cómo les va, mientras se enfrentan unidos a los desafíos.

Quizá no seamos muy propensos a crear tales lazos emocionales; así sucede con muchas personas. He visto a algunos buenos líderes dirigir sus negocios manteniendo el personal a distancia. Mostraban valores adecuados, como sinceridad y rigor, y obtenían buenos resultados.

Pero si no podían ponerse en la piel de sus empleados, algo se perdía. El trabajo era sólo trabajo.

La actitud correcta podría haberlo convertido en mucho más. El líder hace suya dicha actitud.

REGLA 4. Los líderes establecen la confianza mediante la sinceridad, la transparencia y el honor.

Para algunas personas, convertirse en líder es un verdadero viaje al poder. Les complace controlar al personal y la información. Por este motivo guardan secretos, apenas revelan lo que piensan del personal y su rendimiento, y también se guardan para sí lo que saben acerca del negocio y su futuro.

Este comportamiento, sin duda, establece al jefe como líder, pero merma la confianza del equipo.

¿Qué es la confianza? Podría ofrecer la definición de un diccionario, pero se sabe lo que es cuando se siente. La confianza existe cuando los líderes son transparentes, sinceros y mantienen su palabra. Así de sencillo.

El personal siempre debe saber dónde se encuentra en términos de rendimiento. Debe saber cómo va el negocio. En ocasiones las noticias no son buenas (quizá vaya a haber despidos inminentes) y cualquier persona normal preferiría no transmitirlas. Pero es necesario combatir el impulso de maquillar o endulzar los mensajes difíciles, o se pagará con la pérdida de confianza y energía del equipo.

Los líderes también establecen la confianza dando reconocimiento a quien lo merece. Nunca se aprovechan de su personal, robándoles una idea y haciéndola pasar por propia. No interpretan el doble juego de ser amables con sus superiores y tratar mal a sus subordinados, porque son lo bastante seguros y maduros para saber que el éxito de su equipo les dará reconocimiento, y más a corto que a largo plazo. En las malas épocas, los líderes se hacen responsables de lo que ha ido mal; en las buenas, comparten generosamente los elogios con sus empleados.

Cuando alguien se convierte en líder, en ocasiones siente el impulso de afirmar: «Mirad lo que he hecho.» Si el equipo hace un trabajo excelente, es normal desear parte del reconocimiento para uno mismo.

> Los líderes nunca se aprovechan de su personal, robándoles una idea y haciéndola pasar por propia.

A fin de cuentas, el líder es quien dirige el espectáculo. Es quien firma los cheques, por lo que el personal escucha todas sus palabras (o finge hacerlo) y le ríe todas las bromas (o simula hacerlo). En algunas empresas, ser el jefe implica tener una plaza de aparcamiento especial o volar en primera clase. Es muy fácil que tales privilegios se suban a la cabeza. Es muy fácil sentirse alguien importante.

Un líder no debe permitir que eso suceda.

Debe recordar que cuando le nombraron líder no le dieron una corona, sino la responsabilidad de sacar lo mejor de otros. Por dicho motivo, el personal necesita confiar en él. Y así será, siempre que el líder se muestre sincero con sus empleados, les alabe en público cuando lo merezcan y no pierda contacto con la realidad.

> REGLA 5. Los líderes tienen el valor de tomar decisiones impopulares y confiar en su instinto.

Por naturaleza, algunas personas son dadas al consenso; desean que todo el mundo las quiera.

Estas conductas pueden complicar la vida a un líder porque, independientemente de dónde trabaje o qué haga, en ocasiones deberá tomar decisiones difíciles: despedir a un miembro del personal, reducir el capital destinado a un proyecto o cerrar una fábrica.

Es evidente que las decisiones difíciles engendran quejas y resistencia. El trabajo del líder es escuchar y explicarse con claridad, pero seguir adelante. No debe extenderse en explicaciones ni intentar persuadir con lisonjas.

No se es líder para ganar concursos de popularidad, sino para dirigir. No es necesario hacer campaña; ya hemos sido elegidos.

En ocasiones, tomar una decisión es difícil no por su impopularidad, sino por tratarse de una resolución que surge del instinto, no de la razón.

Se ha escrito mucho sobre el misterio del instinto, pero en realidad no es más que una pauta de reconocimiento.

> No se es líder para ganar concursos de popularidad, sino para dirigir.

Hemos presenciado lo mismo en tantas ocasiones que ya sabemos lo que sucederá en una determinada. Tal vez los hechos sean incompletos o los datos estén limitados, pero la situación resulta muy familiar.

Un líder se enfrenta constantemente a lo que le dicta su instinto. Se le pide que invierta en un nuevo edificio de oficinas, por ejemplo, pero cuando visita la ciudad ve grúas por todas partes. Los números son perfectos, le repiten, pero la situación le resulta familiar. Sabe que la saturación está a la vuelta de la esquina y que la inversión «perfecta» acabará teniendo un valor de sesenta centavos el dólar. No tiene pruebas, pero lo siente en las entrañas.

Así pues, ha de anular el negocio, aunque moleste a muchas personas.

Las peores decisiones instintivas suelen relacionarse con la contratación de personal. Se presenta un candidato que lo tiene todo. Su currículum es perfecto: ha cursado estudios en escuelas prestigiosas y cuenta con una experiencia fabulosa; su entrevista es impresionante: estrecha la mano con firmeza, mantiene buen contacto visual, formula preguntas inteligentes, etc. Pero el líder siente que algo no encaja. Quizás el candidato ha cambiado de empresa con excesiva frecuencia, ha desempeñado demasiados trabajos en pocos años sin una explicación plausible; o su energía parece excesiva, frenética; o un jefe anterior habla maravillas de él, pero no parece sincero...

> «Si notas esa sensación de prevención en el estómago, no lo contrates.»

Su intención le dice entonces: «Si notas de nuevo esa sensación de prevención en el estómago, no lo contrates.»

Si alguien es nombrado líder es porque ha visto más y ha acertado más veces. Por tanto, debe escuchar su instinto. Intenta decirle algo.

REGLA 6. Los líderes cuestionan e insisten, con una curiosidad que raya en el escepticismo, para asegurarse de que se responde a sus preguntas con acciones.

Cuando se es un colaborador individual, hay que tener todas las respuestas. Ése es su trabajo: ser un experto, el mejor en su campo, quizás incluso la persona más inteligente de la sala.

El trabajo del líder es tener todas las preguntas. Debe sentirse increíblemente cómodo pareciendo la persona más estúpida de la reunión. Toda conversación que mantenga sobre una decisión, una propuesta, una información de mercado, debe estar saturada de preguntas similares a: «¿Y si...?»; «¿Por qué no?» o «¿Cómo?»

Cuando en 1963 me nombraron director por primera vez, me hice cargo de una *start-up* que salió al mercado mediante una gran iniciativa de fuerza de ventas. Sabía que el personal externo no nos prestaba la atención suficiente, por lo que todos los fines de semana me llevaba a casa las copias de los informes de ventas que se rellenaban con cada visita de un cliente; toda una montaña de papeles. Los lunes me convertía en un pesado que realizaba una ronda de llamadas y preguntaba al personal de ventas o al director de la planta todo lo que no entendía. ¿Por qué, por ejemplo, se ofrecía a un cliente el precio especial de los grandes compradores cuando sólo adquiría pequeños lotes? ¿Por qué otro cliente recibía un producto con taras?

Gracias a estas preguntas, el equipo de ventas dio la atención requerida a nuestro producto y también conseguí entender mejor cómo éste se vendía.

Sin embargo, preguntar no es suficiente. También hay que asegurarse de que las preguntas sean fuente de debate y planteen temas que se conviertan en actos.

Nunca hay que olvidar que, sólo por ser el líder, va a hacerse todo lo que digamos.

Ése fue el caso a principios de la década de 1990, cuando me obsesioné con la idea de una máquina de resonancia magnética más amplia. Todos aquellos a quienes se les haya practicado una resonancia, sabrán de lo que hablo. El procedimiento consiste en tumbarse sobre la espalda y ser deslizado al interior de un túnel que funciona como campo magnético.

En aquellos días el túnel (o tubo, como se le llamaba entonces) era muy estrecho y los pacientes sufrían claustrofobia durante la prueba, que duraba unos cuarenta minutos. Se rumoreaba que Hitachi iba a lanzar una máquina con un túnel mucho más ancho, pero algunos miembros de nuestro negocio médico desdeñaron el producto. Los hospitales nunca aceptarían las imágenes de baja calidad que ofrecían esas máquinas de tubos tan amplios, afirmaron.

Puesto que yo me había sometido a una resonancia magnética, no estaba convencido: sabía que, en efecto, aquella máquina producía claustrofobia. Siempre que surgía la oportunidad, sugería al equipo médico que se replantease la situación. ¿Seguro que los hospitales no estaban dispuestos a perder calidad de imagen para ofrecer más comodidad al paciente, sobre todo en procedimientos simples como la exploración de codos o rodillas? ¿Y la tecnología? ¿No acabaría por mejorar la calidad de las imágenes?

Como respuesta, el equipo médico utilizó la evasiva más manida del mundo de los negocios. «Lo estudiaremos», me aseguraron una y otra vez. Pero no lo hicieron. Me consideraban un ignorante, un pesado, y sólo intentaban hacerme desistir.

«Lo estudiaremos», me aseguraron una y otra vez. Me consideraban un ignorante, un pesado, y sólo intentaban hacerme desistir.

Un año después, Hitachi presentó una máquina de tubo ancho y captó una parte significativa del mercado. Tardamos dos años en alcanzarlos.

Con esta historia, lo último que pretendo es hacerme pasar por un héroe. Más bien todo lo contrario.

Tendría que haber sido mucho más pesado. En realidad, debería haber insistido para que se invirtieran recursos en el desarrollo de nuestra propia máquina de tubo ancho. Al final, lo único que me quedó fue pensar «lo sabía» y querer decirles «os lo advertí».

Ambas sensaciones de nada sirven. Sin embargo, he comprobado que muchos líderes consideran que haberlo sospechado les absuelve de la responsabilidad cuando las cosas van mal. Años atrás solía verme a menudo con un conocido director general. Siempre que su compañía aparecía en las noticias por haber cometido algún error, él comentaba lo mismo: «Lo sabía.» Por algún motivo, eso le hacía sentirse mejor, pero ¿qué más daba?

En un momento u otro de nuestras carreras, todos hemos sido culpables de ostentar esa percepción retrospectiva. Es un pecado terrible. Si no nos cercioramos de que nuestras preguntas y preocupaciones se responden con actos, éstas no cuentan para nada.

A nadie le gusta verse cuestionado meticulosamente. Es muy molesto creer en un producto o entrar en la sala con una presentación magnífica y que el jefe se dedique a desmoralizarlo a uno con sus preguntas.

Pero ése es su trabajo. El líder desea mayores y mejores soluciones. Las preguntas, el debate saludable, las decisiones y la acción conducirán hasta ellas.

REGLA 7. Los líderes inspiran, con su ejemplo, la toma de decisiones arriesgadas y el aprendizaje continuado.

Las compañías triunfadoras fomentan las decisiones arriesgadas y el aprendizaje.

Sin embargo, con frecuencia ambos conceptos se fomentan de palabra y poco más. Demasiados jefes exhortan a sus empleados a que prueben algo nuevo, para luego reprenderlos cuando fallan. Y son muchísimos los que sólo aceptan lo que proviene del interior de su negocio, de espaldas a un posible aprendizaje exterior.

Si se desea que el personal experimente y amplíe sus ideas, hay que fomentarlo con el ejemplo.

Considérese la toma de riesgos. El líder puede crear una cultura que la acoja admitiendo los propios errores y hablando de lo que ha aprendido de ellos.

He explicado incontables veces mi primer gran error (que fue mayúsculo): la explosión de una planta piloto en Pittsfield, Massachusetts, en 1963. Estaba al otro lado de la calle, en mi despacho, cuando se originó la explosión, provocada por una chispa que prendió un gran tanque de solución volátil. Se produjo un gran estruendo y, acto seguido, placas del techo y esquirlas de cristal volaron por todas partes. El humo cubrió la zona por completo. Afortunadamente no hubo heridos.

A pesar del calibre de mi error, el superior de mi jefe, un antiguo profesor del Instituto de Tecnología de Massachusetts llamado Charlie Reed, no me crucificó. Por el contrario, su investigación, amable y científica, de las razones del incidente me enseñaron no sólo a mejorar nuestro proceso de fabricación sino, más importante, cómo tratar a alguien que está abatido.

No fue el único error de mi carrera; cometí muchos otros. Compré el banco de inversión Kidder Peabody (una operación desastro-

Ser el jefe no implica ser la fuente de todo conocimiento.

sa, debido a su diferente cultura de empresa) y realicé numerosas contrataciones equivocadas, por nombrar sólo dos.

Estas experiencias no eran para sentirse orgulloso, pero hablé abiertamente de ellas para demostrar que correr riesgos y equivocarse no es terrible, siempre que se aprenda de los errores.

No es necesario sermonear o adoptar un tono sombrío cuando se habla de los propios errores. En realidad, cuanto más sentido del humor se ponga al hablar de ellos, más entenderán las personas que las equivocaciones no son fatales.

También el líder necesita aprender. Ser el jefe no implica ser la fuente de todo conocimiento. Siempre que descubría una mejor práctica de otra empresa que me parecía interesante, al regresar a General Electric expresaba mi agrado de forma quizás algo exagerada, con la intención de que el personal captase mi entusiasmo por la idea.

Se puede (y se debe) aprender de los demás. Como se recordará, un ejecutivo de Chicago me preguntó cómo podía evaluar a subordinados que le superaban en inteligencia. Mi respuesta fue: «Aprenda de ellos. En el mejor de los casos posible, todo su personal debería ser más inteligente que usted. Eso no significa que no pueda dirigirlos.»

No hay edicto en el mundo que incite a la gente a arriesgarse o a invertir tiempo en aprender. En la mayoría de los casos, la ecuación riesgo-recompensa no es lo bastante obvia.

Si se desea cambiar esta situación, hay que servirse del propio ejemplo. Tanto el líder como su equipo disfrutarán del ambiente emocionante que se crea y de los resultados conseguidos.

REGLA 8. Los líderes celebran los triunfos.

¿Por qué las celebraciones ponen tan nerviosos a los directivos? Quizá celebrar una fiesta no parezca profesional, o al jefe le preocupe no aparentar seriedad ante los poderes fácticos, o tema que, si la felicidad reina en la oficina, el personal rinda menos en el trabajo.

Sea cual sea el motivo, en el trabajo no se celebra lo suficiente, independientemente del país. Cuando viajo, suelo preguntar a los asistentes a mis conferencias si han reconocido los logros (sean grandes o pequeños) de su equipo el año anterior. No me refiero a esas pomposas fiestas montadas por la compañía que todos detestan, en las que el equipo se ve obligado a pasar una velada de diversión forzosa en un restaurante, cuando preferirían haberse quedado en sus casas. Me refiero a enviar al equipo a Disneylandia con sus familias, o regalar a cada miembro dos entradas para un importante espectáculo de Nueva York, u obsequiarles con un nuevo iPod.

Sin embargo, cuando pregunto si se celebran los buenos resultados, casi nadie levanta la mano.

Tampoco General Electric era inmune al fenómeno. Durante veinte años insistí en la importancia de las celebraciones; a pesar de todo, durante mi último viaje a Crotonville como director general, pregunté a la centena de gerentes si celebraban lo suficiente con sus unidades y, aun sabiendo lo que deseaba oír, menos de la mitad de los presentes respondió afirmativamente.

Es una oportunidad perdida. La celebración hace que el personal se sienta triunfador y crea una atmósfera de reconocimiento y energía positiva. Es impensable que el equipo vencedor de las Series Mundiales no lo celebre salpicando a todos con champán. Sin embargo, las compañías logran constantes triunfos y, a lo sumo, se celebran con una palmadita de reconocimiento.

El trabajo es una parte demasiado importante de la vida para no

El trabajo es una parte demasiado importante de la vida para no reconocer los momentos de éxito. Hay que atrapar tantos como se pueda y subrayar su importancia.

reconocer los momentos de éxito. Hay que atrapar tantos como se pueda y subrayar su importancia. Si el líder no lo hace, nadie lo hará.

■

No existe una fórmula fácil para ser un líder. Ojalá la hubiese.

El liderazgo es un desafío compuesto de equilibrios, responsabilidades y presión.

No obstante, los buenos líderes existen... y además se presentan en gamas muy variadas. Los hay tímidos y los hay pomposos; los hay analíticos y los hay impulsivos. Algunos se muestran muy severos con su equipo, otros son más protectores. Si se consideran de forma superficial, es muy difícil encontrar cualidades comunes entre ellos.

Pero si se observan con más profundidad, se verá que los mejores se interesan apasionadamente por su equipo, por su desarrollo y sus éxitos. También se comprobará que son personas que se sienten bien consigo mismas: reales, sinceras, íntegras, optimistas y humanas.

Se me pregunta con frecuencia si un líder nace o se hace. La respuesta es que ambas cosas. Algunas características, como el coeficiente intelectual o la energía, parecen innatas. Otras, como la confianza en uno mismo, se aprenden en el seno familiar, la escuela o el deporte. Algunas más se asimilan en el trabajo, mediante la experiencia iterativa: intentar algo, hacerlo mal y aprender de ello, o hacerlo bien y lograr la confianza necesaria para hacerlo de nuevo, sólo que mejor.

Para la mayoría de nosotros, el liderazgo se produce el día en que nos convertimos en jefes y las reglas cambian.

Antes, el trabajo era una cuestión personal.

Ahora, es una cuestión de todo un equipo.

6

Contratación

DE QUÉ ESTÁN HECHOS
LOS TRIUNFADORES

EN OCASIONES, EN MIS apariciones en público, se me hace una pregunta que me deja perplejo: no tengo ni idea de cómo responder. Hace un par de años, en una convención de ejecutivos de aseguradoras celebrada en San Diego, una mujer me planteó:

—¿Qué única pregunta haría en una entrevista para decidir a quién contratar?

—¿Qué pregunta? No se me ocurre sólo una —respondí—. ¿Cuál cree usted?

—¡Por eso le pregunto! —exclamó ella.

El público se echó a reír, en parte por mi confusión y en parte porque estaban familiarizados con el tema.

Contratar a alguien bueno es difícil.

Contratar a alguien magnífico es extremadamente difícil.

Y, sin embargo, para triunfar lo más importante es conseguir al personal adecuado. Ni las estrategias más astutas ni la tecnología más avanzada pueden ser eficaces si no hay personas capacitadas para ponerlas en práctica.

Puesto que la contratación es tan importante (y desafiante) hay mucho territorio que cubrir en este capítulo.

■ En primer lugar, se dedicarán algunas líneas a tres pruebas decisivas que deben llevarse a cabo antes de plantearse una contratación.

■ A continuación, se explicará la estructura de las cuatro E (y una P) que he utilizado durante muchos años. Se llama así porque las cuatro características que la componen empiezan, bonita coincidencia, con la letra E. También hay una P, de pasión.

■ Acto seguido, se estudiarán las cuatro características especiales que hay que buscar cuando se desea contratar a un líder. El capítulo anterior trataba de lo que hace un líder, es decir, de las reglas del liderazgo; esta sección se ocupa de cómo contratarlos.

■ Para terminar, responderé a seis preguntas sobre la contratación que suelen plantearme en mis viajes... además de la pregunta «imposible» que me formularon en San Diego. A fin de cuentas, ¡he tenido un par de años para meditarla!

LAS PRUEBAS DECISIVAS

Antes de plantearse una contratación, el candidato en cuestión debe pasar tres cribas. Es esencial que estas pruebas se realicen al inicio del proceso de contratación, no cuando se está a punto de firmar el contrato.

La primera prueba se ocupa de la integridad. La integridad es un término algo confuso, por lo que me atengo a mi definición. Las personas íntegras dicen la verdad y mantienen su palabra; se hacen responsables de sus acciones pasadas, admiten los errores y los solucionan; conocen las leyes de su país, de su industria y de su empresa (tanto en su teoría como en su espíritu) y las cumplen. Juegan para ganar limpiamente, según las reglas.

¿Cómo puede probarse la integridad? Si el candidato procede del interior de la compañía, es fácil; se le ha visto en acción o se conoce a alguien que lo ha hecho. Si procede de fuera, habrá que confiar en su reputación y sus referencias. Pero éstas no son fiables cien por cien; por ello también habrá que confiar en nuestro instinto. ¿El candidato parece una persona genuina? ¿Admite errores abiertamente? ¿Habla sobre su vida con sinceridad y discreción a partes iguales?

Con el tiempo, muchos de nosotros desarrollamos un instinto que identifica la integridad. No hay que temer utilizarlo.

La segunda prueba se ocupa de la inteligencia. No significa que una persona haya leído a Shakespeare o sea capaz de resolver complejos problemas de física. Se refiere a que el candidato debe poseer una gran curiosidad intelectual y una amplitud de conocimientos que le permitan trabajar, o dirigir a otros para que lo hagan, en el complejo mundo actual.

En ocasiones se confunde la formación académica con la inteligencia; sin duda, así lo hice yo al inicio de mi carrera. Sin embargo, con la experiencia aprendí que la gente inteligente proviene de muchas escuelas. He conocido a personas brillantes procedentes de Harvard o Yale, pero algunos de los mejores directivos con los que he trabajado habían estudiado en universidades menos conocidas, como la Universidad Bryant de Providence, Rhode Island, o la Universidad de Dubuque en Iowa.

General Electric fue afortunada al contar con todas esas personas en su equipo.

> Con el tiempo, muchos de nosotros desarrollamos un instinto que identifica la integridad. No hay que temer utilizarlo.

La formación académica de un candidato es sólo una parte del conjunto, especialmente en lo que a inteligencia se refiere.

La tercera prueba es la madurez. La madurez no es una cuestión de edad. Ciertos rasgos parecen indicar si alguien la posee: la persona en cuestión puede soportar la presión, gobernar el estrés y los reveses y, cuando esos maravillosos momentos se presentan, disfrutar del éxito con dosis iguales de alegría y humildad. Las personas maduras respetan las emociones ajenas. Se sienten seguras, pero no son arrogantes.

También suelen tener un gran sentido del humor, sobre todo hacia ellas mismas.

Como sucede con la integridad, no existe una prueba que identifique la madurez. De nuevo deberemos fiarnos de las referencias, la reputación y, sobre todo, de nuestro instinto.

EL ESQUEMA DE LAS CUATRO E (Y UNA P)

Tardé años en concretar este esquema. Sin duda, habrá personas que tengan esquemas también válidos para la elaboración de equipos triunfadores; sin embargo, éste me ha parecido siempre eficaz, a lo largo de los años, en todos los negocios y países.

La primera E se refiere a la energía positiva. Ya se ha mencionado esta característica en el capítulo sobre liderazgo, cuando hice mención de la capacidad de ponerse en marcha, crecerse con la acción y disfrutar de los cambios. Las personas con energía positiva suelen ser extrovertidas y optimistas. Conversan y hacen amigos con facilidad; empiezan el día con entusiasmo, suelen acabarlo igual y, por lo general, no se cansan en medio. No se quejan de trabajar demasiado; les encanta el trabajo.

También les gusta jugar.

Las personas con energía positiva aman la vida.

La segunda E se refiere a la capacidad de energizar a otros; es decir, a la capacidad de animar a otras personas. Aquellos que irradian energía inspiran a su equipo para emprender lo imposible y disfrutar muchísimo del

> Las personas con energía positiva aman la vida.

proceso, por lo que muchos lucharían a brazo partido para trabajar con ellos.

Dar energía a otros no consiste únicamente en soltar arengas marciales. Para lograr motivar a los demás hay que poseer un profundo conocimiento del negocio y notables dotes de persuasión.

Un gran ejemplo es Charlene Begley, que empezó en General Electric como directora financiera en prácticas en 1988. Después de pasar algunos años en varios trabajos distintos, Charlene fue seleccionada para dirigir el programa Seis Sigma de General Electric en el negocio de transporte. Fue allí donde su liderazgo empezó a brillar. Los miembros de su equipo, motivados por el entusiasmo de Charlene, consiguieron que este programa Seis Sigma destacase dentro de la empresa.

Es difícil describir la capacidad de Charlene para energizar porque se compone de diferentes aptitudes. Es una gran comunicadora que puede definir objetivos con claridad; es muy seria con el trabajo, pero no se toma demasiado en serio a sí misma; tiene un gran sentido del humor y comparte los méritos sin esfuerzo. Su actitud es eternamente optimista: por muy difícil que sea una tarea, siempre considera que puede llevarse a cabo.

Esta capacidad para conferir energía al equipo de Seis Sigma fue una de las claves que la hicieron destacar, e iniciar así una fulgurante carrera en General Electric. Tras Seis Sigma y un par de experiencias más como líder, fue nombrada responsable del personal de auditoría de General Electric y finalmente directora general de Fanuc Automation. En la actualidad, a los treinta y ocho años, Charlene es directora general y presidenta de la división de ferro-

> Las personas eficaces saben cuándo deben dejar de evaluar y tomar una decisión difícil, aunque no posean toda la información. Nada hay peor que un jefe incapaz de tomar una decisión.

carriles de General Electric, un negocio de 3.000 millones de dólares.

La tercera E se refiere a la entereza, a tener el valor de tomar en su momento decisiones complejas. El mundo está lleno de matices. Todos somos capaces de estudiar un asunto desde todos los ángulos, y algunas personas inteligentes pueden analizar tales ángulos infinitamente. No obstante, las personas eficaces saben cuándo deben dejar de evaluar y tomar una decisión difícil, aunque no posean toda la información.

Nada hay peor que un jefe incapaz de tomar una decisión, de los que dicen: «Trae el informe otra vez dentro de un mes y volveremos a estudiarlo», o aquellos que primero toman una decisión, pero después entra otra persona en un despacho y cambian de idea. A estos tipos inseguros los denominamos jefes «el-último-que-entra-por-la-puerta».

Algunas de las personas más inteligentes que he contratado a lo largo de los años (muchos de ellos de consultoría) tenían verdaderas dificultades para ser resolutivas, especialmente cuando entraban en operaciones. Siempre veían demasiadas opciones en cada situación, lo que les inhibía a la hora de actuar. Esta falta de entereza mantenía a sus organizaciones en el limbo. Al final, para muchas de ellas esta falta de determinación acabó siendo fatal.

Lo que nos lleva a la cuarta E: ejecutar; es decir, la capacidad de hacer el trabajo. Tal vez esta última parezca obvia, pero durante varios años sólo reparé en las tres primeras E. Considerando que eran más que suficientes, evaluamos a cientos de personas, las consideramos de «gran potencial» y ofrecimos a muchas de ellas cargos de responsabilidad.

A la sazón yo solía viajar con Bill Conaty, el director de recursos humanos de General Electric, para llevar a cabo las sesiones de revisión de personal. En éstas, nos remitíamos a una sola página que contenía una foto de cada ejecutivo, la revisión de su rendimiento redactada por su superior y tres círculos, cada uno correspondiente a las tres E que utilizábamos entonces. Cada E se coloreaba para representar el buen hacer del individuo. Por ejemplo, una persona podía tener medio círculo de energía, un círculo completo de capacidad para dar energía a otros y un cuarto de círculo de entereza.

> Algunas de las personas más inteligentes que he contratado tenían verdaderas dificultades para ser resolutivas, para muchas de ellas esta falta de determinación acabó siendo fatal.

Un viernes noche, tras un viaje de una semana por nuestros negocios del Medio Oeste, Bill y yo volábamos rumbo a la sede corporativa cuando, tras mirar página tras página de «grandes potenciales» con círculos completos, Bill me dijo: «¿Sabes, Jack?, nos olvidamos de algo. Tenemos a todo este personal magnífico, pero algunos de sus resultados apestan.»

Nos estábamos olvidando de la ejecución.

Resulta que alguien puede tener energía positiva, transmitirla a todos los que le rodean, tomar decisiones difíciles y, sin embargo, no llegar a la línea de meta. Ser capaz de ejecutar es una habilidad especial y concreta: saber cómo llevar las decisiones a la práctica e impulsarlas hasta su conclusión a través de resistencias, caos u obstáculos inesperados. Las personas capaces de ejecutar acciones saben que triunfar es una cuestión de resultados.

Si un candidato posee las cuatro E, entonces hay que buscar la P final: pasión. Con pasión me refiero a tener un entusiasmo profundo, auténtico y sentido por el trabajo. A las personas con pasión les importa sinceramente el éxito de sus colegas, empleados y amigos. Les encanta aprender y crecer, y les produce un placer inmenso que los que les rodean sientan lo mismo.

Lo curioso de las personas con pasión es que no suelen entusiasmarse únicamente por el trabajo; tienden a apasionarse por todo. Son unos locos de los deportes, unos defensores a ultranza de su antigua universidad o unos fanáticos de la política.

Tienen vida en las venas.

CONTRATAR PARA LA CUMBRE

Las tres pruebas preliminares y el esquema de las cuatro E (y una P) son aplicables a cualquier contratación, independientemente del nivel que el candidato ocupe en la organización. Sin embargo, en ocasiones es necesario contratar a un líder de categoría superior, alguien que va a dirigir una división importante o una compañía entera. En tal caso, existen cuatro características más desarrolladas de gran importancia.

La primera característica es la autenticidad. La razón es muy simple. Una persona sólo puede tomar decisiones difíciles, sostener posturas impopulares o mantenerse firme en sus creencias si sabe quién es y se siente cómodo con ello. Hablo de confianza en uno mismo y convicción. Estos rasgos hacen al líder resuelto y decidido, lo que es imprescindible cuando debe actuarse con rapidez.

Asimismo, la autenticidad hace que los líderes caigan bien. Su «verismo» se aprecia en el modo en que se comunican y llegan a las personas en el plano emocional. Sus palabras conmueven; su mensaje toca algo en nuestro interior.

En General Electric, de vez en cuando nos encontramos con un ejecutivo de gran éxito al que no podíamos ascender al siguiente nivel. Al principio, intentábamos razonarlo. Estos ejecutivos mostraban los valores adecuados y cumplían las expectativas, pero su personal no conectaba con ellos. ¿Qué iba mal? Finalmente averiguamos que siempre escondían cierta falsedad. Fingían ser algo que no eran: más controlados, optimistas o experimentados que en la realidad. No sudaban. No lloraban. Se retorcían en su propia piel, interpretando un papel de su propia invención.

Los líderes no pueden tener ni pizca de falsedad. Deben conocerse a sí mismos para poder ser francos con el mundo, transmitir energía a sus seguidores y dirigir con una autoridad nacida de la autenticidad.

La segunda característica es la capacidad de anticipación. Todo líder debe tener visión y la capacidad de predecir el futuro, pero los buenos líderes han de contar con una habilidad especial: saber anticiparse a lo totalmente inesperado. En entornos extremadamente competitivos, los mejores líderes tienen un sexto sentido para los cambios del mercado, así como para los movimientos de los competidores existentes y de los nuevos.

El anterior vicepresidente de General Electric, Paolo Fresco, es un ajedrecista de talento. Llevó esa habilidad a todas las negociaciones que realizó en el curso de treinta años. De algún modo, gracias a su intuición y su experiencia podía ponerse en la piel de la persona que se encontraba en el otro lado de la mesa, lo que le permitía predecir cualquier movimiento de la negociación. Para nuestro asombro, Paolo siempre se anticipaba a lo que vendría a continuación. Nunca nadie logró vencerle, pues él siempre sabía lo que su adversario pensaba incluso antes de que éste lo supiese.

La anticipación es la capacidad de imaginar lo inimaginable.

La tercera característica es la ten-

> En entornos extremadamente competitivos, los mejores líderes tienen un sexto sentido para los cambios del mercado. Pueden imaginar lo inimaginable.

dencia a rodearse de personas más inteligentes y mejores que ellos. Siempre que había una crisis en General Electric, yo reunía rápidamente a las personas más inteligentes y resueltas que podía encontrar en cualquier nivel de la compañía (y en ocasiones ajenas a ella), y valoraba en gran medida sus conocimientos y sus consejos. Me aseguraba de que todos los presentes contemplasen el problema desde un ángulo distinto y luego nos ocupábamos a fondo de analizar la información para intentar resolver la crisis.

Estas sesiones eran casi siempre vehementes, y las opiniones que me llegaban eran contundentes y variadas. Sin embargo, mis mejores decisiones proceden de lo que aprendí en esos debates. Los desacuerdos lograban desvelar cuestiones de importancia y nos obligaban a aventurar hipótesis. Todos salíamos de la experiencia más informados y mejor preparados para afrontar la siguiente crisis.

Un buen líder tiene el valor de reunir a un equipo que le puede hacer parecer la persona más estúpida de la sala. Sé que suena contradictorio: el líder debería ser la persona más inteligente de la reunión; sin embargo, si actúa como si lo fuese, no llegará a conocer ni la mitad de las ideas que necesita para tomar las mejores decisiones.

La cuarta característica es la resistencia. Todos los líderes cometen errores, todos los líderes se tambalean y caen. La cuestión es si el líder consigue aprender de sus errores, recuperarse y seguir adelante con energía renovada, convicción y confianza.

Esta característica se denomina resistencia. Es tan importante que el líder debe poseerla antes de empezar su trabajo; de lo contrario, cuando surge la crisis ya es muy tarde para aprenderla. Por esta razón, cuando buscaba perso-

> Me gustaban especialmente aquellos que, tras una mala caída, se habían mostrado capaces de correr aún mejor en la siguiente carrera.

nal para que ocupase nuevas posiciones de liderazgo, siempre elegía candidatos que habían sufrido un par de experiencias difíciles. Me gustaban especialmente aquellos que, tras una mala caída, se habían mostrado capaces de correr aún mejor en la siguiente carrera.

El mundo actual de los negocios globales hará caer a cualquier líder del caballo en más de una ocasión. Éste tiene que saber cómo volver a subirse a la montura.

PREGUNTAS MÁS FRECUENTES SOBRE LA CONTRATACIÓN

Para terminar, se revisarán las seis preguntas más frecuentes sobre la contratación que me han planteado durante estos últimos años. A continuación, intentaré responder la cuestión que me formuló la ejecutiva de San Diego: la mejor única pregunta que puede hacerse en una entrevista. Como ya he mencionado, he tenido mucho tiempo para pensarlo.

1. ¿Cómo hace las entrevistas de trabajo? Mi respuesta inmediata es: ¡nunca base su decisión final únicamente en una entrevista!

Aunque se tenga poco tiempo o por muy prometedor que parezca un candidato, cada aspirante debe entrevistarse con varias personas. Poco a poco, observaremos que algunos miembros de nuestra organización tienen una habilidad especial para descubrir tanto a estrellas como a farsantes. Debemos confiar en ellos. (Bill Conaty, mi jefe de recursos humanos, era todo un maestro. Fuera con un apretón de manos, una sonrisa o el modo en que hablaban de su familia, los candidatos se volvían transparentes para él.) También hay que escuchar cuando alguien de confianza afirma que su instinto no le habla bien de un aspirante. Esa sensación en el estómago suele indicar que el aspirante no es lo que parece.

En cierto punto del proceso de entrevistas, cuando llegue nuestro turno, es conveniente exagerar los desafíos del trabajo propuesto, describirlo en su peor día: difícil, agresivo, lleno de politiqueos e incertidumbres. A medida que nos extendemos en la descripción de los horrores, observaremos si el candidato responde a todo afirmativamente y con entusiasmo. En tal caso, es muy posible que se trate de alguien con muy pocas opciones, si es que tiene alguna. Tal vez nosotros seamos su única esperanza de empleo.

Debe impresionarnos, en cambio, el candidato que nos plantee preguntas difíciles, como: «¿Cuándo espera empezar a obtener resultados?», o «¿Tiene suficiente personal para llevarlo a cabo?» E impresionarnos aún más si el aspirante pregunta por los valores de la compañía. La dificultad de un trabajo hará que los buenos candidatos muestren curiosidad y una firme confianza en sí mismos, no una aquiescencia entusiasta.

Finalmente, cuando hayan terminado las conversaciones, no hay que limitarse a leer las referencias. Debemos hacer llamadas, sin permitir que la conversación telefónica sea superficial. No hay que conformarse con lo que sería más natural: escuchar las buenas noticias que deseamos oír. Obliguémonos a descubrir si las palabras del interlocutor suenan a compromiso. Intentemos canjear la información. Prometamos que no repetiremos lo que oigamos. Con ello, lograremos lo que yo conseguí incontables veces: «¡Será una broma! ¡Estuvimos encantados de librarnos de él!»

2. Sólo necesito contratar a un perito técnico. ¿Por qué tengo que considerar las cuatro E? Evidentemente, contratar a alguien que es una estrella de la técnica y posee las cuatro E sería excelente. Pero si se está desesperado por encontrar a una persona de una especialidad concreta (como un programador de ordenadores o un investigador científico), entonces será suficiente con considerar las características de energía y pasión, junto a una buena dosis de inteligencia pura, gran experiencia y, por supuesto, integridad. Estos elementos son necesarios en cualquier persona que contratemos.

3. ¿Y si a alguien le faltan una o dos E? ¿Puede suplirse con

formación? Cualquier aspirante a ocupar un puesto de responsabilidad debe poseer las dos primeras E, energía positiva y capacidad de transmitirla a los demás. Son rasgos de la personalidad, y no creo que puedan enseñarse. Con franqueza, recomiendo que no se contrate a ningún miembro del equipo (independientemente de su posición) que no disponga de una buena dosis de energía positiva. Las personas que carecen de ella debilitan cualquier organización.

La entereza y la ejecución, por otra parte, pueden desarrollarse con experiencia y formación empresarial. He presenciado, en numerosas ocasiones, cómo alguien aprendía a tomar decisiones difíciles y obtener resultados.

El equipo de auditoría de General Electric ofrece muchos ejemplos. Cada año incorpora a unas ciento veinte personas, principalmente del programa de formación en gestión financiera, aunque una cuarta parte de ellas proviene de otros campos, como ingeniería o industria. La típica nueva contratación en auditoría tiene una experiencia de tres años dentro de la empresa.

Durante su primer año, estos nuevos «chicos» viajan a negocios de General Electric de todo el mundo como miembros de un equipo de auditoría que consta de tres a seis personas. Tras doce semanas de análisis agotadores, vuelven a la sede central del negocio que acaban de auditar para presentar sus datos al director financiero y al director general. Casi siempre tienen mucho que contar, y no siempre algo agradable.

Al principio estos jóvenes auditores se mantienen en un segundo plano y se guardan sus comentarios, dejando que sean los miembros más experimentados los que hablen. No obstante, con el paso del tiempo, entre tres y cinco años, estos auditores suelen desarrollar una entereza y una resolución muy afiladas. Provienen de la observación de sus compañeros más experimentados, de muchas sesiones de *coaching* y de grandes dosis de práctica. También desarrollan una increíble capacidad de ejecución. A fin de cuentas, son responsables de asegurarse de que sus recomendaciones se lleven a la práctica; en caso contrario, se desata el caos... que también es un gran maestro.

La prueba de que la entereza y la ejecución pueden aprenderse es evidente: varios directores generales de los mayores negocios de General Electric y un vicepresidente son veteranos del proceso de desarrollo del personal de auditoría.

4. ¿Puede progresarse en los negocios si se carece de las cuatro E o de pasión? Sin duda.

Una persona puede llegar muy alto simplemente por su inteligencia, o por su capacidad para hacer las cosas. Todos tenemos buenos ejemplos de ellos. Muchos son inventores y emprendedores, y suelen dirigir su propio negocio.

Sin embargo, dentro de una organización no conozco a tantos que logren un éxito continuado, especialmente como líderes, sin las cuatro E y la pasión.

5. Siempre he intentado contratar a personas capaces de funcionar de inmediato en el puesto, independientemente de su potencial. ¿Qué le parece como factor decisivo?

A la hora de contratar, es necesario hacer una concesión. O se contrata a alguien que nos resuelva un trabajo rápidamente, o lo hacemos basándonos en su potencial para desarrollarse. Mi consejo es decidirse por la segunda opción.

Claro que no siempre opiné lo mismo.

La primera vez que contraté puestos de responsabilidad, tenía veintiocho años y necesitaba formar un equipo funcional. Me decidí por un PhD compañero mío para que dirigiese I+D. Para marketing, elegí a un buen tipo, muy inteligente y que ya estaba allí y, como director de producción, opté por una mano experimentada; le había visto en acción en otro departamento de la misma división.

Aunque no se me ocurrió entonces, muchas de esas personas no tenían futuro más allá de los puestos donde los había situado. Nuestros negocios crecían con celeridad, y ellos no poseían la capacidad para evolucionar con ellos. En realidad, cuatro años después ninguno seguía en su puesto y estábamos buscando nuevos candidatos.

En esta primera ocasión, no supe hacerlo mejor. Sólo quería que el trabajo se llevase a cabo. Pero finalmente comprendí que sale a cuenta apostar por «grandes potenciales» que puedan crecer con la empresa o sean capaces de ascender dentro de la organización. Contratar a alguien experimentado, capaz de hacer el trabajo pero que carezca de futuro más allá del puesto ofrecido, es tentador porque resuelve una necesidad inmediata. Sin embargo, estos empleados acaban siendo enervantes. Se aburren por la familiaridad del trabajo o, como sucedió con mis contrataciones iniciales, acaban devorados por sus desafíos. A sus subordinados les desanima que sus jefes no tengan futuro, y ello hace que se cuestionen sus propias posibilidades.

Una buena regla empírica, por tanto, es no contratar a alguien para el que será el último trabajo de su carrera, a menos que sea para ocupar un alto cargo directivo o el puesto de director general.

6. ¿Cuánto se tarda en saber si se ha contratado a la persona adecuada? Por lo general, en el plazo de uno o, a lo sumo, dos años es evidente si una persona está consiguiendo los resultados previstos.

Es relativamente fácil advertir si una persona carece de la energía y la capacidad de ejecución esperadas. Sin embargo, la capacidad de transmitir energía y la entereza a la hora de tomar decisiones tardan algo más en demostrarse en un nuevo ambiente. Las personas desean encajar antes de empezar a motivar al equipo o tomar decisiones complicadas. Pero, como he mencionado, si al cabo de dos años, a lo sumo, un empleado sigue estando por debajo de sus expectativas, es el momento de admitir el error come-

> Una buena regla empírica es no contratar a alguien para el que será el último trabajo de su carrera, a menos que sea para ocupar un alto cargo directivo o el puesto de director general.

> No hay que fustigarse si en ocasiones no se contrata adecuadamente. Pero debe recordarse que el error de contratación es nuestro y nosotros debemos solucionarlo.

tido al contratarlo e iniciar el proceso de salida del empleado. Si el empleador ha hecho su trabajo y le ha ofrecido evaluaciones sinceras durante todo el período, el empleado no se sorprenderá y la indemnización por despido, sin duda, amortiguará el golpe.

Contratar adecuadamente es complicado. Cuando era un joven directivo, contraté al personal correcto un 50 % de las veces; treinta años más tarde, había mejorado hasta alcanzar el 80 %.

No hay que fustigarse si en ocasiones no se contrata adecuadamente, sobre todo al principio.

Las situaciones cambian. Las personas cambian; nosotros cambiamos.

Pero debe recordarse que el error de contratación es nuestro y nosotros debemos solucionarlo, no alguien de recursos humanos que haga el trabajo sucio. Hay que aceptar la responsabilidad y asegurarse de que todo acaba de forma sincera y justa.

Y, para finalizar, la pregunta de San Diego.

¿Qué única pregunta haría en una entrevista para decidirse a contratar a un candidato? Si sólo pudiese indagar en una dirección, preguntaría al candidato por los motivos que le habían llevado a dejar su trabajo anterior y el trabajo anterior a ése.

¿Era el ambiente? ¿Era el jefe? ¿Era el equipo? ¿Por qué se fue? Estas preguntas proporcionan mucha información. Seguiría ahondando en ello, y lo haría en profundidad. Quizás el candidato espera demasiado de un trabajo, o de una empresa: desea un jefe que le deje campo libre o unos compañeros de equipo que siempre le den la razón. Tal vez quiera verse recompensado excesivamente o demasiado pronto. O puede que haya dejado su anterior empleo porque tiene, justo, lo que nosotros buscamos: demasiada energía, tanta capacidad de transmitirla que desea dirigir más personal, un exceso de decisión para un jefe titubeante y una capacidad de ejecución que necesita nuevos desafíos.

La clave es escuchar con atención. Ponerse en la piel del candidato. La razón de que una persona haya dejado un empleo o varios revela más de ella que cualquier otro dato.

■

El objetivo de la contratación es conseguir los jugadores adecuados para disputar el partido.

Afortunadamente, hay personas excelentes en todas partes; sólo hay que saber cómo escogerlas.

Contratar a personas de nuestro gusto es lo más sencillo; a fin de cuentas, pasaremos con ellos la mayor parte del tiempo. Tampoco cuesta demasiado contratar a personas con experiencia relevante: harán el trabajo.

No obstante, la amistad y la experiencia nunca son suficientes. Toda persona que se contrate debe ser íntegra, inteligente y madura. El siguiente paso es que posean las cuatro E y pasión. Para contrataciones de cargos superiores, búsquese además autenticidad, capacidad de anticipación, la disposición a servirse del consejo de otros y resistencia.

Súmese todo y se tendrá a los triunfadores.

7

Gestión de personal

TENEMOS LOS JUGADORES ADECUADOS; ¿Y AHORA QUÉ?

HABER CONSEGUIDO LOS jugadores adecuados es un gran principio. Ahora es necesario que trabajen juntos, su rendimiento mejore progresivamente, estén motivados, permanezcan en la empresa y se desarrollen como líderes.

En otras palabras, necesitan que se les dirija.

Existen infinidad de libros sobre el tema, por no mencionar los numerosos cursos que imparten las escuelas de negocios. Muchos programas de formación, revistas y sitios web ofrecen sabios consejos. Y también existe la experiencia.

Este capítulo bebe principalmente de ella. Durante mis años en General Electric, una vez salí del laboratorio en Plásticos, me dediqué básicamente a la gestión de personal. A fin de cuentas, no era competente para diseñar reactores, construir escáneres de TC o crear comedias para la NBC. Obviamente, como director general participé en todo: estrategia, nuevos productos, ventas o fusiones y adquisiciones. Pero siempre consideré que era en la vertiente del personal donde podía ser más útil para General Electric.

La gestión de personal cubre un amplio abanico de actividades, aunque puede reducirse a seis prácticas fundamentales.

Nadie puede emprender estas actividades por sí solo, ni mucho menos, por lo que se considerarán como prácticas de la compañía. Para dirigir correctamente a su personal, las compañías deben:

1. Elevar los recursos humanos a una posición de poder y primacía dentro de la organización; a la par, asegurarse de que su personal posee cualidades específicas para ayudar a sus superiores a forjar líderes y carreras. En realidad, los mejores de recursos humanos ejercen de confesores y padres al mismo tiempo.

2. Utilizar un sistema de evaluación estricto y no burocrático para observar la integridad, con el mismo rigor que exige el cumplimiento de la ley Sarbanes-Oxley.

3. Crear mecanismos efectivos (es decir, dinero, reconocimiento y formación) para motivar y retener al personal.

4. Afrontar directamente las relaciones problemáticas: con los sindicatos, los empleados brillantes, los que se han dado por vencidos y los conflictivos.

5. Combatir la gravedad, y en lugar de dar por asegurado el 70 % intermedio, tratarlos como si fueran el cuerpo y alma de la empresa.

6. Diseñar el organigrama para que sea lo más llano posible, con unas relaciones de subordinación y unas responsabilidades claramente delimitadas.

Tras haber viajado durante varios años, soy consciente de que algunas personas, al leer estas prácticas, se preguntarán cómo conseguirán hacer también el trabajo si las adoptan.

Siempre he considerado que estas prácticas son precisamente el trabajo. Pero numerosas sesiones de preguntas y respuestas me han hecho pensar que, en muchas empresas, la gestión de personal es lo que se hace cuando sobra algo de tiempo.

Con la esperanza de cambiar esta actitud, a continuación se exponen estas prácticas con más detalle.

PRÁCTICA 1. Elevar recursos humanos a una posición de poder y primacía dentro de la organización; a la par, asegurarse de que su personal posee cualidades específicas para ayudar a sus superiores a forjar líderes y carreras. En realidad, los mejores de recursos humanos ejercen de confesores y padres al mismo tiempo.

Hace aproximadamente tres años me encontraba en México D. F., en una convención de cinco mil ejecutivos de recursos humanos. Como es habitual, el acto se había organizado en forma de sesión de preguntas y respuestas con dos asientos en el estrado. En este caso, el entrevistador era Daniel Servitje, el inteligente y cordial director general del Grupo Bimbo, una de las compañías de alimentación más grandes del país.

Durante los primeros cuarenta y cinco minutos, Daniel y yo hablamos de estrategia, presupuestos, competencia global y otros tópicos antes de que el micrófono pasara a los asistentes al acto. La primera persona en hablar se identificó como responsable de personal de un industrial brasileño. Con voz apremiante, me preguntó cuál consideraba que debía ser el papel que tenía que desempeñar el departamento de recursos humanos en una empresa.

Mi respuesta fue inmediata y, para ser sincero, aunque afirmaba lo mismo desde hacía años, pensé que mis palabras arrancarían un gran aplauso, dada la composición del público.

«Sin duda —dije—, el responsable de recursos humanos debe ser la segunda persona más importante de cualquier organización. Para el director general, el director de recursos humanos debe estar, como mínimo, al mismo nivel que el director financiero.»

Se produjo un extraño silencio. Temí que mi acento bostoniano hubiese confundido al traductor.

«¿No sucede eso en sus empresas? —pregunté—. ¿Cuántos de ustedes trabajan en compañías donde el director general trata con el mismo respeto al director de recursos humanos y al director financiero?»

Se alzaron cincuenta manos... de cinco mil asistentes. ¡Claro que nadie había aplaudido! Sin advertirlo, había ofendido al 99 % de los presentes.

Más tarde, en la recepción que siguió a la sesión de preguntas, un asistente tras otro me explicó que recursos humanos era un departamento despreciado e infrautilizado en sus organizaciones. Unas treinta personas en total me contaron historias similares.

Lo peor es que no se trataba de una excepción. He preguntado por el papel que recursos humanos desempeña en otras setenta y cinco convenciones desde la de México D. F. Los resultados son siempre igual de inquietantes.

Me parece increíble. Incluso aunque una empresa sea demasiado pequeña para tener su propio departamento de recursos humanos, alguien tiene que ocuparse de su gestión. Recursos humanos debe ser tan importante como cualquier otra función de una compañía.

> Si presidiésemos un equipo de béisbol, ¿prestaríamos más atención al contable de la entidad o al entrenador de los jugadores?

¿Por qué no puede equipararse al departamento financiero? A fin de cuentas, si presidiésemos un equipo de béisbol, ¿prestaríamos más atención al contable de la entidad o al entrenador de los jugadores? La aportación del contable es importante; sin duda sabe cuánto puede pagarse a un jugador. Pero tal aportación no cuenta más que la del director técnico, que puede valorar la eficacia de cada deportista. Ambos deben estar, junto al director general, sentados a la mesa donde se toman las decisiones.

Lamentablemente, en muchas compañías recursos humanos ni siquiera se encuentra en la misma sala.

Considero que se debe a tres razones. En primer lugar, la influencia de recursos humanos es difícil de cuantificar. Es fácil observar cómo ventas o I+D afectan al rendimiento y cómo el departamento financiero lo hace cuadrar. Pero recursos humanos opera con «aire»: la capacidad de tratar con personas. No es sólo un terreno difícil de definir, sino que casi todos dan por asumido que tienen capacidad de sobra; son muchos los que afirman que saben tratar a la gente.

En segundo lugar, recursos humanos suele verse relegado o empujado a trampas como administrar planes de seguros y supervisar asuntos de programación, como vacaciones u horarios flexibles. También se le carga con temas relacionados con actividades de ocio y salud, como la nueva revista de la fábrica u organizar la comida campestre del verano. Alguien debe encargarse de ello, pero si recursos humanos siempre está ocupado con estos temas nunca llegará a disfrutar de la importancia que merece.

Tercero, recursos humanos puede verse envuelto en intrigas palaciegas.

En la década de los sesenta e inicios de la de los setenta, General Electric pasó por una época de este tipo. Su sistema de recursos humanos funcionaba a base de comadreos, rumores y enredos. Un grupo reducido y francamente temible de ejecutivos de ese departamento abrigaba opiniones secretas de cualquier cargo y podía castigar a quien quisiera, así como promocionar ascensos con gran celeridad. Esos ejecutivos se consideraban con el poder suficiente para nombrar o destituir a su antojo.

Las cosas cambiaron por completo cuando Reg Jones, a la sazón director general, nombró a Ted Levino responsable de recursos humanos. Ted abrió los postigos y permitió que entrara la luz. Los procesos del departamento pronto fueron transparentes y, aún más importante, empezaron a ser comprensibles. Cuando Ted se jubiló en 1985, recursos humanos estaba en camino de hacer exactamente lo que debía: escuchar las opiniones del personal, mediar en las diferencias internas y ayudar a los responsables a desarrollar líderes y forjar carreras.

Por estos motivos, el mejor personal de recursos humanos es una especie de híbrido: tiene una parte de confesor, que escucha todos los pecados y quejas sin recriminar, y otra de padre que da cariño y protección, pero también hace saber, sin rodeos, cuándo se va por mal camino.

A lo largo de los años he comprobado que los mejores ejemplos de confesor-padre han dirigido, en algún estadio de su carrera, una fábrica, una línea de productos o una función semejante. Sin embargo, otros se han forjado directamente en el mismo departamento. En cualquier caso, los más válidos tienen una talla muy superior a su rango. Conocen mejor que bien el negocio, hasta sus detalles más nimios. Comprenden las tensiones entre marketing y producción, o entre dos ejecutivos que en cierta ocasión se disputaron un puesto. Ven las jerarquías ocultas en la mente del personal: el organigrama invisible de contactos estratégicos que existe en toda empresa. Conocen a los jugadores y su historia.

Además de su talla o categoría, los tipos confesor-padre rebosan integridad. Ésta proviene de una sinceridad y una honradez incuestionables. Escu-

> Los mejores ejemplos de confesor-padre ven las jerarquías ocultas en la mente del personal: el organigrama invisible de contactos estratégicos que existe en toda empresa.

chan con una atención fuera de lo común, dicen la verdad y se guardan las confidencias.

También saben cómo mediar en los desacuerdos.

A todos nos gustaría creer que las buenas empresas no necesitan árbitros; pero no es así. Hay quienes sienten que se les ha arrebatado un ascenso, las ventas entre divisiones causan conflictos acerca de quién se lleva el crédito, o puede percibirse que las bonificaciones se distribuyen injustamente.

A lo largo de mi carrera, tuve la suerte de contar con varios confesores-padres en mi equipo; el último fue Bill Conaty, a quien ya he mencionado en este libro. Bill empezó en General Electric en el programa de formación industrial y finalmente se le nombró responsable de la fábrica de motores diésel de Grove City, Pennsylvania. Entonces pasó a recursos humanos. Tenía un don innato; independientemente de que tratase con un alto ejecutivo o con un trabajador por horas, siempre era muy claro al exponer tanto las buenas como las malas noticias. Sabía escuchar y su gran discreción hacía imposible sonsacarle ningún secreto.

Acabé por apreciar a Bill cuando estaba al frente de recursos humanos en Motores de Aviación. El negocio pasó por una crisis importante en 1989, cuando se descubrió que uno de sus empleados había sobornado a un general de las fuerzas aéreas israelíes para conseguir un contrato de reactores. Me impresionó la forma en que Bill trató a las personas implicadas, pues algunas eran sus propios amigos y colegas. Tuvo que hacer unas dolorosas recomendaciones sobre despidos y lo logró con la sinceridad, la compasión y la diplomacia que son la marca distintiva del confesor-padre.

Si recursos humanos funciona, los confesores-padres están preparados para suavizar fricciones y resolver crisis: canalizar los enfados, forjar compromisos y, si es necesario, negociar finales dignos.

Su razón de ser es ayudar a los directores en la gestión del personal.

Cuando los escándalos de las grandes compañías estadounidenses hicieron tambalear la economía del país, el gobierno reaccionó promulgando la ley Sarbanes-Oxley, que decreta una multa, prisión o ambas para todo director general o financiero que deliberadamente apruebe cuentas fraudulentas.

> PRÁCTICA 2. Utilizar un sistema de evaluación estricto y no burocrático para observar la integridad, con el mismo rigor que exige el cumplimiento de la ley Sarbanes-Oxley.

La ley Sarbanes-Oxley era necesaria para recuperar la credibilidad de los informes financieros y la confianza del inversor.

Desearía que los sistemas de evaluación obtuvieran la misma clase de atención y rigor. Después de todo, los fraudes financieros los cometen las personas. Sin embargo, los sistemas de evaluación del personal suelen ser poco más que ejercicios de papeleo.

En el capítulo que trata la sinceridad, he mencionado una pregunta que suelo formular en mis charlas: «¿Cuántos de ustedes han recibido este último año una sesión de feedback honrada, de la que hayan salido sabiendo exactamente lo que tienen que hacer para mejorar y cuál es su lugar en la organización?»

Repito de nuevo que sólo un 20 % de los asistentes alza la mano en los mejores días, pero que la respuesta habitual es del 10 %.

Muy pocas compañías han implantado sistemas de evaluación eficaces. Se trata de un terrible error.

Si esta investigación no científica se aproxima en cierta medida a la verdad, indica que muy pocas compañías han implantado sistemas de evaluación eficaces. Se trata un terrible error.

Es imposible gestionar al personal para lograr un mejor rendimiento si no se le ofrece un feedback sincero y continuado, mediante un sistema totalmente íntegro.

No existe una única forma correcta de evaluar al personal. Cada empresa debe idear sus propios modos y métodos. No obstante, cualquier buen sistema de evaluación debe tener ciertas características comunes:

■ **Debe ser claro y simple, libre de palabrería burocrática.** Si su sistema de evaluación consta de más de dos páginas por persona, algo falla. Yo evaluaba a unos veinte subordinados directos con frecuentes notas escritas a mano que incluían dos detalles de información: lo que creía que la persona hacía bien y cómo consideraba que podía mejorar.

■ **Debe medir al personal según criterios relevantes y previamente acordados que estén relacionados de forma directa con el rendimiento del individuo.** Los criterios han de ser cuantitativos (fundamentados en el rendimiento de la persona en relación a ciertos objetivos) y cualitativos (basados en el rendimiento en relación a conductas deseadas).

■ **Debe asegurar que los responsables evalúan a su personal al menos una vez al año, preferiblemente dos veces, en sesiones formales y cara a cara.** Pueden producirse evaluaciones informales de forma continuada. Sin embargo, en la revisión formal, una de las sesiones cara a cara debe hacer saber a la persona cuál es su lugar en relación a otros. Si una empresa practica la diferenciación, un buen sistema de evaluación es esencial.

■ **Para terminar, un buen sistema de evaluación debe incluir un componente de desarrollo profesional.** Los responsables no sólo tienen que hablar con sus empleados de los siguientes pasos de su carrera, sino también obtener de ellos los nombres de dos o tres personas que puedan reemplazarles en caso de ascenso.

Aunque posea todas estas características, ningún sistema de evaluación será de primera calidad a menos que su integridad se controle constantemente. Alguien debe tener la responsabilidad de cuestionar si el sistema de evaluación está captando la verdad, como lo hace un buen equipo de auditoría con las cuentas.

¿Mide el sistema de evaluación los valores de la compañía, o únicamente los resultados financieros?

¿Se practica con sinceridad, o el personal lo considera una pérdida de tiempo?

¿Aprende el personal lo que debe hacer para mejorar su rendimiento?

Sólo la integridad puede evitar que los sistemas de evaluación acaben siendo papel mojado. Puesto que no existe ley alguna para asegurarla, ni un equipo de auditoría que la examine, es una responsabilidad que debe asumir todo jefe que realiza una evaluación (con el vigoroso apoyo de recursos humanos).

No acabaremos en la cárcel en caso contrario, pero conviene seguir estas sugerencias porque con ellas mejoraremos todos, tanto nosotros como nuestro equipo.

PRÁCTICA 3. Crear mecanismos efectivos (es decir, dinero, reconocimiento y formación) para motivar y retener al personal.

Nunca olvidaré una reunión a la que asistí, celebrada para determinar cómo debía recompensar General Electric al ganador del Premio Steinmetz, que se otorgaba anualmente al mejor científico de la compañía. A la sazón yo era un vicepresidente de grupo, por lo que agucé mucho el oído cuando uno de los vicepresidentes primeros, un tipo de mucha influencia y dinero, expresó su opinión: «Estas personas no quieren dinero, sino reconocimiento.»

¡Posiblemente había olvidado de dónde provenía!

Es evidente que el personal quiere que se reconozcan sus grandes resultados. Las placas y la fanfarria pública tienen su gracia, pero sin dinero pierden gran parte de su impacto. Incluso premios como el Nobel o el Pulitzer van acompañados de una remuneración económica.

> Las placas y la fanfarria pública tienen su gracia, pero sin dinero pierden gran parte de su impacto.

Si la empresa gestiona bien al personal, debe relacionar el buen rendimiento con premios. Cuanto mejor se trabaja, más se consigue, y se da satisfacción tanto al alma como al bolsillo.

Nada hay más frustrante que trabajar mucho, cumpliendo o superando las expectativas, y descubrir que a la empresa no le importa; no nos ofrece nada especial, o nos da lo mismo que a los demás.

El personal precisa reconocimiento y premios específicos para sentirse motivado. Y las empresas necesitan otorgar ambos para retener a sus empleados.

Así de simple.

Tómese el caso de una conocida mía, licenciada en diseño por una universidad de la prestigiosa Ivy League, que empezó a trabajar como encargada de compras en una flamante tienda de Nueva York. A pesar de las horas de trabajo agotador y la escasa paga, esta mujer se mostró muy prometedora. Su selección para el departamento de ropa deportiva fue todo un récord de ventas y además logró restablecer las relaciones de su empresa con dos vendedores contrariados. Aunque no formaba parte de sus obligaciones y otros encargados la importunaban por «excederse», trabajó en la tienda como dependienta y también en la caja para entender mejor a los clientes de su departamento.

A lo largo de dos años, esta encargada de compras apenas logró reconocimiento público por sus éxitos. Eso ya era malo, pero su prima también era estándar; exactamente la que la empresa había descrito como media durante el proceso de selección.

Esta mujer tuvo que abandonar la empresa para descubrir cuánto se la valoraba. Cuando entregó su dimisión, su jefa se quedó perpleja.

—¿Por qué se va? ¡Tiene un gran futuro aquí!

—Me supone muchísimo desgaste... Y nadie me dice que hago un buen trabajo.

—Tampoco me lo dicen a mí —replicó su jefa—. Aquí las cosas funcionan así; hay que ser muy fuerte.

El ambiente de trabajo en las ventas al menor es muy difícil. Sin embargo, la práctica de no premiar el rendimiento es habitual en muchos sectores y es una de las principales razones de que la gente deje sus puestos de trabajo.

Una empresa triunfadora no permite que sus buenos empleados se marchen por falta de reconocimiento, sea financiero o de otro tipo.

Otra forma esencial de retener y motivar al personal es mediante la formación.

Si se ha contratado a las personas adecuadas, éstas querrán desarrollarse; estarán deseosas de aprender y hacer más. Un buen maquinista deseará aprender a manejar otras máquinas y, finalmente, a llevar el negocio. Un buen ingeniero industrial querrá viajar a Japón para visitar compañías que utilizan técnicas avanzadas que sólo conoce por sus lecturas. Una buena relaciones públicas querrá aprender a comunicarse más eficazmente en Internet.

El buen empleado nunca considera que ha alcanzado la cumbre de su carrera... aunque se muere por llegar ahí.

Una empresa que dirige como es debido a su personal ayuda a su plantilla a conseguirlo. Si puede permitírselo, tendrá cursos de formación interna que impartirán sus propios ejecutivos, quienes servirán tanto de maestros como de modelo. Una empresa con menos recursos puede facilitar la formación externa, pues existen numerosos programas válidos. En cualquier caso, la empresa debe asegurarse de que tal formación se interprete como un premio por el rendimiento ofrecido, no como una compensación por los servicios prestados.

> El buen empleado nunca considera que ha alcanzado la cumbre de su carrera... aunque se muere por llegar ahí.

Las compañías no pueden prometer a su personal un empleo de por vida. La competencia global es demasiado feroz y los ciclos económicos excesivamente cortos para permitir tales garantías.

No obstante, las compañías pueden ofrecer a sus empleados la posibilidad de acceder a nuevos conocimientos, y ser así más competitivos en caso de que deban buscar otro empleo.

Como los premios y el reconocimiento, la formación motiva al personal porque le muestra un camino para mejorar; les enseña que la compañía se preocupa por ellos y que tienen futuro.

Si se hace correctamente, los empleados desearán labrarse ese futuro en su empresa.

PRÁCTICA 4. Afrontar directamente las relaciones problemáticas: con los sindicatos, los empleados brillantes, los que se han dado por vencidos y los conflictivos.

Como las familias, las empresas mantienen relaciones sólidas y duraderas o cargadas de tensión.

Una buena gestión de personal implica prestar una atención especial a estas relaciones problemáticas, en lugar de descuidarlas o envenenarlas... algo muy humano, pero que suele dar malos resultados.

Una buena gestión también requiere que las empresas afronten sus relaciones problemáticas con sinceridad y con actos.

Empecemos por los sindicatos. Cuando estaba en General Electric, era bien conocido que no me entusiasmaban los sindicatos. Opinaba que creaban condiciones que hacían menos competitiva a la compañía y que rompían, de forma innecesaria, los lazos entre la dirección y los empleados.

Uso el calificativo «innecesaria» porque, según mi experiencia, los sindicatos sólo surgen cuando una fábrica o un departamento concreto están dirigidos por alguien abusivo, distante o indiferente, cuyas acciones han eliminado la voz y la dignidad de los empleados. Sin duda, un jefe de tales características tiene que reciclarse o ser retirado porque la sindicalización es una respuesta excesiva con consecuencias negativas a largo plazo... para todos.

Durante mi época de director general, hubo varios sindicatos en General Electric. En todo momento sentí que nuestra relación era sincera y respetuosa, y nunca tuvimos una huelga nacional. Sólo se me ocurren dos razones de que fuera así:

En primer lugar, siempre declaramos nuestros principios y nos ceñimos a ellos; en segundo lugar, nunca iniciamos nuestra relación en la mesa de negociaciones.

Los principios primero.

Lo más importante que debe recordarse de los sindicatos es que están compuestos por nuestra propia gente. Trabajamos juntos, residimos en las mismas ciudades y, con frecuencia, nuestros hijos van a la misma escuela o juegan juntos. Nuestras vidas y nuestros futuros están entrelazados.

Por este motivo, nuestra principal baza con los sindicatos es nuestra integridad, nuestra palabra. Se puede luchar sobre ciertos asuntos y, sin duda, lo haremos. Pero esa lucha será más productiva si siempre exponemos con claridad qué temas son negociables y cuáles son intocables. Durante las negociaciones, hablaremos sólo de los asuntos que hemos identificado como negociables; de lo contrario, nuestra palabra no significará nada y nuestra relación adolecerá de confianza.

Respecto a la mesa de negociaciones, debe intentarse por todos los medios que el primer encuentro no se celebre ahí. Una zona de guerra no es un buen sitio para conocerse.

Cuando viajaba con Bill Conaty, solíamos reunirnos con representantes de los sindicatos locales. Estas sesiones se celebraban primordialmente para ir conociéndonos mejor y exponer nuestras posiciones sin una agenda inminente. Todos tenían la opción de hablar y, más importante, en aquel entorno todos estábamos más dispuestos a escuchar. Bill y yo aprendimos mucho de estas reuniones, que fueron de gran utilidad para Bill y la compañía en todas las negociaciones nacionales.

Otra relación problemática se da con los empleados brillantes. Es indudable que para triunfar se necesitan personas brillantes, y siempre he defendido identificarlas (el 20 % superior), cuidarlas y recompensarlas generosamente.

Pero el exceso de celo puede tener una contrapartida no deseada. El ego de una estrella puede ser muy peligroso.

He visto a jóvenes de mucho talento que han ascendido demasiado rápido y su ambición se ha descontrolado. He presenciado cómo excelentes analistas financieros, ingenieros y ejecutivos, a quienes se decía con demasiada frecuencia que eran irremplazables, empezaban a pavonearse de tal forma que su equipo se resentía. He visto a individuos inteligentes y capaces de creerse tan indispensables que nada podía frenarlos, ni siquiera los valores de la compañía.

Los talentos pueden convertirse en monstruos, si así se lo permitimos.

Por esta razón, alguien debe estar vigilante; a saber: el jefe del empleado, apoyado por recursos humanos, si la empresa cuenta con este departamento. Es un trabajo que no debe descuidarse. Tan pronto como un empleado brillante parezca arrogante o fuera de control, alguien debe mantener con él una conversación sincera sobre valores y conductas. Nunca hay que temer a los empleados brillantes; no pueden mantener a una compañía como rehén.

Ahora bien, en ocasiones estos empleados nos sorprenden: de pronto, se marchan. Éste puede ser un momento decisivo. Lo ideal sería reemplazarlos en un plazo de ocho horas. Sí, tan sólo ocho horas. Esta reacción inmediata envía a la organización el mensaje de que nadie es indispensable. Declara que ningún individuo es más importante que la empresa.

Una mañana del verano de 2001, cuando Jeff Immelt estaba a punto de asumir la dirección general, Larry Johnston, que era entonces director general de nuestro negocio de electrodomésticos, nos comunicó que iba a aceptar el cargo de director general de Albertsons, la gran cadena de alimentación de la costa Oeste de Estados Unidos. Larry era muy valioso en General Electric; tenía un historial brillante y una reputación excelente. Aunque el anuncio de su partida nos cogió por sorpresa, reaccionamos con rapidez. A las cuatro de esa misma tarde, elegimos como sustituto a Jim Campbell, el director de ventas de Electrodomésticos. Albertsons consiguió un gran director general y nosotros no perdimos pie: desde el primer día Jim desempeñó el cargo a la perfección.

> Lo ideal sería reemplazarlos en un plazo de ocho horas. Esta reacción inmediata envía a la organización el mensaje de que ningún individuo es más importante que la empresa.

Sólo es posible reemplazar a una estrella con celeridad si existe una lista de candidatos preparados para hacerlo. Aquí es donde entran en juego los buenos sistemas de evaluación, en su vertiente de planificación del desarrollo de las trayectorias profesionales. El proceso puede hacer aflorar a uno o dos candidatos de la casa capaces de reemplazar a cualquier empleado brillante.

No debemos esperar a que el empleado estrella se marche para iniciar el proceso de reemplazo; entonces ya es tarde para dejar clara la posición de la empresa.

Una tercera relación compleja es la que se produce con empleados que se han dado por vencidos. Son empleados que un día fueron buenos en su trabajo, pero que por algún motivo (sea una crisis de mediana edad o una decepción en el trabajo) han llegado a un punto muerto.

Aunque suelen caer bien, ahora se limitan a aparecer por el trabajo y dejarse llevar. En la mayoría de los casos, nadie sabe cómo tratar el asunto. En realidad, la situación suele ser tan incómoda que la gente prefiere mirar hacia otro lado.

Pero no se puede. Es necesario recargar la energía de estos empleados, sea mediante el trabajo, sea mediante una formación. De lo contrario acabarán por fosilizarse en sus puestos, cada vez más amargados, y contagiarán lentamente al grupo con su descontento. A menudo los directores dejan que transcurra mucho tiempo antes de invitarlos a marcharse, debido a que su rendimiento anterior era más que aceptable. Sin embargo, una empresa con una buena gestión de personal debe moverse con rapidez para que estos empleados desmotivados entren de nuevo en el juego y, si eso no funciona, para decirles que el encuentro ha terminado para ellos.

La última relación que no puede pasarse por alto es con los empleados conflictivos. Son aquellas personas que causan problemas por costumbre, incitando la oposición a la dirección por diferentes razones, la mayoría de ellas triviales.

Por lo general, estos empleados tra-

> Los empleados que se han dado por vencidos se limitan a aparecer por el trabajo y dejarse llevar.

bajan bien (ésa es su defensa), de modo que se los soporta o se intenta contentarlos.

Una compañía con una buena gestión de personal se enfrenta a los empleados conflictivos sin pensárselo dos veces. Primero con evaluaciones severas, en las que se describe su mal comportamiento y se les pide que lo modifiquen. Por lo general, no lo harán; ellos son así, es una cuestión de personalidad. Si ése es el caso, hay que apartarlos de las personas que intentan hacer su trabajo. Son perniciosos.

PRÁCTICA 5. Combatir la gravedad, y en lugar de dar por asegurado al 70 % intermedio, tratarlos como si fueran el cuerpo y alma de la empresa.

Como la práctica 4 sugería, los directores acaban invirtiendo la mayor parte de su energía destinada a la dirección personal en las relaciones problemáticas, intentando con demasiada frecuencia salvar a los empleados que se han dado por vencidos o a los conflictivos. Es algo natural, pero se trata de un error.

En una organización, la mayoría del trabajo lo lleva a cabo el 70 % intermedio, esos trabajadores serios que no brillan, pero trabajan mucho y bien, y que tal vez destacarían más si se les prestase la atención y el apoyo necesarios. Una empresa no puede permitirse que este grupo intermedio se desgaste en la oscuridad, como sucede con los hijos medianos, bien educados y de maneras correctas, de familias volcadas hacia los hermanos problemáticos o hacia los niños prodigio.

Las compañías bien dirigidas contrarrestan esta tendencia. Se aseguran de que sus directores pasen al menos la mitad del tiempo dedicado al personal con el grueso de sus miembros, evaluándolos y aleccionándolos. Asimismo, tampoco se olvidan de ese 70 % a la hora de las recompensas, el reconocimiento y la formación.

Un apunte importante. En las compañías de mayor tamaño, el 70 % puede ser un grupo muy diferenciado. En cierto modo, tiene su propio 20 % superior, una valiosa zona intermedia y un 10 % inferior. Es necesario reconocer estas diferencias de rendimiento, pues sin duda los empleados así lo hacen. En realidad, una dinámica frecuente y muy perniciosa es la marcha de los mejores del 70 % intermedio. Algunos de estos individuos son casi estrellas; su rendimiento es muy similar. Pero si se les amalgama con el grupo intermedio y no se les presta atención, se irán a otra compañía donde se sientan más apreciados. Se trata de una verdadera pérdida.

Con frecuencia, las futuras estrellas son grandes trabajadores (y poco llamativos) del grupo intermedio. Una buena empresa reconoce este hecho, les deja claro que su posición es sólo provisional y les alienta con todos los recursos de que dispone la gestión de personal.

Es importante resaltar la importancia del 70 % intermedio. Constituye el cuerpo y el alma, el núcleo, de cualquier empresa.

Si se pretende dirigir eficazmente al personal, es esencial no olvidarse de los que forman su gran mayoría.

PRÁCTICA 6. Diseñar el organigrama para que sea lo más llano posible, con unas relaciones de subordinación y unas responsabilidades claramente delimitadas.

En el año 2004, Clayton, Dubilier & Rice adquirieron Culligan International, un negocio de tratamiento y suministro de agua de aproximadamente 700 millones de dólares de ventas anuales y unos cinco mil empleados diseminados en trece países. Se nombró presidente a uno de los socios de Clayton, Dubilier & Rice: George Tamke, el antiguo director general de Emerson Electric. Aunque George era consciente de que Culligan había pasado por diez dueños distintos durante los últimos quince años, le sorprendió enormemente el caos organizativo que encontró al entrar en la empresa. George descubrió que numerosos empleados no sabían dónde estaban: ante quién debían responder, quiénes eran sus subordinados y de qué resultados era responsable cada persona.

El nuevo presidente había podido estudiar el negocio noventa días antes de que Clayton, Dubilier & Rice cerraran el trato, por lo que tenía una idea clara de cómo organizar Culligan. Al cabo de tan sólo treinta días, George y el relativamente nuevo director general de Culligan, Mike Kachmer, habían diseñado y aplicado un nuevo organigrama que eliminaba cualquier confusión.

Aún es pronto para hablar de la influencia de este cambio en Culligan, pero dada mi experiencia (dilatada en exceso) de ordenar estructuras confusas y ambiguas en General Electric, considero que será significativa.

Lamentablemente, la situación de Culligan no es extraña en multinacionales antiguas y bien establecidas. Hace poco hablé con Dara Khosrowshahi, el nuevo director general de la agencia de viajes *online* Expedia. Dara también se encontró con un organigrama del todo confuso cuando llegó al trabajo a finales de 2004. Con menos de diez años de antigüedad y un carácter muy emprendedor, la empresa había crecido tan rápido que nadie había tenido tiempo de aclarar sus responsabilidades y la jerarquía interna. Dara se fijó como principal prioridad solucionarlo.

Mi objetivo no es describir cómo lograr el organigrama perfecto. Cada compañía lo diseñará de forma distinta, según su tamaño y el tipo de negocio. No obstante, algunos principios son aplicables de forma general. Si se desea dirigir al personal de forma eficaz, la mejor ayuda es que el organigrama deje el menor espacio posible a la imaginación. Debe plasmar una imagen cristalina de las relaciones de subordinación y evidenciar quién es responsable de qué resultados.

También es importante que sea llano.

Cada estrato de una organización supone una vuelta de tuerca a cualquier nueva iniciativa o acontecimiento organizativo. Es como ese juego en que los niños se transmiten una frase susurrada al oído que, con cada nuevo interlocutor, cambia de significado. Los estratos de una empresa funcionan igual: se añaden nuevas interpretaciones y rumores cada vez que la información sube y baja por el escalafón. Por consiguiente, el truco consiste en limitar, en la medida de lo posible, el número de escalafones.

La estratificación vertical tiene otros inconvenientes. Añade costes y complejidad a todo. Ralentiza los procesos porque incrementa el número de aprobaciones y reuniones requeridas para que todo avance. Tiene la odiosa costumbre de hundir nuevos negocios, o las pequeñas unidades de las grandes compañías, en laberintos burocráticos. Tiende a convertir en pequeños generales a personas completamente normales que se encuentran en jerarquías que sólo responden al rango.

Aunque el horror de la estratificación no es nuevo para nadie, las compañías suelen gravitar hacia esa forma de organización. Para algunos, es el único modo de responder a la expansión: si hay más ventas, se añaden rápidamente más directores locales; si hay más empleados, se añade rápidamente más personal a la sede corporativa.

Para otros, el razonamiento es incluso peor. La estratificación es una forma de que el personal sienta un crecimiento que no existe. Las jerarquías permiten ascender a los empleados en lugar de subirles el sueldo. Eso es mejor que nada, ¿verdad? ¡Mentira!

> La estratificación tiende a convertir en pequeños generales a personas completamente normales que se encuentran en jerarquías que sólo responden al rango.

> Las compañías deben hacerse más horizontales. Los directores han de tener como mínimo diez subordinados directos y de un 30 a un 50 % más si cuentan con experiencia.

Esta inexorable tendencia a la estratificación es la que me lleva a recomendar que las compañías deben hacerse un 50 % más horizontales de lo que se consideraría normal. Los directores han de tener como mínimo diez subordinados directos y de un 30 a un 50 % más si cuentan con experiencia.

Cuando se tienen buenos jugadores, se les puede sacar el máximo rendimiento si sus relaciones de subordinación y sus responsabilidades son diáfanas. El organigrama no es el único modo de conseguirlo, pero es un primer paso necesario.

■

Una vez se ha contratado a un personal excelente, nuestro trabajo consiste en dirigirlo para hacer de sus miembros un equipo triunfador.

Recursos humanos debe tener la importancia que merece, y un equipo de confesores-padres ha de estar al frente del departamento. Hay que asegurarse de que el personal conoce su rendimiento mediante sistemas de evaluación honrados y reales. Hay que motivar y retener a los empleados sabiamente, con dinero, reconocimiento y formación. Las relaciones problemáticas deben afrontarse sin titubeos. Es esencial prestar mucha atención al grueso de la empresa, el 70 % intermedio. Para terminar, hay que restar verticalidad al organigrama y clarificarlo.

Estas seis prácticas requieren tiempo, sin duda. No obstante, las compañías no son edificios, maquinaria o tecnología. Son personas.

Y, por tanto, ¿qué puede ser más importante que gestionarlas?

8

Tomar caminos separados

DESPEDIR ES DIFÍCIL

AHORA VIENE LA parte menos grata.

Los capítulos previos del libro han tratado el lado emocionante del trabajo: dirigir, encontrar buenos jugadores y convertirlos en un equipo ganador.

Pero todos sabemos que el trabajo no es un paraíso perpetuo.

El trabajo es más bien como el jardín del Edén. En ocasiones las personas deben abandonarlo.

Este acontecimiento, sea un despido por falta de rendimiento o una reducción de plantilla por razones económicas, es terrible, tanto para la persona que toma la decisión como, obviamente, para la que tiene que irse. Para la mayoría de los buenos directores el momento de comunicarlo es extremadamente difícil; suelen sufrir ansiedad y sentimiento de culpabilidad antes, durante y después de hacerlo.

En lo que respecta a la persona que se marcha, puede ser el peor día de su carrera. Para algunos, el trabajo ha sido su identidad, su principal rutina o una segunda familia, y verse obligados a marcharse es una especie de muerte pública. Para otros, quizás el trabajo tenga menos importancia sentimental, pero es una necesidad vital para su economía y la perspectiva del desempleo se les antoja temible.

Este capítulo trata de cómo ejecutar un despido con el menor daño y dolor posibles.

En primer lugar, cabe resaltar que no todos los despidos fueron creados iguales.

■ Existen despidos causados por **violaciones de la integridad:** robo, mentiras, engaños u otras formas de incumplimiento ético o legal.

■ También **despidos causados por una mala coyuntura económica.**

■ Finalmente, hay **despidos debidos a la falta de rendimiento.**

El presente capítulo se centrará en estos últimos, por ser los que provocan más malentendidos y problemas. Aunque no debería ser así.

El antídoto es muy claro: los directores necesitan aceptar que los despidos no deben evitarse, ni delegarse a recursos humanos, ni llevarse a cabo rápidamente y mirando hacia otro lado. Son, por el contrario, un proceso del que deben encargarse por completo, guiándose por dos principios: que no sea una sorpresa y que se realice con la mínima humillación posible.

Antes de tratar en profundidad cómo conseguirlo, se analizarán las dos primeras formas de despido.

VIOLACIONES DE LA INTEGRIDAD

No suponen ningún problema. En tales casos, no hay que dudar un solo instante ni tampoco atormentarse antes de proceder al despido. Simplemente se hace, asegurándose de que la organización conoce los motivos, para que no se le escapen a nadie las consecuencias de incumplir la ley.

DESPIDOS DEBIDOS
A LA COYUNTURA ECONÓMICA

Son más complicados. Recuérdense las imágenes de empleados airados ante las puertas de una fábrica o frente a un edificio de oficinas que aparecen en los noticiarios de la televisión. Acaban de anunciar una reducción de plantilla y los empleados están conmocionados; se sienten como si, por sorpresa, les hubiese explotado encima una bomba.

Sin duda, el ánimo de los miembros del equipo directivo no es mejor; probablemente sabían que los despidos habrían de ejecutarse desde hacía meses.

El hecho de que el resto de la compañía no lo supiese es injusto. Todo empleado, no sólo los altos directivos, debería estar al corriente del estado de su empresa.

Evidentemente, no siempre es fácil acceder a la información financiera. Si se está al frente de una división de diez personas dentro de un grupo empresarial, lo más probable es que sólo se tenga acceso a los datos del negocio propio, pero apenas se conozca el rendimiento de los otros. Por otro lado, si se dirige una tienda de maquinaria de diez em-

> Todo empleado, no sólo los altos directivos, debería estar al corriente del estado de su empresa.

pleados, no hay ningún motivo por el que éstos no puedan conocer todos los signos vitales del negocio: el número de pedidos, la cantidad y la tendencia de los márgenes de beneficios, la aparición de posibles competidores, etc.

Para la mayoría de los directores, la disponibilidad de los datos financieros se encuentra entre ambos extremos. Su trabajo es saber cuanto más mejor y transmitirlo a sus empleados con la mayor frecuencia y claridad posible. De esta forma, si se producen despidos, el personal está algo preparado.

El mismo principio es aplicable a los cambios de mercado. Con la burbuja de Internet, por ejemplo, numerosas compañías contrataron frenéticamente a un sinfín de técnicos especializados. Cuando las verdaderas posibilidades comerciales de la red empezaron a imponerse, se hizo evidente que la contratación había sido excesiva y que muchos de aquellos técnicos tendrían que irse. La mayoría de los directores que se hallaban en esta situación tuvieron facilidades para explicar lo sucedido, gracias a la amplia repercusión mediática que tuvo el pinchazo de la industria. Independientemente de ello, la comunicación abierta y sincera debería ser lo habitual.

El año pasado, en una sesión de preguntas y respuestas celebrada en Orlando, Florida, me presentó al público la propietaria y directora de una consultoría de Nueva Inglaterra. Antes de la sesión le pregunté por su negocio. Me dijo que el pinchazo de Internet había sido un mal golpe y se había visto obligada a despedir a la mitad de sus treinta empleados.

—¿Cómo fue? —le pregunté.

—Muy bien —respondió, ante mi sorpresa—. Mi marido y yo somos partidarios de una gestión abierta; nuestros empleados conocen a la perfección el estado de las finanzas de nuestro negocio. Cuando llegó el momento de los despidos, estaban tristes, pero lo entendieron.

En la actualidad el negocio es floreciente y muchos de los antiguos empleados de esta directora general han regresado a su puesto de trabajo.

Como es obvio, se trata de una situación ideal: la empresa era pequeña y también salió beneficiada de que el colapso de la industria de Internet fuese un hecho público. No obstante, aunque una compañía sea grande y sus condiciones económicas sean más ambiguas, tener las cartas sobre la mesa siempre ayuda a los empleados a ver la posibilidad de una coyuntura económica desfavorable.

DESPIDOS POR FALTA DE RENDIMIENTO

La modalidad más compleja y delicada de despido es la causada por la falta de rendimiento del individuo.

Antes se ha utilizado el adjetivo «claro» para describir que estas situaciones deben causar la menor sorpresa y humillación posibles. Con «claro» no me refería a fácil; despedir a alguien nunca lo es.

Lamentablemente, se aprende a despedir en el momento de hacerlo, en las circunstancias más estresantes. Nada puede prepararnos para ese momento. Los directores no se sientan a discutir cómo llevarlo a cabo mientras comparan notas. No conozco ninguna escuela de negocios que trate el proceso y, aunque los programas de formación de las empresas hablan mucho de evaluaciones, ninguno, que yo sepa, ofrece ayuda específica acerca de cómo despedir a los empleados.

Eso nos deja a merced de nuestro instinto. Quizás algunas personas tengan un don innato a la hora de despedir. No era mi caso: lo hice durante años y nunca me acostumbré. Uno de mis recuerdos más dolorosos de Pittsfield, donde dirigía Plásticos, es del día que un muchacho subió al autobús escolar

La modalidad más compleja y delicada de despido es la causada por la falta de rendimiento del individuo.

y dio un puñetazo a mi hijo John. El día anterior había despedido al padre del chico y, evidentemente, lo había hecho mal. Poco importaba que yo considerase haber tratado el asunto con corrección: la familia del muchacho no lo percibía así.

LOS TRES GRANDES ERRORES DE UN DESPIDO

A veces, hay personas que cumplen tan mal su trabajo que merecen el despido sin más.

En una ocasión, tuve que despedir a un directivo de Plásticos porque, a pesar de un currículum plagado de títulos prestigiosos y de ser un conversador encantador, era totalmente ineficaz en cualquier tarea que se le encomendase. Tengo una amiga a la que despidieron tras su primera semana de empleada en unos almacenes de ropa, porque olvidó pedir a la mitad de los clientes que firmasen los comprobantes de la tarjeta de crédito. Dice que, de no haberla echado su jefa, se habría despedido ella misma.

No obstante, por lo general los despidos por escaso rendimiento no son tan extremos. Existen muchos matices respecto a quién hizo qué y qué fue mal para llegar a dicho final.

De ahí que los directores suelan cometer tres equivocaciones básicas que les llevan a despedir de forma incorrecta: moverse demasiado deprisa, no ser lo bastante sinceros y tomarse demasiado tiempo.

Como ejemplo de la primera dinámica, comentaré el caso de una amiga que estaba al frente de una unidad de sesenta personas en una empresa de trescientos empleados. La compañía crecía y las cosas, por lo general, iban bien. Se trataba de una empresa privada y los empleados se consideraban como una familia, por lo que se toleraban rendimientos mediocres en aras de la armonía colectiva. Era habitual que los empleados compartieran coche en sus desplazamientos al trabajo y se vieran los fines de semana. Como sucede con muchas compañías pequeñas, las revisiones de rendimiento eran actos informales con muchas bromas de por medio.

Cuando mi amiga fue ascendida para encabezar la unidad, pronto advirtió que uno de sus principales delegados, la persona encargada de la distribución (a quien llamaré Richard) no estaba a la altura de las exigencias de una empresa en auge. Para empeorar el asunto, Richard pertenecía plenamente a la categoría, expuesta en el capítulo anterior, del empleado conflictivo. Siempre aprovechaba la menor oportunidad para desafiar la autoridad de su nueva jefa o del superior de ésta y, por lo general, sus comentarios negativos tomaban la forma de bromas sarcásticas entre colegas en los pasillos de la empresa.

El rendimiento de Richard no era del todo bajo, pero dejaba mucho que desear. Incumplía los plazos regularmente y parecía incapaz de manejar una logística cada vez más compleja. Mi amiga habló con Richard de estas limitaciones en varias ocasiones, sin resultado alguno. Al final, tras un período especialmente difícil de comentarios acres en los pasillos por parte de Richard, un cliente importante llamó para quejarse de que su envío ya llevaba una semana de retraso. Entonces mi amiga se decidió: Richard tenía que irse.

La reunión oficial en que se le comunicó el despido no podía haber ido peor. Decir que Richard estaba sorprendido es un eufemismo. Fuera de sí y hecho una furia, gritó: «¡Estás loca, en esta compañía no despedimos a la gente! Pagarás por esto.» Acto seguido salió de la sala echando pestes y corrió a su despacho, donde convocó una reunión improvisada con su equipo, compuesto de ocho personas. Aunque al cabo de unas horas ya había despejado su mesa y se había ido, antes tuvo tiempo de iniciar un movimiento contrario a la dirección. Algunos empleados de la unidad (sobre todo el círculo

> Fuera de sí y hecho una furia, gritó: «¡Estás loca, en esta compañía no despedimos a la gente!»

de amigos de Richard) consideraban que lo habían despedido sin las suficientes advertencias previas, y se quejaban de haber perdido la confianza en su jefe y en la organización. En las tensas semanas que siguieron, la productividad descendió de forma alarmante, ya que el personal pasaba gran parte del tiempo reuniéndose tras puertas cerradas para hablar del despido de Richard, de cómo se llevó a cabo y de quién sería el siguiente.

Mi amiga tardó tres meses en restablecer el equilibrio y lograr que la unidad recuperase el ritmo.

El segundo error a la hora de despedir es una variante del caso de Richard, e implica falta de sinceridad y una mala interpretación de lo que es la justicia.

Digamos que tenemos una empleada llamada Gail. No logra cumplir sus cuotas de ventas y sus compañeros de trabajo no pueden contar con ella, sea por un motivo u otro. Gail daña el rendimiento y la moral de su unidad; pero es simpática con todos, intenta hacer lo que puede y lleva años en la compañía. Cada vez que nos disponemos a hablarle de sus malos resultados, ella se muestra tan animada y ajena a la crítica que la conversación se desvía y acabamos ocultando nuestros sentimientos negativos tras una sonrisa forzada; no le enviamos el mensaje de que debe trabajar mejor.

Entonces la situación alcanza el nivel de crisis. Gail comete un error grave y, en un arranque de furia, la despedimos. Conmocionada, Gail empieza a recordarnos todo el feedback positivo que ha recibido de nosotros a lo largo de los años. Le respondemos con una indemnización más que respetable, pero ella la considera insultante y se enfada. Nos enfadamos aún más, porque no logramos entender el enfado de ella; debería estar agradecida por haberla aguantado durante tanto tiempo. Gail pasa de la conmoción a la ira y de la ira a la amargura mientras sale de nuestro despacho.

Puede que no sea la última ocasión que sepamos de ella. Cada vez que perdamos un contrato prometedor o a un cliente potencial, quizá se deba a que hablaron con Gail, que ha pasado a ser una especie de «embajadora» de nuestra empresa.

Todo empleado que se va continúa representando a su empresa. Durante los cinco, diez o quince años siguientes puede criticarla o alabarla. En los casos más extremos, la persona hace público su enfado; unos pocos se convierten en los denominados *whistleblowers*, que denuncian las disfunciones de una empresa o sistema. Sin embargo, han sido muchas las empresas de las que se han dado informaciones erróneas, provenientes de personas que sólo buscaban venganza tras haber sido despedidas por un director que debería, y habría podido, hacerlo mejor.

El tercer error se produce cuando un despido se ejecuta con tal lentitud que acaba por producirse un efecto de «muerte en vida». Todos saben que se va a despedir a alguien y también lo sabe el aludido, pero el jefe tarda mucho en apretar el gatillo. El resultado es una enorme sensación de incomodidad en el despacho, que puede conducir a cierta forma de parálisis.

He visto este efecto de muerte en vida en más ocasiones de las que puedo recordar. Me viene a la memoria, por ejemplo, una reunión de personal en la sede corporativa, cuando yo era vicepresidente de división. Había unas diez personas reunidas, incluido uno de mis compañeros —al que llamaré Steve—, cuyos resultados eran, desde hacía tiempo, muy flojos. Antes de que la reunión empezara, todos teníamos la sensación de que Steve estaba acabado; pero cuando se inició la reunión, la incomodidad fue de mal en peor. El jefe de grupo se cebó con los resultados trimestrales de Steve y no le dio opción a réplica; Steve no podía hacer nada bien. En la pausa de la reunión, todos intentamos evitarle en la medida de lo posible y no nos atrevíamos a mirarle a los ojos.

Por desgracia, transcurrió todo un

> Todo empleado que se va continúa representando a su empresa. Puede criticarla o alabarla.

Por desgracia, transcurrió todo un año antes de que Steve se fuese. En cada reunión de personal, observamos angustiados cómo Steve iba perdiendo poco a poco la confianza en sí mismo.

año antes de que Steve se fuese. En cada reunión de personal, observamos angustiados cómo Steve iba perdiendo poco a poco la confianza en sí mismo. Sabíamos que sus subordinados debían estar paralizados, pues sin duda presenciaban lo mismo y sólo les quedaba esperar al nuevo sustituto.

La cuestión, obviamente, es por qué los jefes permiten que esta situación se produzca. Una razón es que el despido es tan difícil que a nadie le gusta efectuarlo, por lo que tiende a retrasarse. No obstante, en esta situación de «muerte en vida», a menudo sucede algo más sutil: los jefes dejan agonizar al empleado porque quieren que los compañeros de la víctima vean (y figurativamente hablando, sentencien) la necesidad del despido. Es una postura cruel, pero la mayoría de los jefes prefieren ser conocidos por su escrupulosidad que por tomar decisiones precipitadas.

Se han mostrado tres ejemplos de despidos ejecutados de forma incorrecta. A continuación se expondrá cómo hacerlo mejor.

PRIMERO, NADA DE SORPRESAS

Es posible eliminar el factor sorpresa de los despidos debidos a una mala coyuntura económica facilitando mucha información financiera. Pero ¿cómo evitar la sorpresa en esa zona gris de los despidos por escaso rendimiento?

En realidad, esta cuestión ya se ha tratado en los capítulos precedentes sobre la sinceridad, la diferenciación y las buenas prácticas de gestión de personal. La respuesta concreta es utilizar un riguroso sistema de evaluación, con entrevistas regulares, tanto formales como informales. Un buen proceso de evaluación del rendimiento informa y prepara al personal de la forma más limpia y clara posible.

Si la persona sabe dónde se encuentra, en realidad el despido nunca llega a producirse. Cuando las cosas no funcionan, finalmente se produce el mutuo acuerdo de tomar caminos separados.

En este entorno, si el empleado lo hace bien pero no como nosotros deseamos, quizá pasen unos años antes de que el final esté claro para ambas partes. A lo largo de dicho período, serán numerosas las conversaciones sinceras sobre rendimiento y objetivos. La posibilidad de tomar caminos separados se planteará y discutirá abiertamente.

En una situación ideal, la última conversación sería como sigue:

JEFE: Bien, creo que sabe el motivo de esta reunión.

EMPLEADO: Sí, eso creo. ¿Cuándo quiere llevarlo a cabo y cuáles son las condiciones?

Asimismo, como resultado de este proceso, en ocasiones se es afortunado y es el empleado quien toma la iniciativa:

EMPLEADO: Tengo una buena oferta de trabajo y creo que voy a aceptarla; ¿qué le parece?

JEFE: Es una gran oportunidad; en mi opinión, debería considerarla.

Estas despedidas no suelen ser amargas y nadie se siente sorprendido.

Casos como el de Richard, Gail o Steve nunca logran evitarse por completo, pero si se llevan a cabo procesos de evaluación sinceros y continuados, pueden hacerse cada vez menos frecuentes.

SEGUNDO, REDUCIR LA HUMILLACIÓN AL MÍNIMO

Para evitar la dolorosa turbación derivada del despido, es imprescindible comprender, en primer lugar, la trayectoria emocional de la experiencia.

Para el jefe, se inicia mucho antes de que se produzca el acontecimiento real. Al prepararse para dicho momento, siente nerviosismo, frustración y angustia. A menos que se trate de un necio, le disgusta todo el proceso, sobre todo el momento de la conversación. Durante semanas tiene problemas para conciliar el sueño, ensaya las posibles escenas que quizá se produzcan y habla con su esposa o su mejor amigo sobre la situación para intentar tranquilizarse.

Entretanto, el empleado está asustado pero, según mi experiencia, suele mostrarse optimista hasta el final. La emoción operativa es la negación. La mayoría de las personas llegan a la reunión en que se les notificará el despido esperando, contra toda probabilidad, que aquél no sea el día, una sensación que suele combinarse con un estómago encogido a consecuencia del miedo.

Pero finalmente llega el día. El jefe toma asiento y comunica la mala noticia.

Entonces se siente aliviado; la ansiedad se libera. «Ya está», se dice. Lo ha hecho con amabilidad, ha dicho cosas agradables, la indemnización es justa. Por fin puede centrarse en otras cuestiones, como contratar a alguien capacitado para ocupar el puesto que muy pronto estará vacante. Vuelve a casa sintiendo que se ha librado de un peso enorme. La cena de esa noche sabe mucho mejor que todas las anteriores.

Su empleado, en cambio, se encuentra en otra zona emocional, para decirlo eufemísticamente.

Aunque se le haya preparado mediante evaluaciones sinceras, está destrozado y tiene la autoestima por los suelos. Si el proceso se ha llevado a cabo de forma adecuada, no estará sorprendido, pero es muy posible que se sienta profundamente triste y herido.

Al día siguiente, en el trabajo, el jefe debe empezar a actuar de forma contraria a sus instintos. El empleado no ha hecho un buen trabajo, es cierto, y ya ha tenido que invertir en él una gran cantidad de tiempo y energía, pero, hasta el momento de su partida, su obligación como jefe es asegurarse de que no se sienta como un apestado.

Hay que ayudarle a recuperar la confianza. Ofrecerle *coaching*. Hacerle saber que ahí fuera le espera un buen trabajo, donde logrará desarrollar sus capacidades. Quizás incluso pueda ayudarle a encontrar ese trabajo. Su objetivo es que la persona despedida tenga un aterrizaje lo más amortiguado posible, vaya donde vaya.

El despido en sí es cuestión de una hora, pero la partida de alguien puede prolongarse hasta seis meses. El jefe evitará mucho dolor al empleado y también que se sienta humillado si respeta el proceso de la partida.

■

La triste realidad es que los despidos son una parte del negocio. Sin embargo, esto no significa que tengan que acabar mal, como sucede a menudo. Si se manejan de forma adecuada, nunca serán maravillosos, desde luego, pero pueden ser tolerables para todas las partes implicadas.

El legado de un despido perdura cierto tiempo para el jefe, la empresa y, sobre todo, la persona que ha sido despedida.

Obviamente, si una empresa se está desmoronando, es imposible enfrentarse a los despidos con guantes de seda; asimismo, si alguien comete una infrac-

> El empleado no ha hecho un buen trabajo, es cierto, pero, hasta el momento de su partida, su obligación como jefe es asegurarse de que no se sienta como un apestado.

ción contra la integridad, es necesario deshacerse de esa persona cuanto antes.

En el resto de los casos, los que implican ciertos matices, debe recordarse que cada vez que se produce un despido somos nosotros quienes dirigimos el proceso.

Cuando llega el momento de despedir a alguien, debe hacerse de la forma correcta, sin sorpresas ni humillaciones.

9

Cambio

LAS MONTAÑAS SÍ SE MUEVEN

SIN DUDA, YA SE CONOCERÁN todos los aspavientos y la vehemencia que el tema del cambio lleva consigo. Durante más de una década ha existido toda una industria dedicada al asunto, siempre siguiendo una línea muy similar: cambiar o morir.

Pues bien... es cierto.

El cambio es una parte esencial del negocio. Cambiar es imprescindible y mejor hacerlo antes de verse obligado a ello.

Lo que se oye acerca de la resistencia al cambio también es verdad. El personal odia que sus jefes anuncien «iniciativas de transformación». Vuelven a sus cubículos e inician un frenético intercambio de correos electrónicos en que expresan sus temores al respecto.

A la mayoría de las personas les molesta que su cafetería favorita cierre. Cuando el periódico londinense *The Times* adoptó el formato tabloide, su editor me comentó que había recibido una carta en que le preguntaban cómo se sentía por ser responsable del fin de la civilización occidental.

La gente adora lo conocido y los patrones. Se aferra a ellos. El fenómeno está tan arraigado que sólo puede atribuirse a la naturaleza humana.

Pero atribuir un fenómeno a la naturaleza humana no significa que tenga que controlarnos. Sí, gestionar el cambio puede parecer, en ocasiones, como mover una montaña; pero también es apasionante y remunerador, sobre todo cuando empiezan a verse los resultados.

Durante mis años en General Electric, siempre nos hallamos en un constante estado de cambio. La mayor parte de las empresas actuales también lo está. Es imprescindible si se quiere seguir en el juego y, por supuesto, ganar.

Dicho esto, soy muy consciente de que el cambio no es cosa fácil. A lo largo de estos últimos años, me ha sorprendido el número de personas que, en las sesiones de preguntas y respuestas, me han planteado el tema: «Mi organización necesita cambiar. ¿Cómo puedo conseguirlo, si todos quieren que las cosas sigan igual?» En estas preguntas suele haber cierto tono de desesperación.

Mi primera respuesta es otra pregunta: «¿Es usted la única persona que ve la necesidad del cambio? Si es así y no tiene cierta forma de autoridad, plantéelo y, si no llega a ninguna parte, aprenda a vivir con ello o márchese.»

Sin embargo, en situaciones menos extremas (es decir, si se tiene autoridad para actuar y también algunos apoyos) se pueden conseguir resultados.

Todo se reduce a adoptar cuatro prácticas:

1. Vincular cada cambio o iniciativa a un propósito u objetivo claro. Cambiar por cambiar es estúpido y enervante.

2. Contratar y promocionar sólo a los que crean sinceramente en el cambio y a los que estén dispuestos a asumirlo.

3. Identificar y apartar a los que se resisten al cambio, aunque su rendimiento sea bueno.

4. Prestar atención a los desastres.

Si los líderes de la empresa aplican estas prácticas con pasión y recompensan a todo aquel que las asuma, todo el alboroto inherente al cambio dejará de oírse. El cambio se convertirá en el negocio habitual: la norma. Cuando esto sucede, las montañas sí se mueven.

Yo mismo lo he presenciado y, al contrario de lo que se pretende que creamos, no sucede nada terrible.

A continuación se exponen estas cuatro prácticas con más detalle.

---

1. Vincular cada cambio o iniciativa a un propósito u objetivo claro. Cambiar por cambiar es estúpido y enervante.

Es desastroso que las empresas interpreten literalmente todo el bombo publicitario que rodea al cambio y se apunten a la nueva moda empresarial de turno. Se produce una sobrecarga. Algunas grandes compañías adoptan diez iniciativas de cambio distintas al mismo tiempo y corren en ocho direcciones distintas. Nada sale de estas situaciones, excepto que, para la mayoría del personal, el trabajo se siente como frenético y desorganizado.

El cambio ha de ser un proceso relativamente ordenado.

Para que esto suceda, el personal debe entender (tanto en la cabeza como en el corazón) por qué el cambio es necesario y adónde les va a conducir.

Es una tarea sencilla cuando los problemas son evidentes, por ejemplo, si la casa se viene abajo: los beneficios caen en picado, un competidor ha bajado un 20 % los precios, o aparece un nuevo producto que amenaza nuestra posición en el mercado. El cambio se hace incluso más fácil si los medios de comunicación escriben sobre el fin inminente de la empresa (quizá la única ocasión en que se agradecerá la mala prensa). Muchos de los cambios más notables llevados a cabo por grandes empresas en la década anterior a ésta pasaron por tal trance: General Motors, IBM y Xerox, por nombrar tres de ellas.

Cuando todo el mundo sabe que tenemos un problema, el viento sopla a nuestro favor.

No obstante, en ocasiones la necesidad de cambio no está escrita en los cielos.

Las amenazas de la competencia se vislumbran, pero tal vez no sean reales... o puede que sean la marcha fúnebre de nuestra empresa. No lo sabemos; de todos modos, tenemos que responder.

En tales casos, cantidades ingentes de datos y una incesante comunicación sobre la lógica del cambio son la mejor arma que poseemos.

Tómese el caso del negocio de electrodomésticos de General Electric a finales de la década de 1970. A la sazón, Electrodomésticos e Iluminación eran los pilares de la compañía; los dos anteriores presidentes y varios vicepresidentes provenían de sus filas. Se daba por entendido, para cualquiera que estuviese en el negocio, que General Electric era el líder en grandes electrodomésticos y que lo sería siempre.

En 1978, cuando me nombraron responsable del Grupo de Bienes de Consumo, me encontré ante un negocio de electrodomésticos cuya cuota de mercado llevaba unos años reduciéndose y cuyos márgenes menguaban aún más rápido. La situación, para alguien ajeno a ella como yo, presentaba una similitud escalofriante con los negocios de automoción y de televisores, donde los japoneses ganaban cada vez más terreno con productos de alta calidad y bajo coste, mientras las grandes empresas estadounidenses lo contemplaban sin apenas reaccionar.

Expuse mi punto de vista a los responsables de Electrodomésticos en su sede de Louisville, Kentucky. Allí abundaban los hombres de negocios chapados a la antigua, por no hablar de ingentes gastos estructurales y considerables estratos de burocracia. Les mostré un gráfico tras otro que ilustraba el desgaste de Electrodomésticos. Sin embargo, la implicación inicial de los presentes fue mínima, si no nula. Básicamente forcé el programa de reducción de costes.

Casi de inmediato, me respondieron con las dos frases que suelen pronunciarse siempre que se propone un programa de tales características: «No nos queda nada por amputar; ya hemos llegado al hueso» y «Los de la competencia están locos, regalan el producto. No podrán mantenerse así durante mucho más tiempo.»

Afortunadamente, Dick Donegan, el responsable del negocio, uno de aquellos hombres chapados a la antigua de quien no esperaba mucha comprensión, salió en mi ayuda y empezó a abanderar el cambio en Electrodomésticos. Su liderazgo fue esencial para arreglar las cosas. Había permanecido en Electrodomésticos durante toda su carrera y conocía bien a los empleados. Se rodeó de un equipo que lo apoyaba y se libró de los detractores (literalmente cientos de ellos) en un período de dos años.

El negocio de electrodomésticos sufrió cambios drásticos porque era imprescindible que así fuese. No era un hecho obvio ni patente en 1978, cuando se inició el proceso, ni tampoco se percibía con absoluta claridad algunos años después. En realidad, los japoneses nunca vendieron grandes electrodomésticos en Estados Unidos. Sólo recientemente China y Corea han realizado algunas incursiones.

La competencia nacional sí hacía necesario el cambio. Basta con mirar el precio de un frigorífico en la actualidad. Es por ello que el negocio de los electrodomésticos continúa recortando costes sin haber llegado todavía al «hueso». Ahora es un negocio caracterizado por continuas mejoras en la productividad, innovaciones moderadas y un equipo que entiende el cambio como una forma de vida.

Una lección de esta historia es que, al empezar una iniciativa de cambio, nunca se posee toda la información que desearíamos para exponer nuestro punto de vista. A pesar de todo, es necesario tomar la palabra y empezar a hablar de lo que se sabe y de lo que se teme.

El proceso de comunicar dicho cambio se hace más difícil a medida que la empresa crece. Una cosa es ser el dueño de una em-

> Si la empresa ya ha pasado por varios programas de cambio, los empleados nos considerarán como una indigestión: seremos historia si tienen la paciencia de esperar.

presa de maquinaria de doscientos empleados, llegar un día al trabajo, convocar una reunión y decir: «Acabo de regresar de un viaje de promoción y resulta que una nueva compañía húngara, muy innovadora, se presenta como una competencia brutal. Las cosas tendrán que cambiar por aquí.» Otra, muy distinta, es abanderar el cambio en una compañía de cientos de miles de empleados organizados en múltiples unidades en países distintos.

En las grandes empresas, las llamadas al cambio suelen recibirse con una falsa aceptación. La gente asiente en las reuniones y acepta sin problemas que, considerándose los datos, el cambio parezca necesario. Acto seguido, vuelven a sus puestos para seguir haciendo las cosas como siempre. Si la empresa ya ha pasado por varios programas de cambio, los empleados nos considerarán como una indigestión: seremos historia si tienen la paciencia de esperar.

Este escepticismo generalizado es una razón añadida para que cualquiera que lidere un proceso de cambio se mantenga alejado de eslóganes vacíos y se ciña a una propuesta fundamentada y convincente.

Con el tiempo, la lógica saldrá ganando.

Todo el que pertenece al mundo de los negocios declara que le gusta el cambio; decir lo contrario sería un suicidio profesional. Por este motivo, también es muy habitual que alguien se describa en su currículum como «agente del cambio». Es ridículo.

2. Contratar y promocionar sólo a los que crean sinceramente en el cambio y a los que estén dispuestos a asumirlo.

Según mis estimaciones, los verdaderos agentes del cambio suman menos del 10 % de todos los profesionales del sector empresarial. Ellos son los que creen en el cambio y lo defienden, saben cómo conseguirlo y adoran cada segundo del proceso.

Una mayoría significativa (alrededor del 70 al 80 % más) quizá no lidere el cambio, pero una vez se le convence de que éste es necesario, se muestra dispuesta a asumirlo.

Los demás son reticentes.

Para lograr que el cambio se produzca, las empresas deben contratar y promocionar sólo a los que creen sinceramente en él y a aquellos que se muestran dispuestos a asumirlo. Pero si todos proclaman su gusto por el cambio, ¿cómo saber quién es sincero?

Afortunadamente, los agentes del cambio suelen darse a conocer. Por lo general son atrevidos, tienen mucha energía y se muestran algo más escépticos respecto al futuro. Suelen idear iniciativas de cambio o solicitan llevarlas a cabo, y acostumbran ser curiosos y previsores. Plantean numerosas preguntas cuyo inicio es: «¿Por qué nosotros no...?»

Estas personas tienen valor, cierta audacia hacia lo desconocido. Hay algo en ellos que les hace estar a gusto al moverse sin red de seguridad; si fallan, se saben capaces de levantarse, sacudirse el polvo y seguir adelante. Son insensibles al riesgo, lo que les permite tomar decisiones atrevidas sin estar en posesión de numerosos datos.

Esta descripción me hace pensar en Denis Nayden, socio ejecutivo de Oak Hill Capital Management, a quien conozco desde hace más de veinte años. Denis se unió a General Electric Capital en 1977, recién salido de la Universidad de Connecticut, y en 1989 ya era

> Según mis estimaciones, los verdaderos agentes del cambio suman menos del 10 % de todos los profesionales del sector empresarial. Tienen valor, cierta audacia hacia lo desconocido.

segundo en el cargo; ayudó a Gary Wendt a expandir el negocio de unos pocos cientos de millones de dólares de beneficios netos a más de 5.000 millones en el año 2000. La mejor forma de describir a Denis es con la palabra «apasionado», aunque «muy inteligente y fanático de la expansión» también funciona a la perfección. Nunca veía un negocio que no pudiese mejorarse, jamás observó una rutina o un proceso al que no pudiese poner fin, darle un nuevo enfoque y mejorarlo. En realidad, Denis siempre veía el statu quo como algo que debía enderezarse y, al hacerlo, llevó cientos de operaciones de General Electric Capital a un rendimiento sin parangón. Siempre hacía que la gente viese más allá de donde se encontraban... hacia lo que podían ser.

Ahora bien, como sucede con la mayoría de los agentes del cambio, no siempre es fácil trabajar para Denis. Formula preguntas constantemente, presiona a la plantilla y no sabe estarse quieto. En el proceso, algunas personas pueden sentirse amenazadas o asustadas. Sin embargo, Denis no es una persona que deje las cosas a medias o se conforme con un apaño. Los buenos agentes del cambio raras veces son así.

La cuestión aquí es que para realizar cambios se necesitan verdaderos creyentes arriba y personas dispuestas a asumirlos en el resto de las posiciones. Tómese como ejemplo el caso de Bob Nardelli en The Home Depot.

The Home Depot, como la división de electrodomésticos de General Electric, era una empresa donde la idea de cambio parecía absurda para la mayor parte de la organización. Cuando Bob llegó en diciembre de 2000, la compañía parecía perfecta desde fuera, y dentro todos estaban encantados con el nivel de ganancias y de crecimiento. Los fundadores habían llevado a cabo un trabajo loable al construir la empresa de la nada, compartiendo durante el proceso opciones para la compra de acciones con miles de empleados, que se mostraban satisfechos dados los elevados beneficios obtenidos en la década de 1990.

Sin embargo, existían dos elementos que nadie se atrevía a cuestionar. El negocio había crecido con escasos procesos internos (cuidado seguimiento del inventario, política de aprovisionamiento, directrices de compra, por nombrar tres) y tenía problemas para mantener su competitividad. Lowe's, la principal competencia, estaba minando el liderazgo de The Home Depot con un mejor servicio y establecimientos modernos.

Bob llevaba un mes al frente de la compañía cuando empezó a mencionar estos problemas, utilizando para ello ingentes cantidades de datos. Pero apenas nadie, en ningún nivel de la empresa, creía que The Home Depot había crecido como una improvisación que había que organizar. Numerosos empleados de «los viejos tiempos» suspiraban abiertamente por aquella época en que los fundadores dirigían la empresa y todos se hacían un poco más ricos a cada hora que pasaba. ¿Quién podía reprocharles su nostalgia?

Pero las cosas tenían que cambiar y Bob sabía que no podía hacerlo con el equipo que había heredado. Rápidamente se llevó consigo a su propio equipo —personas que creían a pie juntillas en el cambio— y promocionó a varios empleados de la empresa con años de antigüedad, a los que había identificado como dispuestos a asumir el cambio. Juntos lograron que The Home Depot avanzase en la dirección requerida, y la compañía volvió a crecer. Bob no lo tenía todo a su favor, pero sí pudo contar con las personas adecuadas.

3. Identificar y apartar a los que se resisten al cambio, aunque su rendimiento sea bueno.

Es la práctica más compleja cuando se intenta realizar un cambio. En el capítulo anterior me refería a lo difícil que resulta despedir a alguien, pero es especialmente arduo echar de la empresa a personas que no sólo no causan problemas, sino que trabajan bastante bien.

No obstante, en cualquier organización (como muestran los ejemplos de Electrodomésticos en General Electric y The Home Depot) existe un núcleo de personas que no acepta el cambio, al margen de que haya motivos que justifiquen llevarlo a cabo. Bien porque su personalidad no tolera el cambio, bien porque se encuentran apegadas —emocional, intelectual o políticamente— al estado actual de la empresa, son incapaces de ver cómo mejorarla.

Por lo general, estas personas tienen que irse.

Tal vez esta afirmación parezca muy dura, pero nadie se beneficia de que sigan en la organización. Promueven una resistencia solapada y socavan la moral de aquellos que apoyan el cambio. También ellas pierden el tiempo en una empresa en la que no comparten la visión, por lo que debe exhortárselas a que encuentren otra más afín.

Véase un ejemplo extraordinario. Su protagonista es Bill Harrison, director general de JPMorgan Chase, que pidió la dimisión de un alto ejecutivo, muy respetado, durante el proceso de cambio del banco. Su acción es incluso más sorprendente si se considera que, en aquellos momentos, el capital político de Bill era bajo, en plena caída de Enron, cuando muchas personas se cuestionaban si asumiría personalmente responsabilidades por los préstamos del banco a Enron y a otras compañías conflictivas.

Durante este período, Bill instituyó una iniciativa de formación de ejecutivos centrada en transformar los recién fusionados Morgan y Chase en una entidad bancaria más orientada al mercado, un gran cambio para una institución cuyos negocios, como muchos otros en Wall Street, se enorgullecían de su individualidad. La mayor oposición provenía del director general de uno de los principales negocios de JPMorgan, una verdadera estrella por derecho propio, que prefería la cultura solitaria del banco de inversiones y había impulsado una revuelta silenciosa contra Bill.

Por consiguiente, Bill le pidió que se marchase; una loable muestra de valor, dadas las circunstancias. Pero Bill sabía, y estaba en lo cierto, que la transformación de JPMorgan Chase no podía avanzar con la resistencia de aquella persona y sus seguidores. La sinceridad y el juego limpio hicieron que la partida fuese correcta; el programa de Bill también fue un éxito. En un estudio de todos los ejecutivos llevado a cabo dos años más tarde, aquellos que participaron en la iniciativa contaban con una impresión favorable de la dirección del banco veinte puntos por encima de aquellos que no habían participado.

Desde la perspectiva de la dirección, pocos casos en que se haya prescindido de personas reticentes al cambio son tan difíciles como al que se enfrentó Bill Harrison. No obstante, he comprobado que en situaciones mucho menos políticas o comprometidas los directores suelen conservar a los que se resisten al cambio, debido a la eficacia que demuestran en un ámbito determinado o, simplemente, porque llevan mucho tiempo en la empresa.

> Los directores suelen conservar a los que se resisten al cambio, debido a la eficacia que demuestran en un ámbito determinado o, simplemente, porque llevan mucho tiempo en la empresa. Es un camino equivocado.

Es un camino equivocado. Los que se oponen al avance son cada vez más intransigentes y, sus seguidores, cada vez más pertinaces. Su presencia es nociva para el cambio y es preferible librarse de ellos cuanto antes.

4. Prestar atención a los desastres.

Las empresas suelen aprovechar las oportunidades obvias. Cuando un competidor fracasa, intentan hacerse con los clientes de éste; si surge una nueva tecnología, invierten en ella y amplían su línea de productos.

Sin embargo, para ser una verdadera organización orientada al cambio, también debe tenerse el valor de observar acontecimientos más crudos, terribles e impredecibles, y aprovechar al máximo las oportunidades que éstos ofrecen. Esta capacidad requiere cierta determinación y, en ocasiones, un buen estómago, pero la recompensa puede ser enorme.

Tómese el caso de la crisis financiera de Asia en 1997. Sin duda, los agentes de divisas se aprovecharon de aquel terrible acontecimiento: ellos viven de explotar el cambio. No obstante, no son los únicos que deberían hacerlo. En ese período, General Electric obtuvo un notable éxito comprando préstamos automovilísticos tailandeses devaluados. Otros prosperaron con la adquisición de bienes raíces a precios de ganga.

Los infortunios de los bancos japoneses de la década de 1990 ofrecieron a numerosas compañías la oportunidad de lograr activos a precios atractivos y participar en un mercado que anteriormente había estado vedado para ellos. Compañías como Ripplewood Holdings, AIG, Citigroup y General Electric, por nombrar unas pocas, realizaron grandes jugadas en un entorno más que hostil que parecía predecir la muerte de Japón. Sus apuestas están convirtiéndose en grandes triunfos, a medida que Japón se recupera.

Las bancarrotas son otra calamidad que proporciona toda clase de oportunidades. Son trágicas para los empleados; se pierden trabajos y las pensiones se esfuman. Pero de las cenizas también pueden surgir empleos y futuro. Cuando Enron se desmoronó (una de las historias más trágicas del mundo de los negocios), Warren Buffett pudo hacerse una posición en los antiguos negocios de oleoductos a un precio de saldo. También General Electric adquirió la división de energía eólica de Enron a un precio muy bueno. La quiebra de Vivendi fue un desastre para el director general Jean-Marie Messier, para numerosos empleados y para los accionistas de la compañía, pero sus necesidades financieras ofrecieron a Edgar Bronfman la oportunidad de entrar de nuevo en el negocio de la música a un precio atractivo y a General Electric la posibilidad de adquirir excelentes activos en los medios.

> A ningún hombre de negocios le gusta que se produzcan desastres, pero éstos son inevitables.

A ningún hombre de negocios le gusta que se produzcan desastres, pero éstos son inevitables. El precio del petróleo alcanza máximos, los terremotos destruyen edificios, hay empresas que acaban en bancarrota y países que la rozan. También existe la amenaza terrorista. Aunque finalmente el terrorismo logre contenerse (lo que, me temo, no será un logro inminente) siempre habrá elecciones y revoluciones que cambiarán el curso de la historia.

La mayoría de las empresas se aprovechan de las oportunidades obvias, pero algunas también saben sacar el máximo partido de las circunstancias desagradables, de los desastres, y deben hacerlo. Desde los atentados del 11 de Septiembre, por ejemplo, ha surgido una nueva industria orientada a la seguridad. Todos desearíamos que tales industrias no fuesen necesarias, pero estas empresas se beneficiarán de haber advertido que el cambio significa aprovechar cualquier oportunidad, incluso las surgidas de la adversidad.

Se habla tanto del cambio que es fácil sentirse abrumado y confundido.

Pero en realidad basta con atender a cuatro prácticas: transmitir las razones fundamentales de cada cambio; tener a nuestro lado a las personas adecuadas; librarse de los que se resisten al cambio y aprovechar cualquier oportunidad que se presente, incluso si proviene de la desgracia ajena. Eso es todo.

El cambio no tiene por qué causar complicaciones. Al menos, no a nosotros.

10

Gestión de las crisis

DE «OH, NO» A «SÍ, BIEN»

N O ES EXTRAÑO QUE LA GESTIÓN de las crisis se compare con el trabajo de los bomberos. Ciertas crisis son como un incendio de grandes proporciones y pueden consumir una organización. Los directivos celebran reunión tras reunión, intentando descubrir lo que sucede, mientras el resto del personal se reúne en corrillos para intercambiar rumores. Se frotan las manos al pensar en las cabezas que van a rodar; se obsesionan por sus trabajos y señalan con el dedo arriba, abajo y en todas direcciones. En ocasiones, el pánico llega a tales extremos que el verdadero trabajo se detiene.

¿Suena familiar?

Las crisis lo son. Mientras las empresas sigan estando formadas por seres humanos, se producirán errores, controversias y pinchazos. Habrá accidentes, robos y fraudes. La cruda verdad es que cierto grado de comportamiento indeseado e inaceptable no puede evitarse. Si las personas siempre siguieran las reglas, no existirían la policía, los tribunales ni las cárceles.

Para los líderes, las crisis son una de las experiencias más dolorosas y difíciles de su vida profesional. Producen estados de ansiedad, noches de insomnio y un dolor muy peculiar en la boca del estómago.

Para complicarlo aún más, las crisis exigen de los líderes un ejercicio de equilibrio realmente intimidatorio: por un lado, deben centrar todos sus recursos en intentar comprenderlas y resolverlas, así como invertir un torrente de tiempo y energía, principalmente la propia, para sofocar las llamas. Al mismo tiempo, deben aislar dicha actividad en un compartimiento estanco y seguir adelante como si nada sucediera. Ésta es la parte que suelen descuidar los líderes... muy a su pesar. Porque si uno se centra tan sólo en la crisis, ésta puede apoderarse de toda la organización y absorberla en una espiral de culpa, temor y parálisis.

Evidentemente, es muy difícil realizar este ejercicio de equilibrio ante una situación que se asemeja a un infierno. Al inicio nunca se posee toda la información deseable o necesaria y las soluciones surgen con lentitud; por otra parte, el final de la crisis nunca parece del todo justo o correcto. En ocasiones, buenas personas se ven perjudicadas, y la única satisfacción que nos queda es que, al menos, el desastre haya concluido.

Cada crisis es distinta. Algunas son asuntos totalmente internos de rápida solución. Otras son grandes acontecimientos con repercusión mediática y derivaciones legales de todo tipo. La singularidad de cada crisis dificulta la confección de reglas para solventarlas.

No obstante, existen cinco posturas para enfrentarse al desarrollo de una crisis. Estos supuestos se dieron en la práctica totalidad de las que gestioné, desde un caso de soborno en Motores de Aviación que involucró a un general de las fuerzas aéreas israelíes, hasta el conflicto entre la compañía y el gobierno de mi país por la precisión de las tarjetas de registro, pasando por el escándalo de Kidder Peabody, en que un empleado falsificó beneficios por valor de millones de dólares. Tales supuestos no son una fórmula para gestionar una crisis, pero sirven como directriz y guía mientras se pasa del «Oh, no» al «Sí, bien». Los enumero a continuación:

Primero, asumir que el problema es peor de lo que parece. Al inicio de la crisis, los directivos pueden perder mucho tiempo negando que algo ha ido mal. No debemos permitir que eso suceda. Hay que saltarse ese paso de la negación y mentalizarse de que el problema empeorará y se hará más complejo de lo previsto.

Segundo, asumir que en el mundo no hay secretos y que, tarde o temprano, todos se enterarán de lo que sucede. Una de las tendencias más habituales en el ojo del huracán de la crisis es la contención: la dirección intenta frenéticamente cortar el flujo de información. Es mucho mejor salir al paso del problema y exponerlo en toda su magnitud antes de que alguien lo haga por nosotros.

Tercero, asumir que la gestión de la crisis, tanto nuestra como de la organización, se describirá de la peor forma posible. No es el trabajo de los medios de comunicación que nosotros y nuestra organización salgamos bien parados, y no van a intentarlo. No hay que preocuparse de los medios de comunicación. También la propia organización puede ser un público difícil en tiempos de crisis. En ambos casos, la implicación es la misma: debemos definir nuestra posición cuanto antes y las veces que sea necesario.

Cuarto, asumir que se producirán cambios, en los procesos y en las personas. Casi ninguna crisis se salda sin derramamiento de sangre. Las verdaderas crisis no se desvanecen sin más; exigen soluciones que reforman los procesos actuales o introducen otros nuevos; también transforman vidas y carreras.

Quinto, asumir que la organización sobrevivirá y será más fuerte a consecuencia de lo sucedido. Cada crisis hace

> Al inicio de la crisis, los directivos pueden perder mucho tiempo negando que algo ha ido mal. Hay que saltarse ese paso.

a la organización más inteligente y eficaz. Imaginar la situación a largo plazo hará más tolerable el infernal momento presente.

BUSCAR INMUNIDAD

El año pasado, conocimos en Amsterdam a una periodista holandesa; acababa de recuperarse de una afección que le había privado de memoria durante dos años. Nos explicó lo que consideraba el peor aspecto de la amnesia, que describió como una falta de inmunidad en la vida. Cada vez que cometía un error, como tocar una estufa caliente o enfrentarse a una tormenta sin paraguas, era como si le sucediese por primera vez. Nunca aprendía de la experiencia.

Cuando nos conocimos, la periodista estaba cubriendo la crisis de la compañía holandesa de alimentación Ahold, acusada de grave fraude contable. Durante nuestra conversación, la periodista se preguntaba qué sería de la empresa si solucionaba sus problemas; habiendo tocado una vez la estufa, ¿se quemaría de nuevo o controlaría su contabilidad con más rigor que antes?

Respondí que tal vez Ahold cometería otras equivocaciones en el futuro, pero difícilmente incurriría en otro error contable en mucho, mucho tiempo.

Las empresas suelen tomar medidas extremas después de una crisis. Construyen verdaderas fortalezas de regulaciones y procedimientos para combatir al enemigo que ya ha penetrado en su interior en una ocasión. O, para usar la metáfora de la periodista, crean cierta clase de inmunidad a la enfermedad que han padecido, del mismo modo que un niño no enferma dos veces de sarampión.

Por consiguiente, en la gestión de la crisis no hay mal que por bien no venga: es muy improbable que el mismo desastre se repita por segunda vez.

Dicho esto, es posible desempeñar un papel activo en la prevención de algunas crisis.

Hay tres métodos principales, de los cuales las empresas suelen tener dos bien presentes.

El primero son controles estrictos; sistemas contables y financieros disciplinados, con severos procesos de auditoría tanto internos como externos. Se requerirá que un gerente de línea de la organización revise y actúe según los resultados de la auditoría.

> En la gestión de la crisis no hay mal que por bien no venga: es muy improbable que el mismo desastre se repita por segunda vez.

El segundo modo de prevenir crisis es mediante buenos procesos internos, como procedimientos de contratación rigurosos, revisiones de rendimiento sinceras y programas de formación amplios que hagan que las políticas de la empresa sean transparentes como el cristal. En lo referente a conductas, reglas y regulaciones aceptables, la formación nunca está de más.

El tercer modo es menos habitual y, sin duda, más complejo: una cultura de integridad, lo que significa una cultura de honradez, transparencia, justicia y adhesión estricta a las reglas y regulaciones. En tales culturas empresariales, no puede hacerse la vista gorda. Las personas que incumplen las reglas no dejan la empresa por «razones personales» o para «pasar más tiempo con la familia»; son linchadas en público y las razones de su partida se muestran claramente a todos.

Quizá los abogados aconsejen que no hablemos demasiado; pero si se tienen los datos pertinentes, hay que exponer con toda comodidad cómo se han roto las reglas y quién ha sido el culpable. Dar un ejemplo con los que han violado la política de la empresa proporciona enormes beneficios al conjunto de la organización.

Tal vez la humillación y el castigo públicos parezcan excesivos, pero son la mejor forma de aumentar las probabilidades de que, si alguien prende una cerilla (es decir, quebranta la integridad), al menos un par de testigos griten «¡fuego!» de inmediato.

La prevención no es, en modo alguno, una ciencia exacta, pero sí la primera línea de defensa ante una crisis. No esperemos a sufrir una experiencia desagradable para adquirir inmunidad... a menos que sea inevitable.

ANATOMÍA DE UNA CRISIS

Antes de pasar a cada uno de los supuestos, se tratará brevemente el modo en que las crisis se manifiestan, evolucionan y concluyen.

Por lo general, las crisis aparecen de forma inesperada. Empiezan con alguien que nos para en la cafetería y espeta un turbador: «¿Te has enterado de...?», con un correo electrónico, con una carta sobre una posible «irregularidad», o con una llamada telefónica que nunca habríamos esperado.

Fue esto último lo que sucedió en 1985, cuando el consejero general de General Electric llamó para decir que se había abierto una investigación por irregularidades en las tarjetas que registraban las horas de trabajo de los empleados en nuestra planta de Valley Forge, Pennsylvania, que fabricaba cabezas de misil para el gobierno.

Nunca había trabajado en un negocio donde los empleados desglosaran el tiempo invertido por proyecto, ni mucho menos había rellenado una de tales tarjetas en mi vida. Todo lo que sabía es que el personal de nuestra división aeroespacial no tenía nada que ganar amañando las tarjetas, puesto que a los ingenieros involucrados se les pagaba sólo mediante salario. Mi reacción inicial fue de tranquilidad absoluta: «Oh, bien, mantenme informado.»

Así lo hizo y, antes de enterarme, la situación de las tarjetas había estallado en una tormenta que se llevó gran parte del tiempo y la concentración de muchas personas durante mis dos primeros años como director general.

Ahora bien, en ocasiones las crisis eclosionan con un único

acontecimiento, como el naufragio del *Exxon Valdez* en las costas de Alaska, con el consiguiente vertido de toneladas de crudo, o cuando Johnson & Johnson descubrió la manipulación de los envases de Tylenol.

Sin embargo, la mayoría de las crisis no detonan como bombas, sino que se manifiestan gradualmente. Desconozco los detalles de la situación de Merck con Vioxx, pero apostaría que empezó hace algunos años, con un par de incidentes, en apariencia fortuitos, de problemas cardíacos en personas que tomaban el fármaco. Estos informes quizá despertasen, en algunos científicos, vagas sospechas de la implicación de Vioxx y, finalmente, se llevó a cabo un estudio de mayores proporciones. De ahí es probable que la situación evolucionase hasta hacer imprescindible la retirada del producto, que tuvo lugar en el otoño de 2004.

Así es como suelen desarrollarse las crisis: evolucionan hasta alcanzar su solución. Como bolas de nieve que descienden por la ladera de una montaña, rebotan, zigzaguean y aumentan de magnitud y velocidad. Nunca se sabe dónde acabarán.

No obstante, siempre terminan. El trayecto montaña abajo probablemente será desagradable, pero todo acaba y se restablece la normalidad.

Es decir, hasta que aparece la siguiente crisis.

PLAN DE ACCIÓN

A continuación se tratan los cinco supuestos que deben tenerse en cuenta ante una crisis.

Supuesto 1: El problema es peor de lo que parece. No importa cuánto lo deseemos o que recemos, muy pocas crisis empiezan siendo pequeñas y se mantienen así. La vasta mayoría son mucho mayores de lo que uno pueda imaginar al recibir esa primera llamada telefónica... y también se prolongan más tiempo y toman un cariz mucho más preocupante. Más personas de las que creíamos están involucradas, más abogados de los que hemos visto en toda nuestra vida se entrometen en el asunto, y se dicen y publican cosas mucho más terribles de las que nunca habríamos soñado.

Por tanto, es preferible mentalizarse cuanto antes. Hay que entrar en cada crisis asumiendo que en alguna parte de la organización ha sucedido lo peor y, mucho más importante, que el problema nos atañe por completo. En otras palabras, hay que llegar al extremo de asumir que la empresa se ha equivocado y es tarea nuestra solucionarlo.

Mi tibia respuesta a la crisis de las tarjetas de registro sirve para ilustrar la importancia de una mentalidad inicial adecuada, que fue la que no tuve. Debido a mi falta de experiencia en la gestión de crisis, asumí que el problema no podía ser tan malo, puesto que nadie ganaba nada con asignar incorrectamente las horas de trabajo invertidas en cada proyecto. Quizás unos cuantos empleados habían sido descuidados con las tarjetas y después habrían intentado solucionarlo con un apaño, pensé; ¿y qué?

El «¿y qué?» residía en la coyuntura. Acababan de nombrar secretario de defensa a Caspar Weinberger, quien se había constituido como punta de lanza de la campaña del presidente Reagan contra «el fraude, el despilfarro y los abusos». Los periódicos rebosaban de historias sobre compañías que cobraban al gobierno 400 dólares por martillos y 1.000 dólares por las tapas de los retretes. Y nosotros éramos los siguientes.

Los hechos eran que el 99,5 % de las tarjetas de la fábrica de Pennsylvania se habían rellenado correctamente. No importaba; un 0,5 % de ellas eran incorrectas, y eso suponía una infracción. En lugar de afrontarlo, nos dejamos atrapar en nuestra propia lógica: la mayoría de las tarjetas eran correctas y los errores eran accidentales... en conjunto, habíamos cobrado de menos al gobierno... aquello no era más que una caza de brujas política.

Con una mentalidad más experimentada, habría dicho: «Nos

equivocamos. Veamos cómo puede corregirse la situación y resolvamos el problema.»

Con ello, no defiendo que la mentalidad correcta sea plegarse a las circunstancias. En ocasiones, nuestra conducta es intachable y, aun así, tenemos que luchar. En 1992, un antiguo empleado acusó a nuestro negocio de diamantes de haber pactado precios en connivencia con De Beers para el mercado industrial de diamantes.

Conociendo a los implicados, estaba convencido de que la acusación provenía de un empleado despechado al que no se había despedido con la suficiente sensibilidad. No obstante, profundizamos en la investigación como si fuésemos culpables, buscando cualquier evidencia, por mínima que fuera, que pudiese utilizarse en nuestra contra. No hallamos nada. Esto nos permitió enfrentarnos con el gobierno y vencer por todo lo alto cuando un juez federal rechazó la acusación gubernamental en 1994.

La misma mentalidad de apropiarse del problema nos salvó de otra crisis. A finales de la década de los ochenta, los responsables de nuestra división de electrodomésticos en Louisville, Kentucky, empezaron a oír quejas de que un número excesivo de compresores de refrigeración exigía reparaciones tan sólo unos años después de haber salido de fábrica. El volumen más elevado de averías provenía de los estados más cálidos. Al cabo de unos meses, el problema se extendió a los del norte y hube de tomar medidas.

Reunimos de inmediato a un equipo de expertos de varios sectores de la compañía: metalúrgicos y estadísticos de I+D, ingenieros de la división de reactores con experiencia en elementos rodantes y personal de marketing que había estudiado la retirada nacional de otros productos y su influencia en el consumidor.

Con ello, no defiendo que la mentalidad correcta sea plegarse a las circunstancias. En ocasiones, nuestra conducta es intachable y, aun así, tenemos que luchar.

El equipo se reunió semanalmente a lo largo de un mes y se comunicó por teléfono a diario para revisar nuevos datos y considerar opciones. Al cabo de tres meses, se hizo evidente que la única vía de acción era la retirada nacional del producto. Tuvimos que asumir pérdidas que ascendieron a 500 millones de dólares, y el *Wall Street Journal* dedicó algunos comentarios desagradables a nuestra capacidad técnica. No obstante, asumir el problema desde el principio y hacerse cargo de su solución tuvo como resultado grandes muestras de buena voluntad por parte de los consumidores.

La cuestión es no llevarse las manos a la cabeza cuando se vislumbra una crisis. Es preferible imaginar desde el principio la peor situación posible y empezar a trabajar.

Es esencial asumir que se está frente a un problema grave y que somos responsables de solucionarlo.

Supuesto 2: En el mundo no hay secretos y, tarde o temprano, todos se enterarán de lo sucedido. En el capítulo sobre gestión del personal, al discutir los efectos perniciosos de la burocracia, se mencionó un juego de niños: la primera persona de un corro susurra un secreto a una segunda que, a su vez, lo transmite a una tercera y así sucesivamente, hasta que la última persona que recibe el mensaje anuncia en voz alta su contenido. Como cabría suponer, la versión final no guarda parecido alguno con la original.

Este juego también se practica durante las crisis.

La información que se intenta silenciar acaba siempre por filtrarse y, a medida que se propaga, se transforma, se complica y se torna menos clara.

El único modo de evitarlo es exponer el problema personalmente. Es caso contrario, otro lo hará en nuestro lugar y siempre será para peor.

A buen seguro ahora esté pensando: «El departamento legal no lo permitirá.» Es cierto. Durante una crisis, los abogados siempre aconsejan hablar lo menos posible y no involucrar a este o aquel empleado porque su participación todavía no puede demostrarse.

No es un mal consejo, pero tampoco debe tomarse al pie de la letra. Hay que presionar a los abogados para que nos dejen decir tanto como sea posible. Simplemente hay que asegurarse de que lo que se dice es sólo la verdad, sin matices.

> Durante una crisis, los abogados siempre aconsejan hablar lo menos posible. No es un mal consejo, pero tampoco debe tomarse al pie de la letra.

Los casos de divulgación absoluta abundan en el mundo empresarial, pero quizá Johnson & Johnson haya creado escuela con su actitud ante la crisis de Tylenol en los años ochenta. La compañía convocó reuniones de prensa diarias y, en ocasiones, varias al día, para describir la situación y su magnitud. Abrió sus fábricas de embalaje a examen, y mantuvo al público al corriente de la investigación y de sus esfuerzos para retirar el producto del mercado.

No obstante, tal vez uno de los mejores ejemplos de divulgación absoluta provenga del sector de la prensa. En 1980, el *Washington Post* describió en una detallada serie de artículos cómo una de sus periodistas, Janet Cooke, consiguió engañar a sus editores, al público y al jurado del Premio Pulitzer con la pavorosa historia de una heroinómana de ocho años.

Otro ejemplo es el *New York Times* y su reportaje sobre Jayson Blair, el periodista de su plantilla que inventó numerosos artículos. El periódico dio el caso a sus mejores periodistas de investigación y en sus artículos no se dejaron nada en el tintero. Las propias prácticas del periódico y sus líderes se cuestionaron de forma tan intensa y personal que, en ocasiones, los reportajes parecían un vídeo familiar sin editar.

No obstante, en última instancia fue la transparencia del *Times* durante la crisis lo que salvó su credibilidad. Cuanto más contaba de las falsedades de Jayson Blair, más creían los lectores en el periódico; cuanto más revelaba de la dinámica interna que permitió el filtrado de las mentiras, más sabía la gente que el periódico estaba haciendo todo lo posible para encontrar una solución a los problemas que habían posibilitado la infracción.

Lo mismo puede aplicarse a cualquier crisis. Cuanto más abiertamente se hable del problema, sus causas y sus soluciones, más confianza se obtendrá de todos, tanto dentro como fuera de la organización.

Y, durante una crisis, lo que más se necesita es esa confianza.

Supuesto 3: La gestión de la crisis, tanto nuestra como de la organización, se describirá de la peor forma posible. A algunos negocios, se los valora por su participación en el mercado; a otros, por el aumento de sus ingresos, el número de nuevas franquicias abiertas al año o los niveles de satisfacción del cliente.

Al negocio periodístico se lo valora por derribar imperios y hacer pública la desnudez de sus emperadores. La vocación de la profesión es cuestionar la autoridad en todas sus formas.

Lo afirmo por experiencia propia. Durante mi divorcio (de enorme repercusión mediática) en el año 2002, surgió una controversia por las condiciones de jubilación establecidas en mi contrato que hizo las delicias de los medios de comunicación. Sin embargo, no era la primera vez que me topaba con la prensa. Poco después de que me nombraran director general, durante un período de despidos a gran escala, me concedieron el apelativo de Jack Neutrón, por la bomba que deja en pie los edificios y sólo mata a las personas. Un año después me nombraron uno de los jefes más duros de Estados Unidos, un título de implicaciones no demasiado positivas. En 1994, durante la crisis de Kidder Peabody, aparecí en la portada de *Fortune* con el titular «La pesadilla de Jack en Wall Street». El artículo incluía una tesis acerca del fracaso cultural de Kidder Peabody causado por las presiones ejercidas desde General Electric para obtener beneficios.

Los linchamientos públicos son horribles; uno se siente indignado y furioso. Sin embargo, no importa que nos consideremos inocentes o que creamos que nuestra empresa gestiona de maravilla sus problemas. Los periodistas cuentan su versión; su negocio es contar las historias tal como las ven.

Así funciona el negocio y, durante las épocas de normalidad, acostumbramos a leer con agrado el material que nos proporciona la prensa. En mi caso, a lo largo de mi carrera, creo haber obtenido más buena prensa de la que merecía.

No obstante, durante una crisis todas las apuestas están cerradas. El director y su organización saldrán tan mal parados que no van a reconocerse.

No hay que esconderse. Quizá deseemos hacerlo, pero no es posible. Además de revelar la magnitud del problema, como se ha mencionado en el apartado anterior, debemos seguir en pie y definir nuestra posición antes de que otro lo haga por nosotros. En caso contrario, nuestra ausencia se interpretará como una admisión de culpa, de igual forma que alguien que no testifica en su propia defensa es considerado culpable por la gente de la calle (¡aunque no por los abogados!).

Ahora bien, no todas las crisis de una organización tienen un lado público. Un ejecutivo medio se marcha y se lleva a su equipo con él; la reorganización de un negocio o de una unidad causa malestar y complicaciones; un cliente importante se queja del servicio; un empleado despedido acusa a la dirección de discriminación.

Aunque los medios de comunicación no se interesen por estos acontecimientos, nuestro personal sí lo hará.

Deben aplicarse los mismos principios: discutir la situación abiertamente, definir nuestra posición, explicar los motivos del problema y cómo se va a solucionar.

Y, como en las grandes crisis, nun-

> Nuestra ausencia se interpretará como una admisión de culpa, de igual forma que alguien que no testifica en su propia defensa es considerado culpable por la gente de la calle.

> En las grandes crisis, nunca debe olvidarse que hay un negocio que dirigir.

ca debe olvidarse que hay un negocio que dirigir.

Supuesto 4: Se producirán cambios, en los procesos y en las personas. Casi ninguna crisis se salda sin derramamiento de sangre. La mayor parte de las crisis terminan oficialmente con un acuerdo financiero, legal o de otro tipo.

Entonces llega la hora de limpiar y poner orden, lo que trae consigo cambios.

Por lo general, primero deben revisarse los procesos.

A raíz de la crisis de las tarjetas de registro, instituimos la Política 20.11, que formalizaba todos los tratos con el gobierno. La política contemplaba hasta los detalles más nimios; no soy muy proclive a la burocracia, pero la situación de las tarjetas exigía un proceso regulador de tales características.

Sin embargo, en ocasiones las regulaciones no bastan. Habíamos tenido una política sobre pagos incorrectos en nuestros libros durante más de treinta años (la Política 20.4, para ser exactos) que supuestamente impedía los sobornos. Pero de nada sirvió en 1990, cuando un director de ventas regional de Motores de Aviación conspiró con un general de las fuerzas aéreas israelíes para desviar dinero de grandes contratos establecidos con General Electric para suministrar reactores a los caza F-16 de Israel.

No era una operación insignificante. Esos dos hombres habían abierto una cuenta conjunta en un banco suizo y habían establecido un contratista tapadera en Nueva Jersey para borrar sus huellas. La repercusión mediática internacional se prolongó diecinueve meses; hubo audiencias en el Congreso y un juicio criminal contra el empleado de General Electric, Herbert Steindler, quien acabó en la cárcel. General Electric tuvo que pagar al gobierno una multa de 69 millones de dólares.

En este caso, el problema no fue el proceso, sino las personas que no cumplieron la política existente. Nadie en el negocio conocía lo que tramaba Steindler y nadie obtuvo beneficio de ello, pero algunos hicieron caso omiso de las señales de alarma que indicaban que algo iba mal. Once personas tuvieron que dimitir, seis fueron degradadas y cuatro reprendidas. Las crisis requieren cambios. En ocasiones, es suficiente con un proceso regulador; pero no es lo habitual. Las personas afectadas por la crisis, o simplemente los espectadores de ésta, exigen que alguien se haga responsable.

Aunque suene terrible, una crisis casi nunca termina sin derramamiento de sangre. No es fácil ni agradable pero, por desgracia, en ocasiones es necesario para que la empresa pueda seguir su marcha.

Supuesto 5: La organización sobrevivirá y será más fuerte a consecuencia de lo sucedido. No existe una crisis de la que no pueda aprenderse, aunque se odie cada una de ellas.

De la época de las tarjetas de registro aprendimos que cuando se trata con el gobierno no pueden dejarse cabos sueltos en las regulaciones, aunque eso implique una cantidad desmesurada de procedimientos burocráticos. Es el precio que hay que pagar por hacer negocios con organismos públicos.

De la situación de los compresores aprendimos a pasar cuanto antes por el mal trago de la retirada de un producto. Así se recortan las pérdidas y se gana en confianza del consumidor.

De Kidder Peabody aprendimos a no comprar una firma con una cultura que no encajase con la nuestra.

Del caso del soborno aprendimos que las políticas envejecen e incluso mueren a menos que los responsables trabajen constantemente para mantenerlas con vida.

Cuando una crisis termina, la tendencia habitual es guardarla en el cajón. No lo recomiendo. Hay que saber utilizar las crisis y aprender sus lecciones siempre que se presente la oportunidad.

Al hacerlo, se contribuye a extender la inmunidad.

Las crisis siempre existirán.

Cuando se declaran, es terrible. Uno se siente en un edificio en llamas del que es imposible escapar.

Aunque parezca muy difícil, debe recordarse que finalmente las llamas se apagarán. Todo depende de nuestra actuación. Hay que enfrentarse a la complejidad del problema y responsabilizarse de la solución, dirigiendo al mismo tiempo el negocio como si existiese un mañana por delante.

Entonces, un día, ese mañana llega. El humo se ha disipado y las partes dañadas de la estructura se han reparado o reemplazado.

Nunca nos alegraremos de lo sucedido pero, al volver la vista atrás, veremos algo sorprendente: el edificio tiene mejor aspecto que antes.

LA COMPETENCIA

I I

Estrategia

EL SECRETO ESTÁ EN LA MASA

EN LOS ÚLTIMOS TRES AÑOS, con frecuencia he coincidido, en un programa de radio o en una conferencia de negocios, con algún pope de la innovación estratégica. Y en más de . una ocasión me he quedado atónito escuchando sus palabras.

No es que no comprenda sus teorías sobre ventaja competitiva, competencias nucleares, comercio virtual, rentabilidad de la cadena de suministros o innovación disruptiva, sino que el modo en que los expertos hablan de estrategia (como si de una metodología científica para cerebros privilegiados se tratase) me resulta sumamente extraño.

Sé que la estrategia es un juego que se vive y se respira, algo totalmente dinámico.

Es divertido y ágil. Y está vivo.

Considero que hay que olvidarse del estudio intelectualizado de números y del examen minucioso de datos que, según los expertos, son imprescindibles para una buena estrategia. Hay que olvidar la planificación del guión, estudios de un año de duración e informes de cientos de páginas. Son caros y suponen una gran inversión de tiempo; simplemente no son necesarios.

En la vida real, la estrategia es mucho más directa. Se elige una directriz general y se pone en práctica.

Las teorías tienen su interés, las tablas y los gráficos son preciosos y una buena pila de diapositivas PowerPoint puede hacernos sentir que hemos cumplido con el trabajo. Sin embargo, en la estrategia no es conveniente el exceso de complejidad. Cuanto más se reflexiona sobre ella, cuantas más vueltas se dan a los datos y detalles, más confuso y preocupado se siente uno. Eso no es estrategia, sino sufrimiento.

No es mi intención criticar a los expertos en estrategia; algunos de sus conceptos tienen su mérito. Pero no comparto el planteamiento científico de la estrategia que ellos difunden. Es el que se enseña en numerosas escuelas de negocios, se vende en incontables consultorías y se practica en demasiadas sedes corporativas.

¡Es del todo improductivo! Si se pretende triunfar, en lo que a estrategia se refiere, hay que reflexionar menos y hacer más.

No soy el único que defiende este punto de vista. En mis charlas ante miles de representantes del mundo empresarial, puedo contar con una sola mano el número de preguntas que me han formulado acerca de la estrategia. Prácticamente cualquier otro tema (desde manejar a un empleado temperamental hasta el efecto del dólar en el comercio) despierta más interés cuantitativo.

> En lo que a estrategia se refiere, hay que reflexionar menos y hacer más.

Es evidente que a todos nos preocupa la estrategia. Es importante que así sea. Pero la mayoría de los directivos que conozco la ven en mis mismos términos: un curso de acción aproximado al que se debe regresar y redefinir con frecuencia, según las cambiantes condiciones del mercado. Es un proceso iterativo y no tan teórico o de «vida o muerte» como algunos quieren hacernos creer.

Dado este punto de vista, cabe preguntarse sobre qué versará el presente capítulo.

La respuesta es: ¡sobre nada que vaya a sentar cátedra!

Describiré la estrategia en tres pasos. A lo largo de mi carrera ha sido un método que ha funcionado a la perfección en diferentes negocios e industrias, en buenos y malos momentos, y en situaciones competitivas que abarcan de México a Japón. Quién sabe... tal vez la simplicidad explique parte de su éxito.

Estos pasos son:

Primero, encontrar una gran idea para el negocio: un modo realista, inteligente y relativamente rápido de obtener una ventaja competitiva sostenible. No conozco forma mejor de descubrirla que plantearse una serie de preguntas que desde hace tiempo denomino el método de las Cinco Diapositivas, pues cada una de ellas ocupa aproximadamente una página. Para un grupo informado, este proceso de evaluación debe llevarse a cabo en un plazo de entre un par de días y un mes.

Segundo, colocar a las personas adecuadas en el trabajo adecuado para sacar esta gran idea adelante. Tal vez suene genérico, pero no lo es. Para sacar adelante nuestra gran idea, es necesario combinar a ciertas personas provenientes de negocios de *commodities* (productos de consumo) con otras procedentes de negocios de alto valor añadido. Me desagrada encasillar, pero la realidad es que se obtiene una rentabilidad mayor si la estrategia y las capacidades personales encajan.

Tercero, buscar incesantemente las mejores prácticas, sea dentro o fuera de la empresa; adaptarlas y mejorarlas de forma continuada. La estrategia surge cuando se posee una organización cuyo personal desea aprender y mejorar cada día. Estas personas buscan las mejores prácticas y las elevan a los niveles de eficacia más altos. Aunque se tenga la mejor gran idea del mundo, sin esta cultura de aprendizaje ninguna ventaja competitiva sostenible puede durar.

Por consiguiente, la estrategia consiste simplemente en encontrar la gran idea y en establecer una dirección amplia con las personas adecuadas para el puesto; a continuación, hay que llevarla a cabo teniendo siempre presente la mejora continuada.

Aunque lo intentase, me sería imposible hacerlo más complicado.

ENTONCES ¿QUÉ ES LA ESTRATEGIA?

Antes de tratar los tres pasos en detalle, adelantaré algunas reflexiones generales sobre la estrategia.

Cuando me jubilé, General Electric contaba con más de trescientos mil empleados para unos quince negocios de envergadura, que incluían desde turbinas hasta tarjetas de crédito. Era una compañía compleja y muy amplia, pero siempre afirmé que deseaba operar con la agilidad, la proximidad y la comunicación abierta de un pequeño comercio o tienda.

Éstos suelen contar con una estrategia muy clara. Dados sus recursos limitados, tienen que centrarse en la especialización, en hacer una cosa muy bien.

En nuestro barrio de Boston, por ejemplo, separadas por una manzana de distancia, hay dos pequeñas tiendas cuyas cajas registradoras no dejan de funcionar y que disfrutan de un flujo constante de clientes satisfechos. Una es Upper Crust Pizza; se trata de un local más bien pequeño, ruidoso y mal decorado, con platos de papel y una limitada selección de refrescos. Los clientes pueden comer de pie, o bien sentarse a una mesa muy larga. El personal no es maleducado, pero tampoco es que se muestre muy atento. No es de extrañar que al pedir lo que se desea —en la caja registradora— la única palabra que pronuncien sea «¿Qué?».

Pero la pizza está de muerte; no hay palabras para describir el excelente sabor de la salsa o la maravillosa masa. Banqueros, artistas y policías hacen cola a las once de la mañana para ver la «Porción del día» en la puerta, y en horario de almuerzo o de cena la cola puede ser de veinte personas. El servicio a domicilio trabaja sin parar hasta la hora de cierre.

En Upper Crust, pues, la estrategia está totalmente centrada en el producto.

El otro comercio, de un tamaño no superior a medio vagón de metro, es Gary Drug. A escasa distancia se encuentra su competencia, un establecimiento abierto veinticuatro horas, amplio y recién reformado, que une droguería y parafarmacia. Pero no importa; Gary Drug, con su único pasillo de estantes repletos hasta el techo, siempre está rebosante de clientes. Vende una amplia gama de artículos, desde fármacos para el resfriado hasta despertadores, pasando por pinzas o sacapuntas. Hay una agradable farmacéutica al fondo y una buena selección de revistas europeas a un lado. Todo lo que vende esta tienda encaja con la mezcla de peculiares residentes del barrio. Los dependientes saludan a los clientes por su nombre de pila y les ofrecen gustosos todo tipo de consejos, sean acerca de vitaminas o de masajes para los pies. El establecimiento ofrece servicio a domicilio inmediato y los clientes disponen de una cuenta, que abonan una vez al mes.

Como se ve, en Gary Drug la estrategia está totalmente basada en el servicio.

Porque ¿qué es estrategia, sino una asignación de recursos? Cuando se elimina toda la paja, eso es lo que queda. Estrategia significa tomar decisiones claras sobre cómo competir. No se puede

> Estrategia significa tomar decisiones claras sobre cómo competir. No se puede ser todo para todo el mundo, por muy grande que sea un negocio o por mucho dinero que se posea.

ser todo para todo el mundo, por muy grande que sea un negocio o por mucho dinero que se posea.

Las tiendas pequeñas han aprendido que la supervivencia depende de encontrar una posición estratégica en la que nadie pueda vencerles. El desafío es el mismo para las grandes empresas.

Cuando me convertí en director general en 1981, lanzamos una iniciativa que tuvo una amplia divulgación: «Ser el número 1 o 2 de todos los mercados y modificar, vender o cerrar para conseguirlo.» No era nuestra estrategia, aunque oí que se la definía como tal. Se trataba más bien de un mantra para describir cómo íbamos a hacer negocios a partir de entonces. Ya no se conservarían negocios no competitivos sólo por nostalgia de «los viejos tiempos». Más que cualquier otra razón, la iniciativa del número 1 o 2 era una herramienta de comunicación para limpiar nuestra cartera; y realmente funcionó.

Nuestra estrategia era más una cuestión de dirección: General Electric iba a retirarse de negocios que estaban convirtiéndose en *commodities* y centrarse en negocios que fabricaban productos de alta tecnología o vendían servicios en lugar de cosas. Como parte de esta estrategia, pretendíamos conceder mayor importancia a recursos humanos (nuestro personal) con un planteamiento centrado en la formación y el desarrollo.

Decidimos esta estrategia después de recibir el mazazo de los japoneses en la década de 1970. Éstos habían transformado rápidamente negocios de *commodities* donde hasta entonces habíamos gozado de márgenes razonables, como televisores o aparatos de aire acondicionado. Acabamos defendiéndonos en un juego que perdíamos. Nuestra calidad, nuestro coste y nuestro servicio (las armas de un negocio de productos de consumo) no bastaban ante su innovación y sus precios más bajos. Cada día de trabajo no hacía más que alargar la agonía. A pesar de nuestras mejoras en la productividad y las innovaciones, los márgenes menguaban ante competidores como Toshiba, Hitachi y Matsushita.

Entretanto, al supervisar General Electric Capital a finales de los años setenta, me sorprendió (y me encantó) ver lo fácil que era hacer dinero en el campo de los servicios financieros, sobre todo con el estado contable de General Electric. En este negocio no había fábricas sindicadas ni competencia extranjera, y sí muchas formas interesantes y creativas de ofrecer tanto productos como servicios diferenciados. Recuerdo la ilusión que vivimos en aquel período, viendo cómo nuestro personal desarrollaba nuevos programas de tarjetas de crédito personalizadas para empresas privadas y encontraba nicho tras nicho de mercado en el segmento medio de la financiación industrial. Los grandes márgenes no pendían de un árbol como fruta madura para que los cogiéramos sin esfuerzo, pero casi.

Cuando me nombraron director general, sabía que General Electric debía mantenerse lo más alejada posible de cualquier negocio que oliese a *commodity* y acercarse, en la medida de lo posible, al otro extremo del espectro. Por ese motivo renunciamos a los televisores, los pequeños electrodomésticos, los aparatos de aire acondicionado y una gran compañía de carbón, Utah International. Por la misma razón invertimos mucho en General Electric Capital; compramos la RCA, que incluía la NBC, e invertimos recursos para desarrollar productos de alta tecnología en nuestros negocios de energía, tecnología médica, aviación y ferrocarriles.

Ahora bien, en estos tiempos cambiantes, ¿por qué General Electric se ha aferrado a la misma estrategia a lo largo de veinte años? La respuesta es que si se encauzan en la dirección adecuada y son lo bastante amplias, las estrategias no necesitan cambiar con demasiada frecuencia, sobre todo si se complementan con nuevas iniciativas. Con ese fin, a lo largo de los años hemos lanzado cuatro

> Si se encauzan en la dirección adecuada y son lo bastante amplias, las estrategias no necesitan cambiar con demasiada frecuencia.

programas para reforzar nuestra estrategia: globalización, complementos a los servicios, Seis Sigma y la utilización de tecnologías digitales.

Sin embargo, por encima de cualquier otro motivo, nuestra estrategia ha durado porque se basaba en dos férreos principios subyacentes: los productos de consumo no interesan y las personas lo son todo.

En esencia, toda decisión de asignación de recursos que tomamos se basaba en estos principios.

Algunas empresas pueden triunfar en el sector de los *commodities*: Dell y Wal-Mart son grandes ejemplos de empresas que han tensado los niveles de coste, calidad y servicio para triunfar en juegos muy competitivos, pero es un campo muy difícil; no puede cometerse el más mínimo error.

Mi consejo es que, al plantearse la estrategia, se eviten los *commodities*. Debe intentarse por todos los medios elaborar productos y servicios distintivos; de esta forma, los clientes nos guardarán fidelidad. Hay que pensar en innovación, tecnología, procesos internos, complementos a servicios... todo aquello que sea único. Si se hace correctamente, incluso pueden cometerse algunos errores y ganar de todos modos.

¡Y dejémonos ya de teoría por ahora!

CONVERTIR LA ESTRATEGIA EN REALIDAD

El primer paso es encontrar la gran idea que nos dará una ventaja competitiva sostenible; en otras palabras, una idea significativa, maestra, acerca de cómo ganar. Para lograrlo, es necesario debatir, dar vueltas, resolver y finalmente responder a cinco grupos de preguntas.

Para iniciar este ejercicio, asumo que se tiene una estrategia de partida, sea escrita o en algún lugar de la cabeza.

Dicho esto, tener una estrategia no implica que ésta funcione.

El método de las Cinco Diapositivas que va a examinarse es una forma de poner a prueba dicha estrategia, comprobar si nos lleva a donde pretendemos ir y reflexionar sobre cómo mejorarla si ése no es el caso, incluso hasta el extremo de cambiarla por completo.

Creo firmemente que este proceso inquisitivo no debe ser una actividad de amplia escala, que abarque todas las jerarquías. Aunque otros se muestren en desacuerdo, sé que la estrategia es una tarea del director general o el jefe del equipo y de sus subordinados más directos. Si la cultura es saludable, estas personas pueden ver la organización en sus partes diferentes e independientes; conocen a su personal, así como a sus fuentes de ideas e innovación, y pueden determinar dónde residen las oportunidades más interesantes. Asimismo, son las únicas que, en última instancia, comprometerán los recursos requeridos por la estrategia. Se llevarán los aplausos si la estrategia prospera y las críticas si ésta fracasa.

Si se dispone de un buen equipo —sincero, perspicaz, apasionado por el negocio y deseoso de llevar la contraria— completar este ejercicio será una fuente de diversión y energía. Con voluntad, debería completarse en un plazo comprendido entre los dos días y un mes. Después habrá llegado el momento de actuar.

DIAPOSITIVA 1

Cuál es el aspecto actual del terreno de juego

■ ¿Quiénes son la competencia en este negocio, sean grandes o pequeños, nuevos o antiguos?

■ ¿Quién tiene qué cuota, globalmente y en cada mercado? ¿Dónde encajamos nosotros?

■ ¿Cuáles son las características de este negocio? ¿Es un *commodity*, es de valor añadido o se encuentra en un punto intermedio? ¿Es de ciclo largo o corto? ¿Dónde se encuentra en la curva de crecimiento? ¿Cuáles son los parámetros de rentabilidad?

■ ¿Cuáles son los puntos fuertes y débiles de cada competidor? ¿Son buenos sus productos? ¿Cuánto invierten cada uno de ellos en I+D? ¿Cuál es el tamaño de su fuerza de ventas? ¿Cuán orientada al rendimiento está cada cultura?

■ ¿Quiénes son los principales clientes de este negocio y cómo compran?

A lo largo de los años, me ha sorprendido el debate que puede surgir de este sencillo ejercicio. Aunque, a fin de cuentas, no es extraño que personas que comparten el mismo espacio de trabajo tengan opiniones muy dispares del mismo entorno competitivo.

Para muchas personas, es un mal trago admitir que su negocio es un *commodity*. Por mucho que lo intentamos, fue prácticamente imposible que el personal de nuestra división de motores, por ejemplo, aceptase esta realidad. También he participado en incontables reuniones donde el mismo grupo de preguntas ha hecho aflorar esta incomodidad y ha generado controversia sobre el volumen de recursos que debe invertirse en I+D y marketing para hacer más único el producto.

Otro de los numerosos temas que surgen a raíz de esta diapositiva es el tamaño del mercado. Con mucha frecuencia el personal gusta de llamarse líder del mercado, por lo que acaban limitando el ámbito de su terreno a lograr que eso suceda. En nuestro caso, el mantra del número 1 o 2 tuvo, involuntariamente, ese mismo efecto. Después de más de una década, advertimos que los negocios estaban estrechando cada vez más su definición de mercado global, por lo que sus cuotas eran enormes.

Lo solucionamos diciendo que los negocios tenían que definir su mercado de tal modo que su cuota en cualquier mercado en que estuviesen no podía superar el 10 %. Con esta restricción, el personal se vio forzado a asumir una nueva mentalidad y, de pronto, las oportunidades de expansión surgieron por todas partes.

En las sesiones de preguntas y respuestas, suelo hablar así de la dinámica de definición de mercado: puesto que estoy sentado en una silla, pido al público que se imaginen como fabricantes de sillas. Pueden definir su mercado como la clase de silla en la que suelo sentarme —con brazos curvados metálicos, de tapizado azul y ruedas— o bien definirlo como todas las sillas. Aún mejor, pueden definir su mercado como «muebles». ¡Imagínense las diferencias de cuota y sus implicaciones de cara a la estrategia!

Este tipo de discusión hace que tratar en profundidad la diapositiva dé sus frutos. Una conversación rica y amplia coloca a todos en la misma posición: aquélla donde hay que situarse para encontrar la gran idea.

DIAPOSITIVA 2

Los movimientos de la competencia

■ ¿Qué hizo cada competidor el pasado año para modificar el terreno de juego?

■ ¿Presentó alguien nuevos productos, nuevas tecnologías o un nuevo canal de distribución para modificar el juego?

■ ¿Hay nuevas entradas? ¿Qué hicieron al respecto el año pasado?

Este grupo de preguntas hace que los participantes en el juego cobren vida. La competencia A nos ha robado nuestro mejor equipo de ventas. La competencia B ha presentado dos nuevos productos. Las competencias C y D se han fusionado y tienen dificultades de integración.

Parte de esta información quizá ya se haya tratado en el primer grupo de preguntas, pero ahora es el momento de profundizar en la conducta de cada competidor.

Debemos ser meticulosos, hasta el extremo de saber qué desayuna la competencia.

■

DIAPOSITIVA 3

Nuestros movimientos

■ ¿Qué hemos hecho el último año para modificar el terreno de la competencia?

■ ¿Hemos comprado una empresa, presentado un nuevo producto, robado un vendedor esencial de la competencia u obtenido la licencia de una nueva tecnología?

■ ¿Hemos perdido ciertas ventajas competitivas, como a un gran vendedor, un producto especial, una tecnología propia?

Lo mejor de esta diapositiva es que permite comprobar si el enemigo nos ha desbordado; es decir, la comparación entre las diapositivas 2 y 3 nos dice si somos líderes del mercado o si intentamos alcanzar esa posición.

En ocasiones, ambas diapositivas muestran que la competencia está haciendo mucho más que nosotros. Es esencial averiguar los motivos.

Otras veces, la comparación de ambas ilustra una imagen vívida de la dinámica competitiva de una empresa.

Como ejemplo, cabría citar lo ocurrido en nuestra división de tecnología médica en 1976. La empresa británica EMI había inventado el escáner de TC a principios de la década de los setenta, obligando a los fabricantes tradicionales de rayos X (Siemens, Philips, Picker y nosotros) a entrar en una dura guerra de equipamientos. Muy pronto todos nos encontramos presentando, con seis meses de diferencia, máquinas de un millón de dólares que supuestamente eran treinta segundos más rápidas que las últimas presentadas. Nadie parecía encantado con esta situación. Los competidores de TC sufrían un ritmo frenético y nuestros clientes —los hospitales— estaban frustrados por tener que realizar grandes desembolsos de capital para adquirir tecnología que estaría obsoleta al cabo de un año.

Al observar esta dinámica, Walt Robb, responsable de nuestra división de tecnología médica, y su equipo tuvieron una idea extremadamente original. General Electric asignaría sus recursos a diseñar escáneres que pudiesen actualizarse continuadamente con hardware o software de un precio inferior a 100.000 dólares anuales. Venderíamos nuestras máquinas con este argumento: «Compre un escáner de TC de nuestra Serie Continuum y las actualizaciones impedirán que se quede obsoleto, por mucho menos de lo que le costaría un nuevo equipamiento.»

El concepto Continuum cambió el terreno de juego. Nos hizo número 1 y ahí nos ha mantenido durante veinticinco años.

Hay que recordar que las diapositivas 2 y 3 funcionan como conjunto. Eliminan los elementos estáticos de la estrategia y nos preparan para las preguntas que siguen a continuación.

■

DIAPOSITIVA 4

¿Qué hay a la vuelta de la esquina?

■ ¿Qué es lo que más nos asusta del año que tenemos por delante? ¿Qué acciones de un competidor podrían comprometernos?

■ ¿Qué nuevos productos o tecnologías podrían lanzar nuestros competidores para cambiar el juego?

■ ¿Qué fusiones y adquisiciones podrían perjudicarnos?

Este grupo de preguntas es, sin duda, el que más personas olvidan. No le dedican la extraordinaria atención que merece.

La mayoría de los que responden a estas preguntas infravalora el poder y la capacidad de su competencia. Con excesiva frecuencia se asume que los competidores siempre aparecerán como en la diapositiva 1; es decir, sin cambios.

Tómese el caso de Motores de Aviación en la década de 1990, cuando nuestros ingenieros creían haber diseñado el motor perfecto para el Boeing 777: el GE90. Dedicamos más de 1.000 millones de dólares a conseguir más de 90.000 libras de empuje en un nuevo diseño, basándonos en la suposición de que Pratt & Whitney no podría permitirse lanzar un nuevo motor y sería incapaz de ampliar sus motores existentes a ese nivel.

Nos equivocamos.

Pratt & Whitney, con tan sólo 200 millones de dólares en desarrollo, consiguieron esas 90.000 libras de empuje de sus motores existentes. Puesto que sus costes fueron menores, tuvimos que vender el GE90 a un precio inferior al planeado. Habíamos infravalorado la competencia porque creímos tener todas las respuestas técnicas.

Esta historia, no obstante, tuvo un final feliz. Al cabo de algunos años, Boeing desarrolló una versión de mayor alcance del 777 que requería 115.000 libras de empuje; al ser un nuevo diseño y poder ampliarse, el GE90 podía ofrecerlas. Finalmente Boeing nos escogió como único proveedor, pero debido a nuestro error de cálculo inicial, pasamos por unos años difíciles y menos provechosos.

La estrategia correcta es aquella que asume que la competencia es muy buena o, como mínimo, tan buena como la propia empresa, y que se mueve tan o más rápido que nosotros.

En lo que respecta al futuro, nunca se es lo bastante previsor.

DIAPOSITIVA 5

¿Cuál es nuestra jugada para ganar?

■ ¿Qué podemos hacer para cambiar el terreno de juego? ¿Una adquisición, un nuevo producto, globalización?

■ ¿Qué podemos hacer para que los clientes nos sean todavía más fieles y más aún que con cualquier otro competidor?

Éste es el momento de pasar del análisis a la acción. Se decide lanzar un nuevo producto, hacer una adquisición, doblar la fuerza de ventas o invertir en un nuevo proyecto. Fue en este estadio cuando Walt Robb y su equipo tomaron la decisión de asignar mayores recursos a la Serie Continuum, la jugada estratégica que nos proporcionó durante décadas la fidelidad absoluta de los clientes médicos de General Electric.

Una vez se haya respondido a este grupo de preguntas, la eficacia de cualquier estrategia debería estar bien clara. O nuestra gran idea triunfa, o necesita modificarse. En caso de no tener una estrategia previa, este proceso debería ayudarnos a encontrarla.

Sea como fuere, esto es sólo el principio.

EL PERSONAL ADECUADO

He aquí una escena habitual. Los directivos se reúnen durante meses, en sesiones intensivas, para tratar la situación competitiva y la dirección de la empresa. Se forman comités y subcomités. Se efectúan estudios. Vienen consultores. Y por fin, a bombo y platillo, los líderes de la compañía anuncian una nueva estrategia... que ahí se queda.

Cualquier estrategia, por muy audaz e inteligente que sea, está muerta antes de empezar a menos que la empresa le dé vida con personas: las personas adecuadas.

De nada sirven los discursos, son sólo palabrería. La organización sabe quiénes son las personas importantes: la nueva estrategia únicamente despegará si éstas son las elegidas para liderarla.

Considérese lo sucedido en Sistemas de Energía cuando anunciamos nuestro giro hacia servicios. Inmediatamente, todos los ingenieros se preguntaron qué estaba sucediendo. A fin de cuentas, estaban en General Electric porque querían construir las turbinas más grandes, potentes y ecológicas del mercado. De pronto se les anunciaba que el personal de servicios de sus «obras maestras» iba a ser la estrella del espectáculo.

¿No eran la gente de servicios, se preguntaban, los que se dedicaban a lubricar con sus monos de trabajo?

Aunque los ingenieros escucharon los discursos, no se los tomaron en serio, algo muy lógico dado que los empleados de servicios estaban sepultados en la organización existente.

¿Qué hicimos? Finalmente nombramos a Ric Artigas, PhD e ingeniero líder en Locomotoras, responsable de un departamento nuevo e independiente dedicado a los servicios de Sistemas de Energía. Fue una verdadera señal; Ric era un jugador muy respetado. Con su nueva categoría, reclutó fácilmente a los mejores ingenieros de Sistemas de Energía, con el objetivo de que diseñasen sofisticados paquetes de software para actualizaciones de turbinas.

La estrategia de servicios estaba en marcha. En 2005, el beneficio de explotación de Ric, cercano a los 2.500 millones de dólares, igualaría los ingresos de 1997, cuando se puso al frente del departamento.

Una buena estrategia también implica elegir el trabajo adecuado para cada persona, una combinación que a menudo depende de dónde se encuentra el negocio en el continuo de los *commodities*.

Huelga añadir que no podemos encasillarnos; el buen personal

> Una buena estrategia también implica elegir el trabajo adecuado para cada persona, una combinación que a menudo depende de dónde se encuentra el negocio en el continuo de los *commodities*.

es demasiado polifacético. Dicho esto, insisto en que, debido a su capacidad y su personalidad, algunas personas son más eficaces en *commodities* y otras en productos diferenciados o servicios.

Tomemos un *commodity* muy típico, el negocio de motores, como ejemplo. Varias compañías fabrican el producto y todas ofrecen buen servicio, calidad y coste.

Las personas adecuadas para esta función son muy trabajadoras, meticulosas y detallistas. No son soñadores y destacan por su espíritu de lucha.

Lloyd Trotter es el ejemplo perfecto. Lloyd entró en General Electric en 1970 como ingeniero de servicios en el departamento de iluminación-cuarzo y durante treinta años en su carrera hubo fábricas, fábricas y más fábricas. Actuaba de capataz, director de producción y supervisor de planta en Iluminación, Electrodomésticos y, prácticamente, en todo negocio de distribución eléctrica y control que tuviésemos. Cuando Lloyd fue nombrado director general de distribución eléctrica y control en 1992, podía describir el funcionamiento de una fábrica con sólo mirar su zona de aparcamiento; si se acercaba un poco más, sabía decirnos en qué podía mejorar.

A Lloyd, por supuesto, le gustaba pensar en la estrategia, pero prefería aplicarla. Estaba en su elemento con personas que, como él, se ocupaban de los detalles esenciales o intentaban sacar el mayor rendimiento de cualquier proceso. Era un maestro de la disciplina. Todo eso le convertía en el líder perfecto para dirigir nuestro negocio de *commodities*.

En el otro extremo del espectro suele haber una persona muy distinta. Ni mejor ni peor, tan sólo diferente.

Tómese el ejemplo de los reactores. Cada reactor es único, un milagro de la alta tecnología que requiere una inversión de millones de dólares para su desarrollo. El ciclo vital del producto se mide en años y los clientes son difíciles: las compañías aéreas, siempre con problemas de dinero, y las poderosas compañías Boeing y Airbus.

Durante muchos años, el negocio de los reactores tuvo su propia cultura romántica. Los que se sentían atraídos por ellos no eran los habituales hombres de negocios, sino personas fascinadas por la idea de volar y el milagro de los aviones.

Brian Rowe era perfecto para tal entorno. Empezó su carrera como aprendiz en DeHavilland Engines en Inglaterra, antes de unirse a General Electric como ingeniero de producción en 1957. Después de trabajar en casi todos los proyectos de reactor, fue nombrado responsable de la división de motores de aviación en 1979.

Brian era un hombretón sociable, con facilidad de palabra y siempre dispuesto a dar su opinión. También era un visionario. Amaba tanto los aviones que, de haber podido, habría ido a trabajar ataviado con gafas y pañuelo de aviador.

A diferencia de Lloyd, Brian odiaba las tareas básicas de la dirección, y las discusiones de márgenes operativos o movimientos de efectivos le aburrían. Pero, sin duda, tenía las agallas y la visión necesarias para hacer grandes apuestas, como colocar 1.000 millones de dólares en una única inversión que tardaría años en recuperarse. Asimismo, su personalidad le convertía en un vendedor incomparable para sus clientes, con quienes compartía un gran entusiasmo por cualquier nuevo avance tecnológico.

Lloyd y Brian eran dos casos de encaje perfecto: perfectos para sus trabajos, perfectos para la situación del negocio, perfectos para la estrategia. No siempre se es tan afortunado con el personal; de hecho, la estrategia también puede llevarse a cabo sin contar con la persona ideal para un cargo... aunque es preferible tenerla.

MEJORES PRÁCTICAS Y UN PASO MÁS

Se ha dicho que las mejores prácticas no son una ventaja competitiva sostenible porque es muy fácil copiarlas. Eso es una tontería.

Es cierto que, una vez la práctica es pública, todos pueden imitarla, pero las empresas triunfadoras hacen dos cosas: imitan y mejoran.

Debe admitirse que imitar ya es bastante complicado. En una sesión de preguntas y respuestas, recuerdo las palabras de un ejecutivo de una empresa de software que se lamentaba: «Mis empleados no copian bien; no quieren hacerlo, les gusta hacer las cosas a su manera.» Este desagrado por copiar es un fenómeno habitual; quizá sea un rasgo de la naturaleza humana.

No obstante, para lograr que una estrategia tenga éxito, es necesario corregir esta mentalidad... y llevarla aún más lejos.

El tercer paso de la estrategia consiste en hallar las mejores prácticas, adaptarlas y mejorarlas de forma continuada. Si se lleva a cabo correctamente, la innovación siempre está presente. Aparecen por todos lados nuevas ideas de productos y servicios, o nuevos procesos y oportunidades de expansión, que acaban por convertirse en la norma.

Además de contar con las personas adecuadas en los puestos adecuados, las mejores prácticas son otra parte esencial (y, según mi parecer, muy divertida) en el proceso de llevar a la práctica nuestra gran idea.

Es divertida porque las empresas que hacen de las mejores prácticas una prioridad son organizaciones prósperas, inquietas, dispuestas a aprender. Consideran que todos deberían buscar siempre una forma mejor de hacer las cosas; son empresas llenas de energía, curiosidad y espíritu de actividad.

Eso es, en efecto, ventaja competitiva.

En los viejos tiempos (después de la Segunda Guerra Mundial y antes de la competencia global) la mayoría de las empresas industriales, General Electric incluida, se hallaba bloqueada en una mentalidad de «no se ha inventado aquí». Las empresas se centraban en sus propios inventos, y había placas y primas para todo aquel que tuviera y aplicase ideas originales.

Cuando llegó la década de 1980, no hubo más remedio que ampliar esta mentalidad; nosotros lo hicimos recompensando no sólo a los que inventaban, sino también a los que encontraban grandes ideas, fuese donde fuese, y las compartían con toda la empresa. A este comportamiento lo denominamos «sin fronteras», una expresión que describía la obsesión por encontrar el mejor modo (o la mejor idea), al margen de que proviniera de un colega, otro negocio de General Electric, o una compañía del otro lado de la calle o del otro lado del planeta.

La influencia de esta mentalidad «sin fronteras» en la aplicación de nuestra estrategia fue enorme. He aquí un ejemplo:

General Electric siempre intentaba mejorar el uso del fondo de operaciones; empleábamos demasiado, e incrementar la rotación de inventarios sería de gran ayuda. Sin embargo, aunque lo intentábamos con todo tipo de programas, nos era imposible realizar más de cuatro anuales.

En 1994, en una cena con los treinta líderes más importantes de nuestra empresa, Manny Kampouris fue invitado a ofrecer una charla. Manny era el presidente y el director general de American Standard, una empresa internacional de suministros de fontanería y aire acondicionado, así como uno de los principales clientes de nuestra división de motores. Todos advertimos que Manny lucía en la solapa una insignia con el número «15» en el centro. Pronto sabríamos el motivo.

Durante casi toda su charla de aquella noche, Manny nos entretuvo con historias de cómo American Standard, una empresa que producía una amplia gama de sanitarios y lavabos en fábricas de todo el mundo, había mejorado drásticamente su rotación de inventarios. Manny y American Standard estaban obsesionados con las rotaciones de inventario. La razón era sencilla: la empresa había pasado recientemente por una adquisición con fuerte apalancamiento y el flujo de efectivo era esencial.

Nuestro equipo estaba asombrado. Todos pensamos lo mismo: si American Standard, con su mezcla de productos y sus complicados procesos de fabricación, podía mejorar su rotación de inventarios, ¿por qué no lo hacíamos nosotros? Antes de que Manny pudiese concluir su charla, nuestros líderes ya le formulaban una pregunta tras otra.

Pero sólo era el principio.

Lo que siguió fue una avalancha de visitas del personal de General Electric a las instalaciones de American Standard, y también concertamos reuniones con capataces y directores de fábrica. Todos lucían en la solapa insignias como la de Manny. Excepto alguna oveja negra con un «10», la mayoría de los directores llevaban insignias con rotaciones de «20» o «25». Recorrimos todas sus fábricas y realizamos todo tipo de consultas.

Se mostraron encantados de colaborar. Si a lo largo de los años he aprendido algo de la mentalidad sin fronteras, es que a las empresas y a su personal (si no son competidores directos, por supuesto) les encanta compartir las historias de su éxito. Sólo hay que preguntar.

El personal de General Electric que visitó American Standard aplicó lo que había aprendido a sus departamentos o negocios. Durante los años siguientes, éstos adaptaron muchos de los procesos de American Standard a General Electric, y siguieron innovando y compartiendo tales innovaciones. Funcionó. En el año 2000, las rotaciones de inventario de nuestra compañía eran de más del doble, lo que liberó miles de millones de dólares de efectivo.

> A las empresas y a su personal les encanta compartir las historias de su éxito. Sólo hay que preguntar.

Con el tiempo, General Electric ha adoptado grandes ideas, fruto de sus visitas a Wal-Mart, Toyota y otras muchas compañías. También hemos tomado prestadas ideas entre nosotros. En nuestra reunión trimestral de líderes de la empresa, pedíamos a éstos que presentaran una mejor práctica que los otros pudiesen utilizar. Si un líder intentaba presentar una práctica que no era aplicable a otros departamentos o negocios, le obligábamos a hacer mutis por el foro.

Fue así como el programa de reclutamiento de oficiales del ejército, que se inició en Transportes, se extendió a todos los rincones de la empresa, o que las técnicas de venta *online*, que ayudaron a Plásticos a llegar a sus clientes, pasaron a Sistemas Médicos y se extendieron a otros departamentos.

No se trata de un procedimiento exclusivo de General Electric. Yum! Brands Inc. también es un caso ejemplar. Yum! es una empresa escindida de PepsiCo en 1997, compuesta por cinco marcas de restauración: KFC, Taco Bell, Pizza Hut, Long John Silver's y A &W All American Food, que cuentan con más de treinta y tres mil sucursales. El director general de Yum!, David Novak, cree fervientemente en la transferencia de las mejores prácticas y considera cada sucursal como un laboratorio individual de ideas. Hace poco David me confesó que consideraba que la mejor ventaja de «comprar en grandes cantidades» (en otras palabras, añadir cadenas y sucursales) es compartir conocimientos; por lo demás, el tamaño es un estorbo.

Veamos a qué se refiere. Hace un par de años, Taco Bell ocupaba el puesto 15 en servicio en la modalidad de restaurantes *drive-in* (que atienden a los clientes en su coche), con un servicio al cliente de 240 segundos, o cuatro minutos, por pedido. La cadena introdujo un nuevo proceso y, al cabo de dos años, habían logrado reducir el tiempo a 148 segundos, con lo que pasaron a ocupar el segundo puesto de su modalidad. La práctica de Taco Bell se transfirió de inmediato a KFC; el año pasado, el tiempo de servicio al cliente pasó de la posición 10 a la 8 (de 211 segundos a 180); es decir, medio minuto de mejora.

Hay muchas otras historias de cómo los «laboratorios» de Yum! han engendrado nuevos procesos y los han extendido para mejorar todos sus negocios. Sin embargo, para resumir, sólo ofreceré los resultados. Incluso en tiempos difíciles para la economía, en los siete años transcurridos desde su independencia, la capitalización de mercado de Yum! ha pasado de 4.200 millones de dólares a 13.500 millones, principalmente porque han compartido y difundido sus ideas.

Tal vez centrarse en las mejores prácticas no suene a estrategia, pero es imposible desarrollarla sin ellas.

Las mejores prácticas no son sólo esenciales para aplicar la estrategia, sino también una ventaja competitiva sostenible si se mejoran continuadamente y se presta atención al «si» condicional.

No es sólo una mentalidad. Es una religión.

Hace unas noches cenábamos en Torch, un restaurante pequeño y encantador situado a escasos metros de Upper Crust Pizza, y desde nuestra mesa veíamos el movimiento incesante —en bicicleta, automóvil o a pie— de los repartidores de la pizzería.

Empezamos a hacer cálculos de la economía del establecimiento e, incluso con las estimaciones más conservadoras, llegamos a la conclusión de que se trataba de un negocio sumamente rentable.

Los responsables de Upper Crust nunca se han reunido para analizar su estrategia, ni mucho menos se han servido del método de las Cinco Diapositivas para conseguir poner en práctica su gran idea.

Su gran idea, su secreto, está en la masa.

No pretendo simplificar la estrategia, pero no es imprescindible agonizar por ella. Basta con encontrar la idea adecuada y trazar una directriz; tener a las personas apropiadas en su puesto correspondiente y trabajar a destajo para hacerlo mejor que nadie, buscando las mejores prácticas y mejorándolas a diario.

Quizá no dirijamos una tienda pequeña pero, al pensar en la estrategia, debemos actuar como si así fuera.

12

Presupuestos

REINVENTAR EL RITUAL

PARA IR DIRECTAMENTE AL GRANO, el proceso de los presupuestos es, en muchas compañías, la práctica más ineficaz de la dirección.

Absorbe la energía, el tiempo, la diversión y los grandes sueños de cualquier organización. Oculta las oportunidades y atrofia el crecimiento. Saca a relucir las conductas más improductivas de una organización, desde todo tipo de trabas hasta mediocridades.

En realidad, las empresas suelen triunfar a pesar de sus presupuestos, no gracias a ellos.

Sin embargo, como también sucede con la formulación de estrategias, las compañías invierten incontables horas de su tiempo en hacer presupuestos. Todo un derroche.

No estoy diciendo que la planificación sea inconveniente. Sin lugar a dudas, cierta forma de controlar los números es necesaria... pero no del modo en que suele hacerse.

En este capítulo, el presupuesto se trata con un planteamiento totalmente distinto: reúne a empleados y accionistas, proporciona cre-

> Un proceso presupuestario adecuado puede cambiar el funcionamiento de una empresa; puesto que reinventar este ritual hace que triunfar sea mucho más fácil, no hay excusas para no intentarlo.

cimiento, energía y diversión a la planificación financiera, e inspira la mayor entrega del personal. Se trata de una propuesta tan alejada del típico proceso presupuestario que, cuando empezamos a utilizarla en General Electric, abandonamos el término «presupuesto» para definirla.

Pero este tema se tratará más adelante.

Lo bueno del proceso que recomiendo es su sencilla implantación; mucho más sencilla, sin duda, que el fatigoso y paralizante proceso presupuestario que se aplica habitualmente.

No obstante, este nuevo proceso sólo puede darse en las empresas que tienen sinceridad y confianza en las venas. Como ya se ha mencionado a lo largo de este libro, son dos características difíciles de encontrar. Tal vez unos presupuestos capaces de inspirar creatividad y crecimiento sean un buen motivo para modificar esta situación.

La mayoría de las empresas utiliza el presupuesto como pilar de sus sistemas de gestión. Por este motivo, un proceso presupuestario adecuado puede cambiar el funcionamiento de una empresa; dado que reinventar este ritual anual hace que triunfar sea mucho más fácil, no hay excusas para no intentarlo.

PRESUPUESTOS: LA FORMA EQUIVOCADA

Antes de describir el modo correcto de plantear los presupuestos, ilustraré las dos dinámicas letales que se han instituido como norma. Las he bautizado como métodos presupuestarios «Acuerdo Negociado» y «Sonrisa Falsa».

Estas dinámicas, dicho sea de paso, no son competencia exclusiva de las grandes burocracias corporativas. Con independencia del tamaño de la empresa para la que se trabaje, uno o ambos de estos métodos le resultarán muy familiares al lector. En las sesiones de preguntas y respuestas en las que he participado, he oído hablar de ellas en casi todos los países y en empresas de tan sólo doscientos empleados, e incluso en organizaciones que se describen a sí mismas como de carácter emprendedor. Un mal presupuesto es así de insidioso: se abre camino en todas partes y se establece como un proceso institucionalizado. Con una frecuencia sorprendente, he escuchado a los asistentes a mis conferencias lamentarse de los sistemas presupuestarios, sólo para concluir con un fatigado: «Pero así son las cosas.»

No tiene que ser así. Claro que, en primer lugar, hay que deshacerse de las dos dinámicas letales que acabo de mencionar.

SOLUCIÓN INTERMEDIA

De estas dinámicas, la más habitual es el método del **Acuerdo Negociado.**

Este proceso se inicia cuando apenas acaba de redactarse el plan estratégico. Es entonces cuando los diferentes negocios inician la ardua tarea de elaborar minuciosamente los detallados planes financieros del año siguiente, que se presentarán al cabo de varios meses en la «Gran Reunión de Presupuestos» de la sede corporativa. Los números lo cubren todo, desde costes hasta la estimación de precios.

En todas las estimaciones, el personal de cada sector opera con un objetivo único y simple, bien que no manifestado abiertamente: minimizar sus riesgos y maximizar sus primas. En otras palabras, su

> El personal de cada sector opera con un objetivo único y simple, bien que no manifestado abiertamente: minimizar sus riesgos y maximizar sus primas.

misión subyacente es proponer objetivos que consideran, con la más absoluta seguridad, poder alcanzar.

¿El motivo? En la mayor parte de las empresas, se recompensa a aquellos que cumplen los presupuestos. En cambio, no conseguirlo suele tener consecuencias nefastas; por esa razón, los responsables desean mantener sus números lo más bajos posible. Así las cosas, no es de extrañar que sus presupuestos estén sepultados por capas y más capas de conservadurismo.

Entretanto, en la sede corporativa, los altos directivos también se preparan para la gran reunión de presupuestos. Su orden del día, sin embargo, es exactamente la opuesta. A ellos se les recompensa por un aumento de los beneficios y, por tanto, lo que esperan de la revisión de presupuestos de cada negocio es un aumento significativo de ventas y beneficios.

Vayamos a la gran reunión de presupuestos: los dos bandos se reúnen en una sala sin ventanas, con una larga jornada por delante que será, como todos bien saben, un combate de lo más desagradable.

Los representantes del negocio se presentan con una gran pila de diapositivas PowerPoint y una historia invariablemente desastrosa. A pesar de que los informes hablan de un buen momento económico, hay razones para creer que el entorno de este negocio en concreto será muy difícil. «La competencia acaba de comprar una nueva fábrica y con el exceso de oferta habrá una enorme presión en los precios», dirán. Posteriormente, añadirán: «Los costes de la materia prima y las presiones de la inflación son muy fuertes. Para hacer frente a tales desafíos, necesitamos nuevos programas de reducción de costes que requerirán 10 millones de dólares en recursos adicionales.»

La declaración final de los responsables del negocio suele ser algo similar a: «Siendo muy, muy optimistas, los beneficios probablemente crecerán sólo un 6 %.»

Es innecesario mencionar que la sede corporativa tiene su propio punto de vista de la situación y que, decididamente, ésta no tiene nada de desastrosa. La economía es fuerte. Se estima que el PIB aumentará de forma continuada a lo largo del año. En el resto de la compañía, los pedidos van en aumento. El principal competidor tiene un pleito pendiente que distraerá a su dirección. El negocio puede lograr las reducciones de costes con cinco millones de dólares en nuevos programas y los beneficios deben aumentar un 12 %.

Ya se sabe lo que sucede durante este maratón: las quejas y lamentos, el recital de datos, el constante tira y afloja. Ocasionalmente la discusión puede subir de tono, sobre todo si un directivo trabajó en el sector a inicios de su carrera. Recordará anécdotas de cómo se hacían las cosas en los viejos tiempos y acusará a los responsables de negocio de realizar una oferta artificialmente baja, con la expectativa de una renegociación posterior. «Sé dónde las escondéis; yo también solía aparcar reservas ahí...», insistirá.

El tira y afloja concluye inevitablemente cuando los bandos adoptan una solución intermedia. El negocio obtiene 7,5 millones de dólares en recursos y un presupuesto que se compromete a un crecimiento de los beneficios del 9 %.

Antes de que los responsables del negocio líen sus bártulos para irse, todos se estrechan la mano con expresión sombría y gesto resignado. La sensación que transmiten es que ninguno de los bandos ha conseguido lo que pretendía, ni lo que era conveniente para sus intereses.

El cortejo fúnebre se mantiene hasta que los responsables del negocio salen en dirección a la autopista. Entonces empiezan las felicitaciones: «¡Esos engreídos querían que soltáramos un 12 % y se conformarán con el 9! ¡Menos mal que les hemos convencido!»

En la sede corporativa también se sienten muy satisfechos:

«Esos pesados sólo ofrecían el 6 %. ¿Visteis dónde escondían beneficios? Les dejaremos con el 9 %. Nos lo darán, y probablemente más, pero con ese 9 y lo que sacamos de otros negocios, tenemos suficiente.»

Poco después el Acuerdo Negociado se aprueba oficialmente, y el negocio y la sede corporativa hacen las paces. Se dicen mutuamente que aquel año podrán vivir con los números acordados y que los suponen correctos.

Cuando el año termina, el espantoso ritual se completa. Por lo general, el negocio cumple o supera sus objetivos y recibe sus primas, así como las felicitaciones de la sede corporativa. ¡Misión cumplida!

Todos son felices, pero no debería ser así. En este ejercicio de mínimos, apenas se ha discutido, si ha llegado a hacerse, lo que podría haberse conseguido.

TODOS QUEDAN BIEN

La segunda dinámica nociva es la **Sonrisa Falsa.**

También aquí los encargados del negocio invierten un par de semanas en la confección de un detallado plan presupuestario. En comparación con el método del Acuerdo Negociado, lo triste de la Sonrisa Falsa es que tales planes están llenos de buenas ideas y oportunidades apasionantes. Los responsables del sector tienen audaces sueños de lo que pueden conseguir —una adquisición, por ejemplo, o desarrollar nuevos productos— si se les concede la inversión apropiada. Desean fervientemente ampliar los horizontes de su negocio, pero necesitan la ayuda del buque nodriza.

Para exponer su punto de vista, los responsables del negocio preparan la habitual montaña de diapositivas. Desde que me jubilé, he visto presentaciones que llegan a ocupar las 150 páginas. En ellas se tratan todos los ángulos competentes y, por lo general, se exceden. Estas presentaciones evidencian una tarea esmerada, forjada con una ansiedad patente en los detalles y nacida de largas noches de hojas de cálculo que reflejan con precisión hasta el último dólar. Es probable que nadie disfrute de reunir todos esos paquetes de diapositivas, pero una vez concluido el trabajo, además del cansancio, el equipo tiene una sensación comprensible de orgullo y propiedad.

El equipo, liderado por alguien a quien llamaremos Sara, se dirige a la sede corporativa. Una vez allí, de nuevo en una sala a oscuras, presentan su caso, diapositiva a diapositiva, ante el grupo de directivos.

Cuando concluye la presentación, se encienden las luces y durante unos minutos los directivos y el equipo charlan amigablemente:

—Veo que esperáis que Acme Corp. construya otra planta; muy interesante. Casi acabaron en bancarrota en 1988 —se atreve a musitar un directivo.

—Los compraron hace dos años y han regresado con mucho ímpetu —responde Sara de inmediato.

—Muy interesante. Muy interesante —es la vaga réplica de un alto cargo.

—Y veo que esperáis que el coste del gas natural se mantenga estable durante los primeros seis meses —dirá otro directivo, para demostrar que ha estado escuchando.

—¡Por supuesto! No esperamos ningún cambio en ese sentido —replica Sara.

—Hum... interesante... Sí, interesante...

Finalmente, tras unos pocos comentarios superficiales más, se acabó. Los directivos sonríen y exclaman:

—¡Buen trabajo! ¡Gracias por venir y buen viaje!

Convencidos de su buena actuación, los miembros del equipo responden con una sonrisa y se marchan.

Entonces tiene lugar la «otra» reunión, cuando los directivos se sientan para hablar de cuánto van a sacar de ese negocio. La realidad es que ya saben cómo van a asignar el dinero de la empresa y saben, exactamente, los ingresos y beneficios que esperan obtener a cambio de cada negocio. Tales decisiones, creen ellos, son asunto de la sede corporativa, donde los directivos tienen una imagen global de la empresa y pueden tanto decidir prioridades como repartir los fondos de la manera apropiada.

Unos días después, Sara recibe una llamada de un empleado de rango inferior de la sede corporativa, que le anuncia que su departamento conseguirá aproximadamente un 50 % de lo que solicitó en la reunión de Sonrisas Falsas y que los beneficios deberán ser un 20 % superiores a los propuestos por ellos.

Toda una decepción. Sara está furiosa por muchas razones: en la sede corporativa no les escucharon; todo el trabajo que han realizado no ha servido de nada; nadie da explicaciones y, aún peor, no contarán con fondos suficientes para llevar a cabo todo lo que tendrían que hacer.

El día siguiente, Sara tiene con su equipo su propia «otra» reunión. Todos critican la injusticia y el secretismo del edicto corporativo.

Entonces, sin pretenderlo, Sara empeora aún más la situación. Para calmar a su equipo, toma el dinero de la compañía, mucho menos del que había pedido, y lo asigna a partes iguales, un poco a producción, un poco a marketing, otro poco a ventas... Obviamente, sería más inteligente asignarlo a uno o dos programas, pero es algo que no suele suceder en estos casos. Las personas atrapadas en el juego de la Sonrisa Falsa se van amargando; pierden su fe en la empresa y olvidan la ilusión que sentían por sus proyectos. Simplemente toman el dinero asignado por la empresa y lo reparten como si de migas de pan se tratara.

No discuto que el equipo directivo asigne recursos. Ése es su cometido, pues tienen un conocimiento amplio e informado de lo que cada negocio o departamento puede aportar de forma realista. El problema surge cuando la sede corporativa es secretista al respecto, cuando no explica los motivos de sus decisiones.

Al igual que la dinámica del Acuerdo Negociado, la Sonrisa Falsa suele concluir con todos minimizando el desagradable suceso («Así son los negocios, ¿no?»). Y, el año siguiente, el proceso se repite una vez más.

UNA FORMA MEJOR

Quizá muchos se pregunten: «Si las empresas cumplen su presupuesto y pagan primas con los sistemas del Acuerdo Negociado o de la Sonrisa Falsa, por malos que sean, ¿qué problema hay? Al menos rinden.»

El problema es que con frecuencia rinden sólo una pequeña fracción de lo que podrían y eliminan toda la diversión del proceso de establecimiento de objetivos financieros. Sí, este acontecimiento anual puede ser divertido... y debería serlo.

Imaginemos un sistema de presupuestos en que un negocio determinado y la sede corporativa tienen un objetivo común: usar el proceso presupuestario para descubrir todas las posibles oportunidades de expansión, identificar los obstáculos reales del entorno e idear un plan para hacer los sueños realidad. Imaginemos un sistema de presupuestos que no esté orientado al interior y basado en cumplir unos objetivos previamente fijados, sino que abra las ventanas de par en par y mire hacia fuera.

El sistema del que hablo guarda relación con la planificación de la estrategia descrita en el capítulo anterior porque se centra en dos preguntas:

- ¿Cómo podemos mejorar la actuación del pasado año?

- ¿Qué hace nuestra competencia y cómo podemos superarlos?

Al centrarse en estas dos preguntas, el proceso presupuestario se transforma en un diálogo amplio y abierto entre las divisiones locales y la sede corporativa sobre las oportunidades y los obstáculos del mundo real. Gracias a estas discusiones, ambas partes idean una pauta de crecimiento no negociada ni impuesta, que en realidad no puede denominarse «presupuesto»; es un plan operativo para el año próximo, lleno de aspiraciones, principalmente direccional y que contiene cifras que ambas partes entienden como objetivos o, en otras palabras, cifras que podrían denominarse «los mejores esfuerzos».

A diferencia de un presupuesto convencional, con sus números esculpidos en cemento, un plan operativo puede cambiar, tal como cambian las condiciones. Una división o un negocio pueden tener dos o tres planes operativos a lo largo del año, ajustados según se requiera, mediante un diálogo realista sobre los desafíos del negocio. Tal flexibilidad libera a una organización de las trabas de un documento presupuestario que se ha vuelto irrelevante (o totalmente obsoleto) debido a las circunstancias cambiantes del mercado.

Llegados a este punto, es muy probable que surja la pregunta: «Todo esto suena muy bien, pero ¿qué pasa con mi prima?»

Es una buena pregunta; en realidad, es la pregunta esencial. La respuesta es que el proceso del plan operativo sólo puede darse si se cumple una condición:

> La compensación, tanto para los individuos como para los negocios, no está unida al rendimiento determinado por el presupuesto, sino al rendimiento determinado por el rendimiento del año anterior y por la competencia; asimismo, tiene en cuenta las oportunidades estratégicas y los obstáculos.

Para muchas compañías, esta condición implicaría un cambio radical. Durante años y años, se ha formado al personal para que cumpla los presupuestos a toda costa, y los directivos han recompensado de forma rígida a los que lo han logrado y han castigado a los que no lo han conseguido, sin considerar otros factores o matices.

Así era la empresa en la que crecí durante veinte años y, en gran medida, la empresa que heredé cuando me convertí en director general. A lo largo de los años, acudí a numerosas reuniones del tipo Sonrisa Falsa y participé en otras muchas de Acuerdo Negociado, a ambos lados de la mesa de negociaciones.

> Llegados a este punto, es muy probable que surja la pregunta: «Todo esto suena muy bien, pero ¿qué pasa con mi prima?»

No obstante, a medida que la cultura de General Electric fue ganando en sinceridad, transformar su proceso presupuestario se convirtió en una opción realista. Finalmente fuimos capaces de alejar nuestros negocios de unos presupuestos rígidos e inamovibles para convertirlos en unos planes operativos con objetivos flexibles.

La transformación llevó tiempo; varios años como mínimo. Durante el proceso, hice todo lo posible por fomentar el cambio.

Por ejemplo, en 1995 Electrodomésticos pasaba por un momento difícil. La competencia producía a destajo productos de alta calidad a precios muy bajos, y nuestro equipo luchaba encarnizadamente para darle alcance. Estaban en proceso de innovación: introducían varios productos nuevos, mejoraban los procesos de fabricación, día a día se hacían más productivos. De todos modos, al terminar el año sus beneficios se hallaban un 10 % por debajo de las expectativas internas y en la misma cuota que el año anterior.

Por entonces, Plásticos, en cambio, vivía un año estupendo. Su mercado había despegado y la demanda de material desarrollada en consecuencia lo había convertido en un mercado comprador. Sus ingresos habían aumentado un 25 %, unos diez puntos por encima del plan operativo exigido.

En los presupuestos de los viejos tiempos, Plásticos se habría llevado las grandes primas y Electrodomésticos el chocolate del loro. Sin embargo, con el nuevo planteamiento, ambos negocios obtuvieron primas de importe similar.

En nuestra convención anual de directivos de aquel año, que reunió a los quinientos miembros más importantes de la empresa, hice todo lo posible para que se supiese esta historia; en realidad, consideré que era imprescindible mencionarlo en mi discurso inaugural.

Sí, dije, los beneficios de Electrodomésticos habían sido inferiores a los previstos y no mostraban ningún aumento respecto al año anterior. Pero la actuación del negocio, en un entorno hostil, había sido impresionante si se comparaba con la de sus competidores más cercanos, Whirlpool y Maytag, que lo habían hecho peor que nosotros.

En cuanto a Plásticos, sí, sus beneficios habían superado las expectativas, pero había sido fácil. Nos preocupaba más que uno de sus competidores presentase beneficios del 30 % y otro hubiese experimentado una subida del 35 %. Podríamos haberlo hecho mejor; no habíamos sido lo suficientemente agresivos en precios, un error puro y simple.

Lo más lógico es que la gente de Plásticos se hubiese resentido de las primas pagadas a Electrodomésticos, o que quisiera o esperase más de la sede central por sus resultados. Sin embargo, a la sazón el método reinventado de presupuestos ya había impregnado la organización. El personal entendía cómo funcionaba y también que mirar fuera de la compañía para juzgar el rendimiento nos hacía mejores a todos. A fin de cuentas, ¿de qué sirve conseguir objetivos que se han forjado en una sala sin ventanas? El mundo real tiene sus propios números y ésos son los que importan.

> ¿De qué sirve conseguir objetivos que se han forjado en una sala sin ventanas?

HACER QUE FUNCIONE

Como he mencionado, pasaron varios años antes de que este método de planificación financiera arraigase en General Electric, pero sé de un caso en que el sistema se estableció y aplicó tan sólo en dos; además sucedió en China, donde las técnicas de gestión modernas se encuentran en una fase inicial.

Se trata del conglomerado industrial 3M, que lleva unos veinte años haciendo negocios en China.

Para un observador externo, el historial de 3M en China siempre ha sido estable y consolidado. En realidad, cuando Jim McNerney fue nombrado director general en el año 2001, los negocios chinos de la empresa declaraban un crecimiento anual del 15 %, unas tres veces la media de la empresa. Durante años, llegado el momento de los presupuestos, se felicitaba al equipo chino por su nivel de rendimiento y se les mandaba a casa.

Sin embargo, tras años de experiencia con los objetivos flexibles y los planes operativos de General Electric (donde su último cargo había sido el de director general en Motores de Aviación), Jim decidió transformar los presupuestos de 3M, sus operaciones extranjeras incluidas.

No obstante, su primer paso no fue establecer el planteamiento flexible. «No puede implantarse el sistema flexible directamente; primero hay que conseguir una cultura de responsabilidad», me dijo no hace mucho. En otras palabras, las personas tienen que creer en lo que dicen, formular sus compromisos operativos y estratégicos, y asumir responsabilidades si no se producen.

En el pasado, los presupuestos de 3M atravesaban un proceso similar al del Acuerdo Negociado, pero con el añadido de cierta benigna inobservancia. La compañía denominaba a los presupuestos «planes de mejora», un término, como señala Jim, «de escaso nivel de compromiso». La sede corporativa y cada unidad de negocios acordaban ciertas cifras durante el ritual presupuestario y después se separaban amigablemente hasta el año siguiente. Entretanto, los objetivos no se cumplían de forma rutinaria y en la sede corporativa se molestaban, pero eso era todo.

Durante estos últimos cuatro años, Jim y su equipo han transformado la cultura de 3M, y el «plan de mejora» de los presupuestos puede darse por terminado. Hay una sinceridad, una confianza y una responsabilidad nuevas en toda la organización, y en el grado suficiente para que Jim considere que ha llegado el momento de introducir el planteamiento flexible.

Uno de los primeros en creer en él fue Kenneth Yu, director de 3M China y empleado de 3M durante más de treinta años, primero en Hong Kong, después en Taiwán y ahora en Shanghai. Con cincuenta años y siendo veterano de los buenos resultados obtenidos con el antiguo sistema de presupuestos, no parecía un probable candidato a abanderar un cambio de tal magnitud. Pero tuvo, en palabras de Jim, «un nuevo despertar» respecto a cómo debía llevarse el negocio.

«Una vez Kenneth advirtió que el planteamiento flexible tenía red de seguridad, no dudó de que la flexibilidad, incluso sin alcanzar la perfección, podía ser mucho mejor que el antiguo juego», recuerda Jim.

En lugar de presentar a Jim el habitual plan de crecimiento conservador y después cumplirlo, Kenneth presentó un plan operativo para catapultar la operación de China a un 40 % de crecimiento anual. Implicaba un planteamiento audaz y abierto de las posibilidades en juego. Para el año 2002, Kenneth propuso aumentar la inversión en I+D de 3M en China, a fin de introducir muchas adaptaciones locales del producto, y defendió que se invirtiera en una nueva planta para dar respuesta al rápido desarrollo.

Al cabo de tres años, el negocio de 3M en la gran China ha aumentado de 520 millones de dólares a 1.300 millones y tiene ambiciosos planes de futuro.

Lo que no significa, claro está, que la flexibilidad se halle totalmente establecida en 3M. Jim dice que el personal todavía está adaptándose al cambio, aunque, sin duda, ha comprendido que ahora la empresa felicita y recompensa a las personas que piensan a lo grande. En la actualidad, en 3M los «presupuestos» no consisten en presentar planes bastante buenos y cumplirlos, sino en tener valentía y entusiasmo para aspirar a todo lo posible.

No sólo es más divertido que los presupuestos; además funciona mejor.

UNAS PALABRAS DE PRECAUCIÓN

Antes de finalizar el presente capítulo, quiero asegurarme de no haber transmitido la noción de que este cambio es fácil. La experiencia me ha demostrado que aunque la mayoría del personal se entusiasma con esta nueva versión del proceso presupuestario, siempre existen los intransigentes de turno que no opinan de igual forma y que, con sus acciones, intentan minarla. Por lo general, se trata de personas demasiado apegadas a la tradición, incapaces de olvidar el antiguo vínculo entre objetivos y primas. En ocasiones no son más que necios, pero pecaría de optimista si no reconociera que directivos como éstos atormentan a toda empresa que decide iniciar un planteamiento flexible. En General Electric nunca conseguimos identificarlos o convertirlos a todos, pero jamás dejamos de intentarlo.

He aquí el modus operandi de estos individuos: a inicios del ciclo de planificación financiera, parecen creer de corazón en el nuevo programa y piden a su personal grandes objetivos flexibles. A continuación, sin admitir-

> Aunque la mayoría del personal se entusiasma con esta nueva versión del proceso presupuestario, siempre existen los intransigentes de turno que intentan minarla.

lo abiertamente, toman el objetivo flexible del equipo y lo utilizan como cifra de compromiso, a modo de los antiguos objetivos presupuestarios. Cuando se acerca el fin del año, estos directivos se aprovechan terriblemente de su equipo. Identifican la cifra flexible como el objetivo y reprenden a sus subordinados por no haberlo conseguido.

Esta conducta es repugnante y anula todo el proceso, pues demuestra al personal que no pueden confiar en el jefe. La próxima vez que éste les pida que sueñen, sin duda sus sueños serán muy poco ambiciosos.

Parte del proceso de transformación hacia una empresa sin presupuestos es encontrar a los directivos que minan su implantación; hay que censurarles por ello y tomar las medidas pertinentes para asegurarse de que no vuelva a suceder.

■

Cuando explico a los asistentes a mis conferencias el modo correcto de elaborar presupuestos, siempre se me formula la misma pregunta, sea cual sea la industria o el país en que me encuentre: «En mi empresa, el proceso presupuestario está demasiado arraigado para cambiarlo de la forma descrita por usted; ¿qué puedo hacer?»

Mi respuesta es que no hay que rendirse. Es demasiado importante.

Quizá sea extraño al principio, pero el cambio empieza cuando uno comienza a hablar, y una conversación lleva a otra y después a otra. Todos conocen las dinámicas del Acuerdo Negociado y de la Sonrisa Falsa, las han experimentado y saben que absorben toda la energía y restan realismo a los presupuestos. Por consiguiente, si se plantea el cambio, quizá la gente no sepa cómo tratar el tema, pero tampoco puede rechazarlo sin más.

Seguirán pensando en ello.

La realidad es que hay una forma de plantearse los presupuestos que elimina estas antiguas dinámicas por algo mucho mejor. Es un sistema que puede transformar un negocio industrial con un crecimiento anual modesto en una empresa que crezca un 40 % más al año. Puede inspirar al personal para que innove y sea más productivo de día en día, incluso cuando la competencia global parezca inalcanzable. Puede hacer que personas enfrentadas en la mesa de negociaciones para tratar nada menos que de la dirección y el futuro de la empresa se sienten en el mismo lado.

Sencillamente, un adecuado proceso de presupuestos puede modificar la forma en que las empresas compiten.

Las personas suelen lamentarse ante la mención de los presupuestos; los consideran un mal necesario. No tiene que ser así. No debe ser así. Pero el cambio a mejor tiene que empezar en algún sitio; ¿por qué no aquí mismo?

13

Crecimiento orgánico

EMPEZAR ALGO NUEVO

UNO DE LOS ASPECTOS más estimulantes del mundo empresarial es empezar algo nuevo desde el interior de algo antiguo: lanzar una línea de productos o un servicio, por ejemplo, o entrar en un nuevo mercado global. No sólo es sumamente divertido, sino también una de las vías más provechosas de expansión.

Otra vía para crecer es, por supuesto, mediante fusiones y adquisiciones, que se tratarán en el capítulo siguiente. Aquí se hablará de las empresas que crecen orgánicamente.

En lo que respecta a empezar algo nuevo desde una empresa establecida, es más fácil decirlo que hacerlo por una buena razón: requiere que los directivos actúen en contra de muchos de sus instintos más juiciosos.

Por ejemplo, pocos directores sienten el deseo imperioso de enviar a sus mejores empleados al otro lado del mundo para que funden una empresa industrial, o de invertir dinero de I+D en una arriesgada nueva tecnología. Tampoco hay muchos que sientan la urgencia de dar una enorme libertad de acción a los nuevos negocios, sean nacionales o extranjeros.

No obstante, para que un nuevo negocio tenga posibilidades de éxito, es imprescindible concederle cierta libertad, gastar dinero en él, y apoyarlo con más palabras y durante más tiempo de lo que nos dicte la comodidad.

Gestionar el primer año de una nueva línea de productos de 50.000 dólares es más difícil que gestionar un negocio de 500 millones de dólares que lleva veinte años funcionando. Abrirse al mercado global es también un paso muy complejo. Tanto los nuevos negocios como las nuevas empresas globales tienen pocos clientes y escasas rutinas; tampoco existen mapas que señalen la ruta más rápida a la rentabilidad; por estos motivos, necesitan un tratamiento especial.

Y, con excesiva frecuencia, no lo consiguen.

A lo largo de los años, fui testigo del lanzamiento de incontables nuevos negocios en General Electric, muchos de los cuales se expandieron de forma global. Recientemente he participado en los procesos de expansión de varias empresas y, en sesiones de preguntas y respuestas, muchas personas me han descrito sus dificultades cuando han empezado nuevos proyectos.

Las empresas, a la hora de emprender un nuevo negocio, suelen cometer tres errores.

En primer lugar, no le dedican los recursos adecuados, sobre todo en lo referente al personal.

Segundo, no hablan lo suficiente de lo prometedor o lo importante que es el nuevo negocio. En realidad, en lugar de promocionar su potencial, tienden a ocultarlo y sumirlo en la discreción.

En tercer lugar, limitan la autonomía del nuevo negocio.

Todos estos errores son muy comprensibles. Empezar una nueva empresa, sea un sofisticado dispositivo de identificación o una teleoperadora en India, implica hacer una apuesta. La mayoría de las personas, de forma instintiva, se protegen de sus apuestas, incluso en el momento de hacerlas. Lo irónico es que esta protección puede provocar el fracaso del proyecto. Cuando se emprende algo nuevo, hay que ir a por todas; «jugar para no perder» nunca puede ser una opción.

A continuación se presentan tres directrices para hacer del crecimiento orgánico una propuesta ganadora. Como es de esperar, son remedios para los errores antes descritos.

> **PRIMERA DIRECTRIZ:** Invertir mucho inicialmente y situar a los mejores y más entusiastas en los puestos de responsabilidad.

Las empresas tienden a calibrar sus inversiones en nuevos negocios según la cuantía de los ingresos o beneficios iniciales, lo que, para utilizar un eufemismo, demuestra una gran falta de perspectiva. Las inversiones en I+D y marketing deben ponderarse considerando el nuevo negocio como un gran éxito. También la selección del personal ha de llevarse a cabo con la misma mentalidad.

Hablando de personal, las compañías tienen la costumbre de asignar los nuevos negocios a elementos prescindibles. Al viejo industrial con hijos ya mayores que busca una última aventura antes de jubilarse se le envía a una localización extranjera para que levante una nueva fábrica. Un director correcto pero sin interés, que ha estado gestionando modestamente otro negocio, es el encargado de lanzar un nuevo producto.

> Las compañías tienen la costumbre de asignar los nuevos negocios a elementos prescindibles. Es una locura. Para que un nuevo negocio tenga éxito, debe dejarse en manos de los mejores, no de los más disponibles.

Es una locura. Para que un nuevo negocio tenga éxito, debe dejarse en manos de los mejores, no de los más disponibles.

Los líderes de los nuevos proyectos han de tener un carácter emprendedor. Necesitan las cuatro E y mucha pasión.

Hay un hecho indudable: los nuevos negocios con recursos limitados y un personal tan sólo pasable siempre serán modestos.

Recuerdo dos casos en General Electric en que casi acabamos con nuevos negocios por no invertir los recursos ni el personal suficientes.

La tomografía por emisión de positrones (PET) es una técnica para la detección del cáncer que en 1990 vendía unos 10 millones de dólares en equipamiento dentro del enorme negocio de sistemas médicos.

Y en 1992 teníamos un negocio de 50 millones de dólares que fabricaba pequeños reactores. Era prácticamente invisible si se comparaba con los negocios multimillonarios que poseíamos de grandes motores comerciales.

Ni la PET ni los pequeños reactores conseguían mucho tiempo, atención o inversiones de sus divisiones ni de su sede corporativa, por lo que languidecían. Afortunadamente para el negocio de pequeños reactores, Dennis Williams, uno de sus vicepresidentes, creyó en él y consiguió mantenerlo con vida. Pero la PET sólo estuvo en nuestro punto de mira cuando intentamos venderla... y nadie quiso comprarla.

Las condiciones del mercado hicieron que finalmente recobrásemos el sentido; sólo entonces empezamos a invertir de forma considerable en ambos negocios. En la actualidad funcionan bien. La PET es un negocio de 400 millones de dólares y Pequeños Reactores ha recibido un importante espaldarazo gracias al auge de las líneas aéreas especializadas en trayectos cortos; sus ventas rondan los 1.400 millones de dólares y es la sección que crece más rápidamente de la división de motores comerciales de General Electric.

Con China, nuestra asignación de recursos fue mucho más acertada.

A principios de la década de 1990, General Electric consideraba que Asia era básicamente Japón, un país que nos proporcionaba ingresos de aproximadamente 2.000 millones de dólares. Pero sabíamos que Asia era mucho más y que teníamos que entrar en China.

Elegimos como responsable del proceso a uno de nuestros mejores líderes; era Jim McNerney, a quien he mencionado en el capítulo anterior sobre presupuestos.

A la sazón, Jim era director general del negocio de sistemas industriales de 4.000 millones de dólares con sede en Plainville, Connecticut. Era, en todos los sentidos, uno de nuestros mejores hombres. Tenía veinticinco mil subordinados en uno de nuestros principales negocios, un cómodo despacho y un equipo bien formado y elegido por él. La mayoría de las personas en la empresa creían que Jim tenía un futuro muy prometedor en General Electric y que su siguiente paso sería la vicepresidencia, como mínimo.

En lugar de eso, le enviamos a un despacho de Hong Kong, con un asistente y unos pocos empleados.

El efecto fue inmediato. Jim era como el Flautista de Hamelín: tan pronto como la sede corporativa alzó la barrera y mandó a China a alguien reconocido como una estrella, todos nuestros negocios empezaron a enviar también a sus mejores bazas.

Jim y su equipo emprendieron en China negocios de General Electric que en la actualidad mueven operaciones por valor de 4.000 millones de dólares. Jim ha continuado haciendo un gran trabajo como director general de 3M.

SEGUNDA DIRECTRIZ: Armar un exagerado revuelo sobre el potencial y la importancia del nuevo negocio.

Cuando enviamos a Jim McNerney a Asia, no nos limitamos a redactar una nota de prensa, sino que armamos un gran revuelo al respecto. En cada reunión de directivos a la que acudía, mostraba mi entusiasmo y no escatimaba los elogios al hablar de la designación de Jim; cuando visitaba los negocios de la empresa, me aseguraba de que quedase bien claro que General Electric entraba con paso firme y decidido en China y que habíamos enviado a los mejores. Jim era el modelo perfecto para lo que intentaba transmitir.

Del mismo modo, cuando la NBC creó los canales por cable MSNBC y CNBC, les ofrecí un exagerado nivel de atención en cualquier entorno público que pudiese encontrar. En las revisiones de la NBC, me centraba mucho más en estas presentaciones por cable que en las nuevas comedias que promocionaba el equipo de la NBC en la costa Oeste de Estados Unidos. No quería saber qué estrellas aparecerían en el nuevo programa de éxito de la NBC, sino que, para demostrar mi apoyo, preguntaba a los ejecutivos de MSNBC y CNBC (que a la sazón apenas declaraban ingresos) por el aumento de abonados y el contenido de sus programaciones.

Los que empiezan necesitan apoyo, constante y evidente.

> Los nuevos negocios deben rendir cuentas al menos dos escalafones por encima del que justificarían sus ventas. Si es posible, deberían estar directamente subordinados al director general.

Este apoyo no debe limitarse al ruido que puedan hacer los directivos; también hay que patrocinar activamente los nuevos negocios. Esto tal vez implique transgredir viejas normas burocráticas, pero en un nuevo proyecto la transparencia de la organización es esencial. Por ejemplo, los nuevos negocios deben rendir cuentas al menos dos escalafones por encima del que justificarían sus ventas. Si es posible, deberían estar directamente subordinados al director general. Como mínimo, tendrían que ocupar un lugar especial en la lista de prioridades de éste.

Debe admitirse que armar un gran revuelo por un nuevo proyecto presenta un gran inconveniente: uno queda como un estúpido si el negocio fracasa.

De hecho, se puede parecer realmente muy estúpido. Es parte del juego y no voy a restarle importancia. Todos los medios se hicieron eco del apoyo entusiasta que presté a la XFL, la nueva liga de fútbol americano que la NBC creó en el año 2000. Como oportunidad de negocio, la veía inmaculada y así lo afirmé, una y otra vez. Cuando la XFL fracasó tras una dolorosa temporada de doce semanas, con pérdidas de 60 millones de dólares para la compañía, la prensa se divirtió de lo lindo e hizo toda clase de bromas a costa mía y de Dick Ebersol, el otro patrocinador de la liga. Por fortuna, el escarnio no duró demasiado.

La moraleja de esta historia es que, a pesar de los riesgos, hay que actuar con decisión y dar la mayor publicidad posible al nuevo negocio. De lo contrario, se condena el proyecto al fracaso. Si, a pesar de todo, el nuevo negocio fracasa, hay que reconocer nuestra parte de culpa, sin señalar a otros. Creíamos en el proyecto, pero no salió bien.

Si el nuevo negocio triunfa, disfrutemos del éxito en equipo. Es una sensación maravillosa.

TERCERA DIRECTRIZ: Si hay que pecar de algo, que sea de conceder un exceso de libertad; hay que intentar no entrometerse en el camino del nuevo negocio.

Se trata de una directriz que, en realidad, no es tal, pues no existe fórmula alguna que revele qué grado de autonomía debe concederse a un nuevo negocio, sino sólo un proceso iterativo. Lo principal que ha de recordarse es: a lo largo del proceso, tenemos que conceder al nuevo negocio más libertad de la que nos gustaría.

Encontrar el equilibrio adecuado entre apoyar, controlar y contener un nuevo negocio es muy similar a cuando se envía a un hijo a la universidad. Ahora que está solo, deseamos que se haga responsable de su vida, pero tampoco queremos que lo expulsen o que se pase todo el día de juerga. De ahí que empecemos un juego de tira y afloja. Al principio, lo visitamos y le llamamos con frecuencia; le preguntamos por los exámenes, las nuevas amistades y las actividades del fin de semana.

Cuando todo parece marchar bien, aflojamos la cuerda.

Cuando llega la primera nota decepcionante, tensamos la cuerda.

Cuando las siguientes notas son excelentes, soltamos cuerda.

Cuando nos llaman de la universidad por un incidente derivado de una borrachera, tensamos la cuerda al máximo.

Lo mismo sucede con los nuevos negocios, con la excepción de que nuestro hijo es irremplazable. Pero se puede —y se debe— sustituir al líder del nuevo proyecto si hay que tensar la cuerda al máximo en excesivas ocasiones.

Finalmente, lo que se pretende con este proceso iterativo es que el nuevo negocio vaya adquiriendo de manera progresiva más autonomía.

Ahora bien, todos sabemos que, en las grandes empresas, los nuevos proyectos no tienen resultados ni capital político para montar su propia estructura. En las pequeñas empresas, por otra parte, lo más fácil es hacer que el nuevo negocio sea un puntal.

No obstante, la autonomía da a las personas sentido de propiedad y orgullo. En situaciones ideales, los nuevos proyectos con líderes fuertes al frente deberían tener sus propias herramientas, como I+D, ventas y equipos de marketing propios. Habría de permitírseles que apostaran con audacia, tanto en personas como en estrategias.

Mi defensa de la autonomía en los nuevos proyectos se remonta a mis primeros días como director del proyecto Noryl, un nuevo plástico que se presentaba muy prometedor por un lado, pero que también planteaba ciertos problemas cuando empezamos a experimentar con él en 1964. Sin embargo, tan pronto como el equipo puso en marcha la composición química de Noryl y eliminó sus defectos técnicos, luché por la independencia de mi operación.

Los de arriba opinaban que debía usar la fuerza de ventas ya existente y ofrecer Noryl junto con los otros plásticos de General Electric. Pero yo creía que ningún vendedor apostaría por Noryl, que a la sazón se distribuía en pedidos de 500 dólares, cuando podía ofrecer Lexan en lotes de 50.000 dólares a Boeing o a IBM. En mi opinión, era evidente que Lexan podía venderse desde el sillón de casa, mientras que Noryl necesitaba profesionales que se dejasen la piel en el producto. Defendí mi punto de vista con el fervor y la persistencia suficientes (en otras palabras, me puse tan pesado y molesto) que al cabo de unos años mis jefes cedieron.

Cuando finalmente Noryl consiguió su independencia y despegó, todos nosotros nos sentimos y actuamos como emprendedores, aunque no careciésemos de respaldo económico. Durante los dos años siguientes, Noryl creció con rapidez. En 1969, cuando me ascendieron para dirigir toda la división de plásticos, mantuve a Noryl como un producto independiente porque, a pesar de su lanzamiento exitoso y su rápido crecimiento, consideraba que podía seguir beneficiándose de la autonomía. Noryl (en la actualidad un negocio de 1.000 millones de dólares) no formó parte del marketing y las ventas de Plásticos durante quince años.

CUANDO SE LIDERA EL NUEVO NEGOCIO

Las directrices que acabo de enumerar están dirigidas en gran medida a los ejecutivos que auspician un nuevo proyecto. Sin embargo, tienen implicaciones importantes para los verdaderos líderes: los que están al frente del negocio.

El líder del nuevo negocio no recibirá suficiente dinero de la matriz ni se le facilitará el mejor personal. Hay que pelear mucho, y, quizá, dar algunos codazos.

Considérese la primera directriz, invertir en recursos y personas. Con frecuencia, el líder del nuevo negocio no recibirá suficiente dinero de la matriz ni se le facilitará el mejor personal. ¿Qué hacer en un caso así?

Hay que pelear mucho. Uno debe plantarse ante los altos directivos y exponer el caso. También se ha de trabajar el tema del personal y descubrir buenos candidatos, tanto dentro como fuera de la empresa, y hablar con ellos directamente. Hay que conseguir a los mejores y, quizás, en ciertos casos eso implique dar algunos codazos.

En lo que respecta al revuelo, es un arma de doble filo. Es deseable para lograr el compromiso de los que se encuentran por encima de nosotros pero, cuando éste se consigue, probablemente nuestros colegas se sentirán molestos. Los negocios establecidos con buenos beneficios suelen molestarse cuando pequeños nuevos proyectos sin beneficios logran atención y unos recursos desproporcionados por parte de la compañía. Están convencidos de que son ellos los que necesitan más recursos y que los gastarían con mucha más sabiduría que nuestra arriesgada aventurilla.

Puede que esta actitud nos disguste, pero lo último que necesitamos es alguien en la empresa alentando nuestro fracaso. Debemos reconocer que el resentimiento hacia los nuevos proyectos es natural y hemos de mantener la boca cerrada aunque nos cueste horrores. La humildad es muy útil ante los colegas; tarde o temprano necesitaremos su apoyo.

Finalmente, en lo que respecta a la autonomía, la realidad es que siempre se querrá más de la que vamos a conseguir.

La mejor forma de lograr autonomía es merecerla. Si se juega según las reglas, pronto se consigue la libertad deseada. La atención de la empresa está centrada en nosotros; no lo estropeemos con una reacción exagerada por las trabas que surjan inicialmente. Sólo son parte del proceso de tira y afloja impuesto por los «padres».

> En lo que respecta a la autonomía, siempre se querrá más de la que vamos a conseguir.

LA TORMENTA PERFECTA

Es extraño ver funcionar las tres directrices a la vez, pero en tal caso, se consigue una «tormenta perfecta» como la cadena Fox News.

Fox News nació en 1996 de la mano de Rupert Murdoch, un emprendedor de emprendedores a pesar de ser el propietario y director general de News Corporation, un conglomerado de miles de millones de dólares. Rupert quería entrar en los informativos por cable y estaba dispuesto a invertir en ello lo que hiciese falta.

Para que una cadena por cable tenga éxito se requieren dos elementos: primero, conseguir abonados de distribuidores como Comcast y Time Warner; segundo, contar con un contenido atractivo para que un número suficiente de abonados la miren, lo que es esencial para conseguir dinero de la publicidad.

El primer paso de Rupert fue contratar a alguien que dirigiese el nuevo negocio: encontró al candidato ideal en la persona de Roger Ailes. Tras dirigir varias campañas políticas con gran éxito, Roger había trabajado tres años en la NBC, donde había creado el canal por cable CNBC. Acababa de lanzar otro canal por cable para General Electric, llamado America's Talking, pero lo perdió cuando General Electric utilizó los activos de America's Talking para contribuir a la creación de MSNBC, una empresa conjunta al 50 % con Microsoft, que puso el capital.

Roger abandonó la NBC frustrado, pero Rupert le siguió la pista de inmediato. Consideraba que Roger (rebosante de ideas, energía y pasión, además de desear fervientemente la derrota de la empresa que le había arrebatado a su «criatura») era el líder perfecto para su nuevo proyecto.

Una vez tuvo al líder adecuado, Rupert se dispuso a conseguir abonados. Pagó bien, por encima del mercado, para acceder a los abonados que el canal necesitaba. Entretanto, Robert contrató a los mejores talentos: Brit Hume de la ABC, Neil Cavuto y muchos otros de la CNBC, así como al presentador estrella Bill O'Reilly.

Mientras sucedía todo esto, Rupert proclamó a los cuatro vientos el nuevo negocio dentro de la empresa, dejando muy claro que él se encontraba detrás de Fox News, para lo bueno y para lo malo. De cara al exterior, tanto él como Roger consiguieron que fuese imposible abrir un periódico o encender el televisor sin oír hablar, de una forma u otra, del avance imparable de Fox.

Fox News es un ejemplo de un nuevo negocio en que todo se ha hecho bien: personal muy cualificado, enorme inversión en recursos y mucho ruido. Los resultados hablan por sí mismos. Fox News superó rápidamente a la MSNBC y, finalmente, también sobrepasó a la cadena que lideró las noticias por cable durante mucho tiempo, la CNN.

Emprendedores legendarios como Henry Ford, Dave Packard o Bill Gates son ejemplos innegables de la emoción y la gloria que supone empezar algo nuevo desde cero y verlo crecer hasta alcanzar proporciones asombrosas.

También en cualquier empresa existen oportunidades de toda clase y tamaño. Debemos hacernos con ellas, elegir a personas apasionadas y centradas para liderarlas y ofrecerles oxígeno para respirar.

El crecimiento es muy grato y, en los negocios, no siempre tiene que empezar en un garaje. Nada hay tan ameno y emocionante como empezar algo nuevo, sobre todo desde el interior de algo antiguo.

14

Fusiones y adquisiciones

LA FIEBRE NEGOCIADORA Y OTROS PECADOS MORTALES

TODOS HEMOS PRESENCIADO el gran revuelo que se desata ante la fusión de dos empresas: la conferencia de prensa a primera hora de la mañana, el cotilleo y los rumores, el vigoroso estrechar de manos, los focos de televisión, los titulares satinados que anuncian el nombre de la nueva empresa. Sólo falta el confeti.

Entonces aparecen las estrellas del espectáculo: los directores generales de ambas partes con una amplia sonrisa, dándose palmaditas en la espalda y hablando de un mundo feliz de sinergias, ahorro de costes e incremento del valor patrimonial. En anuncios de fusiones especialmente joviales, los directores generales también se funden en un cálido abrazo, como hicieron Steve Case y Jerry Levin el fatídico día de la fusión entre AOL y Time Warner.

Además de la emoción, también se vive el cansancio, en ocasiones bien visible en los rostros de los directores generales. Han pasado semanas, si no meses, de trabajo contrarreloj y negociaciones por cada céntimo y también, cómo no, de decisiones acerca de quién dirigirá qué.

No obstante, por lo general todo lo que se ve en el anuncio de una fusión es alegría y alivio. La batalla ha terminado y ha llegado el momento de cobrar la recompensa.

En realidad, como el veterano de cualquier fusión podrá confirmar, la batalla no ha hecho más que empezar y la recompensa sólo llegará después de mucho sudor, sangre y lágrimas.

El primer día de la fusión es una gran fiesta, el segundo empieza la limpieza. Las personas del lado adquisidor tienen montañas de trabajo ante sí y, aunque se muestren optimistas, siempre hay una corriente subyacente de nerviosismo en los despachos. Cada fusión promete ahorro de costes y, aunque se haya formado parte del equipo que ha cerrado el trato y se haya trabajado día y noche para cuadrar números que lo justifiquen, una pequeña parte de nosotros siempre se pregunta si los ahorros articulados no acabarán significando la pérdida del puesto de trabajo, o el de nuestro jefe, o el de nuestro mejor amigo al otro lado del pasillo, o el del empleado al que se ha apoyado durante un año.

Para la parte adquirida, el nerviosismo en los despachos no es subyacente, sino una verdadera marejada. Todos están aterrorizados ante la perspectiva del despido y, aunque el propio puesto de trabajo se sepa a salvo, de pronto la vida se ha vuelto muy compleja. Una fusión puede sentirse como una muerte. Todo aquello por lo que se ha trabajado, toda relación que se ha forjado... de pronto se vuelven nulos, vacíos. Se tiene la sensación de que nada volverá a ser como antes.

Para colmo, el segundo día de la fusión, todos los periodistas especializados en economía y los analistas de Wall Street cuestionan los fundamentos del trato y nos recuerdan que muchas fusiones fracasan.

> Una fusión puede sentirse como una muerte. Todo aquello por lo que se ha trabajado, toda relación que se ha forjado... de pronto se vuelven nulos, vacíos.

Las fusiones fracasan. El camino es particularmente difícil para las fusiones forjadas para captar beneficios de la convergencia de industrias o sinergias de ingresos. El éxito es más fácil cuando una fusión se basa en la reducción de costes derivada de la combinación, en que la sinergia de ingresos sólo se considera una mera bonificación añadida. En cualquier caso, el éxito de una fusión nunca es sencillo.

A pesar de ello, las empresas insisten en fusionarse... y deben hacerlo.

En el capítulo anterior, se ha afirmado que el crecimiento orgánico es muy conveniente. Toda empresa debe tener la paciencia necesaria para centrarse e invertir en la innovación que conduce hasta él.

Sin embargo, las fusiones y las adquisiciones suponen una forma más rápida de expansión. Amplían rápidamente el ámbito geográfico y tecnológico; también atraen nuevos productos y clientes. Asimismo, cabe destacar que las fusiones permiten de forma instantánea que una empresa mejore su plantilla: de pronto cuenta con el doble de personas para formar un equipo.

Por todo lo anterior, las fusiones realizadas con éxito crean una dinámica donde $1 + 1 = 3$ y catapultan la competitividad de la empresa literalmente de la noche a la mañana.

Sólo es cuestión de hacerlo bien.

El presente capítulo trata este proceso y está destinado a todas las partes involucradas en el mismo, desde las personas que firman el trato hasta las que se ven afectadas varios escalafones más abajo. A lo largo de mi carrera en General Electric, he participado en unas mil adquisiciones y fusiones; asimismo, durante los últimos tres años he asesorado en muchas otras.

Evidentemente, no todos los procesos en los que he participado han sido un éxito; sin embargo, sí lo ha sido la gran mayoría de ellos. Con el paso del tiempo, a medida que aprendía de los errores cometidos en situaciones que no funcionaron, mi media ha mejorado de manera notable.

Al final he aprendido que fusionarse con éxito es algo más que elegir la empresa adecuada para nuestra estrategia, decidir qué fábricas cerrar y qué líneas de productos combinar o fiarse del buen aspecto de cálculos como la tasa de rentabilidad neta descontada o la tasa interna de rendimiento.

En última instancia, para realizar adecuadamente una fusión es necesario evitar siete trampas, o errores de apreciación. Aunque existan también otros peligros, según mi experiencia estos siete son los más habituales. En ocasiones pueden aniquilar una fusión, aunque con más frecuencia la ralentizan, reducen su valor o ambas cosas.

Aquí se presentan resumidos. Seis hacen referencia a la compañía adquisidora y uno a la adquirida.

■ El primer error es creer que puede darse una fusión entre iguales. A pesar de las nobles intenciones de aquellos que lo intentan, la gran mayoría de ellos se autodestruye a causa de su premisa de partida.

■ El segundo error es centrarse tanto en el encaje estratégico que se olvide el encaje cultural, tan importante, si no más, para el éxito de una fusión.

■ El tercer error es entrar en una «situación de rehén inversa»: el adquisidor realiza tantas concesiones durante las negociaciones que la parte adquirida acaba tomando después todas las decisiones importantes.

■ El cuarto error es integrarse con excesiva timidez. Con un buen liderazgo, una fusión debería completarse en un plazo de noventa días.

■ El quinto error es el síndrome del conquistador, en que la empresa adquisidora invade la otra e instala a sus propios ejecutivos por todas partes, minando así una de las razones de la fusión: conseguir una entrada de nuevos talentos donde poder elegir.

■ El sexto error es pagar demasiado. No un 5 o un 10 % más, sino tanto que nunca pueda recuperarse en la integración.

■ El séptimo error afecta a todo el personal de la empresa adquirida: es la resistencia. En una fusión, los nuevos propietarios siempre preferirán a las personas dispuestas a adaptarse que a quienes se resistan, por mucho cerebro que tengan. Si se quiere sobrevivir, hay que superar la angustia y aprender a apreciar la fusión tanto como ellos.

CUIDADO CON LA FIEBRE NEGOCIADORA

Antes de tratar estos errores en profundidad, cabe señalar que en su mayor parte se producen por la misma razón: la fiebre negociadora.

Estoy convencido de que no es necesario ilustrar este fenómeno en detalle: es bien visible cada vez que una empresa está ansiosa por comprar y las opciones del mercado son relativamente limitadas. En tales situaciones, una vez se identifica un candidato a la adquisición, los máximos directivos de la empresa adquisidora y sus ávidos banqueros de inversión se unen en un frenesí de pánico, excesos y paranoia que se intensifica con cada posible nuevo adquisidor que entra en escena.

Esta fiebre negociadora es totalmente humana, e incluso las personas más experimentadas caen bajo su influjo. No obstante, su influencia negativa durante el proceso de fusión y adquisición debe minimizarse si se tienen en mente los siete errores que se tratan a continuación.

El primer error es creer que puede darse una fusión entre iguales. A pesar de las nobles intenciones de aquellos que lo intentan, la gran mayoría de ellos se autodestruye a causa de su premisa de partida.

Cada vez que me llega la noticia de una denominada fusión entre iguales, me asusta pensar en todo el desgaste, la confusión y la frustración que se cierne sobre las dos empresas, que suelen emprender estos negocios con la mejor de las intenciones.

Sí, una fusión entre iguales tiene sentido en un plano conceptual. Algunas compañías son iguales en tamaño y fuerza y, en efecto, deberían fusionarse como tales. Además, durante las frenéticas negociaciones (y casi todas las negociaciones llegan, en algún momento, a dicho punto) el concepto de fusión entre iguales logra calmar los ánimos. Ambos bandos pueden proclamarse vencedores.

Pero, en la práctica, al concepto de fusión entre iguales le sucede algo: los implicados dudan y se paralizan.

Se paralizan por el mismo concepto de igualdad. Los miembros de ambos bandos piensan: «Si somos tan iguales, ¿por qué no se hace a nuestro modo? Su manera no es mejor.»

En última instancia, el resultado es que no se hace de una forma ni de otra.

Esta fiebre negociadora es totalmente humana, e incluso las personas más experimentadas caen bajo su influjo.

Sé que esta visión negativa de las fusiones entre iguales no la comparten todos. Mi amigo Bill Harrison, director general de JPMorgan Chase durante su fusión con Bank One, opinaría que en la industria financiera, cuando los activos son los cerebros de banqueros orgullosos y seguros, las fusiones entre iguales son necesarias «o, de lo contrario, todos se largarían».

Tal vez esté en lo cierto respecto a esta excepción; la fusión que está supervisando con Jamie Dimon (que se convertirá en director general de la empresa fusionada en el año 2006) va por muy buen camino. También la experiencia de Bill en fusiones avala su argumento, empezando por la fusión entre iguales de Chemical Bank con Manufacturers Hanover, seguida por la que tuvo lugar entre Chase Manhattan y J.P. Morgan & Co.

A pesar de su éxito, estoy convencido de que en el ámbito industrial (que abarca todo lo que no sea banca y consultoría) las fusiones entre iguales están condenadas al fracaso.

DaimlerChrysler es el ejemplo más evidente que se me ocurre. Se recordará cuánto se habló del caso en 1998: las dos compañías eran totalmente equivalentes en todos los aspectos y se necesitaban entre sí para crecer más. Las compañías proclamaban que no se trataba de una adquisición de una empresa estadounidense de automóviles económicos llevada a cabo por un fabricante alemán de productos diferenciados y de lujo... ¡ni hablar! Se trataba de dos titanes de la industria que iban a formar un matrimonio bendecido por los cielos.

Parte de este posicionamiento se hacía, sin duda, para facilitar las aprobaciones reguladoras de la fusión. Pero otra parte era también una cuestión de ego. Los directores de Chrysler no iban a admitir su compra por parte de una empresa extranjera, y sus colegas de Alemania no estaban más entusiasmados ante la perspectiva de ser absorbidos por un puñado de estadounidenses.

Así las cosas, ambas empresas intentaron llevar a cabo la fusión entre iguales. Fue un verdadero caos. Durante dos años tortuosos, muchos Airbus A318 transportaron una multitud de directivos entre Detroit y Stuttgart un par de veces a la semana, en un intento de establecer procesos operativos mutuamente satisfactorios, desde la cultura de la nueva empresa hasta sus sistemas financieros, emplazamientos de producción y equipo directivo. Entretanto, la organización «fusionada» se debatía en el caos, mientras los directivos esperaban dirección y los accionistas esperaban que se produjesen las prometidas oportunidades legales, sinergias y economías de costes.

El final de la historia tuvo lugar en el año 2002, cuando los periódicos informaron de lo que muchos sospechaban desde hacía tiempo: la denominada fusión entre iguales era, en realidad, una pura y simple absorción. Cuando la verdadera situación se hizo pública, Daimler pudo empezar a dirigir la función, tal y como había pretendido desde el principio. Implantó un sistema de gestión, una cultura y una estrategia, y el rendimiento de la empresa salió de su inmersión «posfusión de iguales».

No he citado esta historia para abundar en el proceso de DaimlerChrysler (ya se ha hecho bastante en los últimos años), sino para ilustrar la imposibilidad virtual de que dos empresas con sus correspondientes líderes se fusionen sin fisuras en una organización con el doble de todo y de todos.

Es imposible. El personal de empresas iguales es posiblemente el menos preparado para fusionarse. Tal vez se proclame, durante el frenesí de la fusión, que entran en una unión perfecta y equivalente, pero cuando la integración se inicia, hay que establecer con rapidez quién asume el mando. Alguien tiene que ponerse al frente y alguien tiene que seguirlo, o ambas empresas acabarán en la inmovilidad.

El segundo error es centrarse tanto en el encaje estratégico que se olvide el encaje cultural, tan importante, si no más, para el éxito de una fusión.

La fiebre negociadora es, una vez más, la causa subyacente de un error común en numerosas fusiones: no analizar el encaje cultural antes de llevar a cabo la operación.

Ahora bien, la mayoría de las empresas se toman su tiempo para evaluar el encaje estratégico. Los directivos (y sus consultores o banqueros) suelen tener herramientas y experiencia para evaluar si dos compañías se complementan en términos de geografía, productos, clientes o tecnología (o todos a la vez) y, mediante su combinación, crean una empresa que, a pesar de los inevitables solapamientos, es más fuerte y competitiva.

Pero el encaje cultural es más complejo. Aunque se intente ser objetivo, la compatibilidad de dos sistemas de valores es difícil de estimar. Por este motivo, son muchas las empresas que afirman poseer el mismo ADN: creen en el servicio al cliente, la toma de decisiones analítica, la formación y la transparencia; valoran la calidad y la integridad, etc.; sus culturas son el alto rendimiento, la orientación a los resultados, el trato cordial y cosas similares.

En realidad, como es lógico, las empresas suelen tener formas singulares y diferentes de hacer negocios. Sin embargo, en la fiebre de la negociación se acaba estimando que las empresas son compatibles. Se declara el encaje cultural y la fusión sigue adelante.

Éste fue claramente el caso cuando General Electric compró Kidder Peabody, un desastre que he mencionado en el capítulo sobre la gestión de las crisis y en el que ya me extendí en mi anterior libro. Para resumirlo brevemente, una empresa como General Electric, con valores nucleares como la mentalidad sin fronteras, el trabajo en equipo y la sinceridad, no podía fusionarse con un banco de inversión con tres valores propios: mi prima, mi prima y mi prima.

Para mí, la falta de encaje cultural nunca fue tan aparente como el día en que el problema en toda su magnitud (a falta de un eufemismo mejor) nos salpicó a todos. Fue una tarde de abril de 1994; un equipo de ejecutivos de General Electric y de Kidder Peabody había trabajado contrarreloj desde la noche del viernes para averiguar por qué teníamos un déficit de 300 millones de dólares en ingresos declarados. Ya estaba bastante claro que un negociante de Kidder, Joe Jett, había registrado transacciones fantasmas, pero lo que necesitábamos comprender era el motivo de este comportamiento y cómo había escapado a los controles bancarios e, igual de importante, a su cultura.

Aquel día me reuní con el equipo para conocer su informe, y durante las horas siguientes logramos tanto entender la situación como calibrar sus consecuencias para la empresa. Lo que me dejó petrificado fue que, en tres ocasiones durante aquella tarde y noche, dos veces en los pasillos y una en el servicio, sucedió un mismo hecho: un directivo del equipo de Kidder Peabody se me acercó y, con expresión preocupada, me preguntó de qué forma iba a influir aquel episodio en sus primas.

Diez años después, esto sigue indignándome.

Finalmente, con la venta de Kidder Peabody a Paine Webber y después a UBS, la compra de Kidder acabó siendo rentable para nuestros accionistas. Sin embargo, nuestra organización no tendría que haber pasado por el trauma de aquella fusión. Cuando todo hubo terminado, me juré que no volvería a comprar otra empresa a menos que los valores de su cultura fuesen similares a los de General Electric o fuera fácil que los asumieran.

En la década de 1990 dejé pasar varias oportunidades en la costa Oeste por mis temores hacia el encaje cultural; no quería experimentar de nuevo semejante conflicto de valores. Las florecientes empresas tecnológicas de California tenían su cultura: alardes, golpes en el pecho y compensaciones astronómicas. Por el contrario, nuestras operaciones de software en lugares como Cincinnati o Milwaukee estaban en manos de ingenieros muy trabajadores y con los pies en el suelo, muchos de los cuales procedían de universidades estatales del Medio Oeste. Estos ingenieros eran tan buenos como los talentos de la costa Oeste y había que pagarles bien, pero sin excesos.

Francamente, no deseaba contaminar la cultura saludable de nuestra empresa.

Cada negociación afecta de alguna forma a la cultura de la empresa adquisidora y hay que reflexionar al respecto. Lo preferible es que la cultura de la compañía adquirida pueda fusionarse sin problemas con la de la empresa adquisidora. No obstante, en ocasiones algunas de las malas conductas de la empresa adquirida pueden filtrarse y contaminar lo que se ha construido; es algo no deseable, pero es aún peor que la cultura de la compañía adquirida se enfrente a la propia y retrase indefinidamente el valor de la fusión.

Por este motivo, si se desea que la fusión funcione, no basta con cuestionar el encaje estratégico; el encaje cultural es también esencial.

El tercer error es entrar en una «situación de rehén inversa»: el adquisidor realiza tantas concesiones durante las negociaciones que la parte adquirida acaba tomando después todas las decisiones importantes.

En ocasiones, se desea tan fervientemente poseer otra empresa que acaba permitiéndose que ésta nos posea a nosotros.

Esta dinámica es resultado directo de la fiebre negociadora y su frecuencia es estremecedora. Cada vez que hablo de fusiones con un experto en el tema, es una cuestión que surge de manera invariable.

Dejé que sucediera por primera vez (y, por desgracia, no fue la última) en 1977, pocos años antes de que me nombraran director general de General Electric. A la sazón ya había participado en numerosas fusiones, por lo que tendría que haberlo meditado. Sin embargo, estaba tan ansioso por adquirir una empresa de semiconductores con sede en California, llamada Intersil, que no logré negarme a ninguna de sus demandas. El director general estaba convencido de que su empresa funcionaba a la perfección y dejó muy claro que, aunque le gustaba el dinero de General Electric, no necesitaba en absoluto sus consejos.

Antes de enterarme de lo que sucedía en las negociaciones, ya estaba besándole la mano al director general de Intersil. Dijo que quería un sistema de compensación especial (descomunal) para él y su gente, porque así se hacían las cosas en su negocio: se lo concedí; dijo que no deseaba tener a personal de General Electric en sus reuniones de planificación: se lo concedí; dijo que no permitiría que cambiásemos el sistema de informes de sus financieros para que cuadrara con el nuestro: se lo concedí.

No podía esperar para pagarle los 300 millones de dólares acordados.

¿En qué estaba yo pensando?

Evidentemente, en nada. En eso consiste la fiebre negociadora.

Durante varios años fuimos tirando, «fusionados» con Intersil. Cuando sugeríamos a su director general la forma de mejorar sus sistemas operativos (en recursos humanos, por ejemplo), éste replicaba que no entendíamos su industria, que los dejáramos en paz y que ya recibiríamos nuestros beneficios al final del trimestre.

Era desagradable, por decirlo suavemente, y bastante improductivo. Descubrí que podía llamar a su sede central para recabar información pero, a menos que formulase mi pregunta de la forma precisa y exacta, no recibía nada más que evasivas. Los directivos de General Electric dejaron de visitarla por la fría recepción de que eran objeto. Técnicamente éramos los dueños de la empresa, pero en la práctica ellos la dirigían.

Finalmente vendimos Intersil rozando el umbral de rentabilidad. Lo único que ganamos con la fusión fue aprender una lección importante: no comprar nunca una empresa que nos convierta en su rehén.

La realidad es que Interstil me tenía atado de pies y manos. No poseíamos suficientes conocimientos en semiconductores ni un directivo con la altura suficiente y experiencia en el sec-

> Técnicamente éramos los dueños de la empresa, pero en la práctica ellos la dirigían.

tor para reemplazar al director general, ni mucho menos a su equipo de gestión.

Cuando diez años después adquirimos RCA se produjo una situación semejante, pero estábamos preparados para manejarla. Durante las negociaciones, se nos dijo que el responsable de la NBC, Grant Tinker, pensaba marcharse. Nosotros carecíamos de experiencia directa en la gestión de cadenas de televisión, pero sabía que podía contar con la capacidad como líder de Bob Wright, a la sazón director general de General Electric Capital, para reemplazar rápidamente a Grant, en caso de que éste decidiera marcharse. Intenté por todos los medios mantener a Grant, pero fue imposible. Tras su marcha, Bob ocupó su lugar, y dieciocho años más tarde sigue dirigiendo la NBC.

Unos años después, nos encontramos en una potencial situación de rehenes en una de las divisiones de la NBC, News. Sus líderes cuestionaron abiertamente (por no decir con total descaro) la capacidad de General Electric para gestionar una empresa periodística y empezaron a construir las barreras típicas de esta dinámica. El responsable de la división, Larry Grossman, lideraba la resistencia y se mostró reacio a confeccionar un presupuesto razonable (es decir, un presupuesto con el que hiciésemos dinero). Le pedimos que se marchara y pusimos en su lugar a Michael Gartner, que poseía una experiencia significativa en el campo del periodismo y de los negocios. Michael tuvo que soportar muchas críticas para librarse de la mentalidad que impregnaba NBC News e hizo un buen trabajo aunque, por desgracia, tuvo que irse a causa de una crisis desatada durante su mandato. (El programa *Dateline*, de NBC News, hizo explotar un automóvil de General Motors en un reportaje sobre seguridad automovilística; nos disculpamos públicamente por el incidente.) A continuación nos decidimos por el productor ejecutivo de la CBS, bien provisto de credenciales periodísticas, Andy Lack. Fue Andy quien de verdad convirtió NBC News en el negocio sumamente íntegro y rentable que es en la actualidad.

Unas últimas palabras sobre la dinámica del rehén inversa. En los momentos finales de la fiebre negociadora, la empresa adquisidora suele ofrecer un acuerdo *earn-out* al fundador o director general de la empresa adquirida, con la esperanza de retenerlo y obtener de él un gran rendimiento.

Por lo general, todo lo que consigue son conflictos.

Los acuerdos *earn-out* suelen motivar a quienes los reciben a mantener las cosas igual. Quieren que les dejen llevar el negocio como siempre han hecho; así es cómo les salen las cuentas. Siempre que tengan oportunidad, bloquearán los cambios de personal, la consolidación de sistemas de contabilidad, los planes de compensación... lo que sea.

No obstante, una integración no puede producirse plenamente si alguien impide cualquier cambio, sobre todo si dicha persona antes era el jefe.

¿Qué se puede hacer? Si se desea mantener al anterior director general o al fundador por razones de rendimiento o de continuidad, hay que olvidarse del *earn-out* y negociar en su lugar una retención fija: una suma determinada por permanecer cierto período de tiempo. Así se consigue la libertad necesaria y deseable para crear una nueva empresa.

Los *earn-out* son sólo un aspecto de la dinámica del rehén inversa. Sí, en ocasiones hay que hacer concesiones para conseguir la empresa que se desea. Pero no hay que excederse, para así evitar que la nueva adquisición, una vez cerrado el trato, nos haga sus rehenes... con nuestras propias armas.

El cuarto error es integrarse con excesiva timidez. Con un buen liderazgo, una fusión debería completarse en un plazo de noventa días.

Volvamos por un momento a aquellas festivas conferencias de prensa que acompañan a casi todos los anuncios de fusión. Incluso en situaciones de compra evidente, los directores generales prometen la creación de una nueva sociedad, en la que ambas empresas cooperarán, alcanzarán el consenso y se integrarán con suavidad.

Por desgracia, si el edificio de la sociedad no se construye de la forma correcta, puede crearse una situación de parálisis. Ambas partes hablan y hablan de cultura, estrategia, operaciones, títulos, membretes y todo lo demás... mientras que la integración sigue esperando.

Para variar, en este caso el culpable no es la fiebre negociadora. Se trata, por el contrario, de algo más admirable: una especie de educación y consideración por los sentimientos de la otra parte. Nadie quiere ser un vencedor odioso, que impone cambios sin ofrecer discusión o debate. En realidad, la mayoría de los adquisidores quieren conservar las posibles vibraciones positivas que se dieron al final de la negociación, y creen que moverse despacio y con cuidado les será de ayuda.

No defiendo que los adquisidores no debatan el modo en que las empresas van a combinar sus métodos de trabajo; deben hacerlo, sin lugar a dudas. En realidad, los mejores adquisidores son muy buenos a la hora de escuchar. Formulan muchas preguntas y asimilan toda la información y las opiniones de su alrededor, que, por lo general, son muchas.

Pero luego tienen que actuar. Deben tomar decisiones respecto a la estructura de la organización, las personas, la cultura y la dirección, así como comunicar tales decisiones constantemente.

Es la incertidumbre la que hace que las organizaciones caigan en el miedo y la inercia. El único antídoto es un proceso de integración claro y decidido, transparente para todos. Puede conducirlo el director general o un directivo de integración (un ejecutivo de alto nivel muy respetado, de la parte adquisidora) investido con los poderes del director general. El proceso debe constar de un riguroso

> Es la incertidumbre la que hace que las organizaciones caigan en el miedo y la inercia. El objetivo es dejar claro que la integración debe completarse a los noventa días de haberse cerrado el trato.

calendario, con objetivos y personas responsables de ellos.

El objetivo es dejar claro que la integración debe completarse a los noventa días de haberse cerrado el trato.

Cualquier día de más supone una pérdida.

Un caso clásico de ser excesivamente cautos (y pagarlo) es la adquisición de Case Corporation por parte de New Holland en noviembre de 1999.

New Holland, una empresa holandesa con sede en Londres, división del gigante italiano Fiat, era el número 3 en la industria de equipamientos de agricultura y construcción. Desde un punto de vista estratégico, sus directivos estaban en lo cierto al considerar que la compra de Case, con sede en Wisconsin y un sólido número 2, les permitiría superar a John Deere, líder de la industria desde hacía mucho tiempo. El trato se cerraba 6.000 millones de dólares más tarde.

Dado el solapamiento en productos y mercados, podría pensarse que la integración de ambas empresas sería un proceso rápido, sobre todo en las reducciones de costes más obvias. Pero New Holland era una compañía europea y sus líderes se mostraban cautelosos a la hora de absorber a una compañía estadounidense en su propio terreno. Además, Fiat había pagado una importante prima por Case, lo que redoblaba la turbación de New Holland. Mi viejo amigo Paolo Fresco, anterior vicepresidente de General Electric y a la sazón presidente de Fiat, recuerda así el impacto de la prima: «No queríamos mover el barco más de lo preciso, ni hundirlo con excesivos cambios... habíamos pagado demasiado por la empresa para dejar que eso sucediera.»

Fiat puso al frente de la nueva empresa al director general de Case. Asimismo, la mayoría de los puestos en la nueva organización se ocuparon con directivos de Case, el director de operaciones y el director financiero incluidos.

Por supuesto, la integración adoleció de firmeza. El equipo de integración tomó una gran decisión: mantener dos marcas y dos sistemas de distribución, pero todo lo demás quedó en el aire.

El año 2000 el mercado de equipamiento para agricultura se estancó; con la integración en punto muerto, la compañía fusionada se estancó también. Para hacer frente a la crisis, Fiat envió a Estados Unidos a un nuevo director general, Paolo Monferino, que puso en marcha la integración del modo en que debería haberse hecho desde el principio: de manera rápida y decidida. El entonces director general de Case, Jean-Pierre Rosso, fue nombrado presidente. Irónicamente, Fiat había temido dar ese paso, pero una vez hecho, sus directivos vieron de inmediato que Jean-Pierre era perfecto para el puesto y que él estaba encantado con sus funciones. Era fuerte con los clientes y un excelente estadista de la industria. ¡La excesiva prudencia había sido innecesaria!

Cuando el Congreso aprobó la Ley Agrícola de 2002, la CNH Global N. V., como se rebautizó a la empresa totalmente integrada, estaba bien posicionada para aprovechar la resurrección del mercado. No obstante, como apunta Paolo Fresco: «Perdimos al menos un año, quizá más, a causa de nuestra incertidumbre cultural.»

La historia de New Holland no es única.

En el año 2000, General Electric intentó comprar Honeywell, una negociación, como se recordará, que nunca recibió la aprobación de la Unión Europea. Sin embargo, durante los siete meses que esperamos el visto bueno regulador, equipos de ambas partes trabajaron a conciencia para fusionar ambas empresas.

Parte de este proceso consistía en observar la evolución de la propia unión de Honeywell con AlliedSignal en 1999. Había pasado un año desde la fusión y esperábamos encontrar un notable progreso.

Por el contrario, nos sorprendió comprobar que los directivos de AlliedSignal y Honeywell seguían «discutiendo» los valores y conductas de la empresa fusionada; también continuaban aferrados a su anterior forma de hacer las cosas. El personal de AlliedSignal tenía una cultura agresiva y orientada a los números. Los directivos de Honeywell, en cambio, preferían un planteamiento fundamentado en el consenso. El director general de la empresa fusionada, Mike Bonsignore, no se decidía a elegir entre ambas formas de trabajo; por tanto, mucho después de que se firmara la negociación, seguían teniendo dos empresas bien distintas, que operaban con escasa integración.

Integrarse con la rapidez y el nivel de energía adecuados siempre tendrá mucho de malabarismo. Pero en lo que respecta a este error, al menos debe saberse cuándo se ha salido del camino: si han pasado noventa días desde que se cerró el trato y se siguen debatiendo importantes temas de estrategia y cultura, se ha procedido con excesiva prudencia. Ha llegado el momento de actuar.

El quinto error es el síndrome del conquistador, en que la empresa adquisidora invade la otra e instala a sus propios ejecutivos por todas partes, minando así una de las razones de toda fusión: conseguir una entrada de nuevos talentos donde poder elegir.

Si los adquisidores suelen actuar con excesiva prudencia a la hora de integrar cultura y operaciones, con la misma frecuencia se muestran muy provincianos en lo que respecta a la selección del personal.

Con «muy provincianos» me refiero a que suelen asumir automáticamente que su personal es mejor. Puede que así sea, pero puede que no. En una fusión hay que plantearse la nueva situación del personal como si un cazatalentos acabase de facilitarnos una lista de nuevos jugadores para todas las posiciones del equipo. Si nos limitamos a los nuestros de siempre, tal vez perdamos a jugadores mucho mejores sin motivo alguno.

En realidad sí hay uno, pero no es bueno: la familiaridad. Conocemos a los miembros de nuestro equipo y ellos nos conocen a nosotros; entienden nuestro negocio y su cultura; saben cómo hacer el trabajo a nuestra manera.

Para complicar aún más las cosas, es más difícil dejar marchar a amigos que a extraños. Conocemos a sus familias, y hemos pasado buenos y malos momentos juntos. Tal vez, en alguna ocasión, les hayamos comentado que tenían mucho futuro en la empresa, o puede que algunos incluso hayan participado en las negociaciones.

Es muy difícil decir: «Ya no eres tan bueno.»

Sin embargo, hay que recordar que uno de los grandes beneficios estratégicos de toda fusión es permitir que los adquisidores construyan un equipo partiendo de una base más amplia de talentos. Es una ventaja competitiva que no puede ignorarse. Hay que ser muy justo en las indemnizaciones por despido y enfrentarse a los hechos, aunque impliquen decir adiós a «los nuestros».

Sin duda, se trata de un error muy difícil de evitar.

Son incontables las ocasiones en que cerramos una negociación e instalamos de inmediato a directivos de General Electric en puestos de liderazgo. Por lo general, no nos percatamos del potencial que perdíamos pero, en una ocasión concreta, fue imposible cerrar los ojos. El coste era demasiado elevado.

Sucedió en 1988, cuando General Electric adquirió de BorgWarner un negocio de plásticos con sede en Virginia Occidental. Era el negocio perfecto, o así lo consideramos. El negocio que habíamos comprado incluía una línea de plásticos ABS de ingeniería. Teníamos un negocio de plásticos de ingeniería propio, aunque sólo con productos de altísima calidad como Lexan y Noryl. El equipo de

Plásticos de General Electric vio de inmediato la sinergia de costes: sólo tenían que librarse de la fuerza de ventas de BorgWarner y vender los productos de esta empresa a través de los canales de General Electric.

Sin embargo, el plan tenía un problema. Nuestra fuerza de ventas estaba formada por personal serio, muy inteligente y acostumbrado a la venta técnica: convencer a ingenieros para que se pasaran del metal al plástico. La fuerza de ventas de BorgWarner era muy distinta: vendían sus productos más económicos e indiferenciados a la antigua, mediante relaciones personales continuadas y dilatadas cuentas de gastos de representación.

Nuestro personal no era muy bueno en ese campo.

Fue un desastre. Gracias a nuestra mentalidad conquistadora, perdimos el 90 % de la fuerza de ventas de BorgWarner y nuestra cuota de mercado de ABS cayó unos quince puntos. La adquisición se tambaleó y nunca alcanzó su verdadero potencial. Finalmente, los ABS acabaron por dar sus beneficios, pero a un precio excesivamente elevado.

Tendríamos que haberlo sabido. Dos años antes, cuando adquirimos RCA, habíamos realizado un proceso de selección de personal correcto.

La adquisición de RCA era, desde todos los puntos de vista, un éxito asegurado. Con la adquisición de la NBC, cumplía uno de nuestros objetivos estratégicos de orientarse hacia servicios y, al mismo tiempo, reforzaba nuestra base industrial con la adición de tres negocios de los que ya participábamos: semiconductores, industria aeroespacial y televisores.

En todos estos sectores, aprovechamos la amplia base de talentos que la adquisición había hecho posible y elegimos a líderes de RCA para que dirigieran las organizaciones fusionadas.

El negocio de televisores de General Electric, por ejemplo, estaba liderado en la época de las negociaciones por un director general joven e inteligente que había entrado en la empresa a través de nuestra unidad de desarrollo de personal. Era MBA y anterior consultor, y aunque mostraba cierta fanfarronería que requería algo de *coaching*, sus resultados eran buenos; opinábamos que, a largo plazo, tenía un gran potencial como líder, y así se lo habíamos comentado en más de una ocasión.

El negocio de televisores de RCA también tenía un director general muy bueno, con una astucia y una experiencia que claramente faltaban en nuestro hombre de General Electric. Su rendimiento era igual de satisfactorio, y era un claro candidato para dirigir el negocio fusionado de televisores. Podríamos haber elegido a cualquiera de ellos.

Pero también estaba Rick Miller. Rick era el director financiero de RCA y un gran líder: inteligente, rápido y un portento de creatividad y energía. General Electric ya contaba con un magnífico director financiero, por lo que parecía que Rick tendría que irse.

Por mucho que quisiéramos ayudar a nuestro hombre de Televisores, no tenía sentido que le diésemos el trabajo. Acabamos sugiriendo que los directores de General Electric y RCA buscasen un nuevo empleo en los meses siguientes y ofrecimos a Rick el puesto de director general. Los dos líderes que se marcharon encontraron un buen trabajo en otro lugar.

Una última reflexión en lo que respecta a la selección de personal: en las integraciones más eficaces, ya se inicia durante las negociaciones; en realidad, antes de que se firme el trato. En el caso de JPMorgan Chase y Bank One, por ejemplo, ya se habían elegido veinticinco de los puestos de mayor rango cuando se cerró la fusión. Se trata de un ejemplo extremo de una excelente práctica, pero es algo a lo que todos deberían aspirar.

Hay que combatir el síndrome del

> Hay que combatir el síndrome del conquistador. La fusión debe contemplarse como una gran oportunidad para descubrir talentos.

conquistador. La fusión debe contemplarse como una gran oportunidad para descubrir talentos, un ahorro en años de búsqueda y en incontables honorarios a los cazatalentos profesionales. No hay que titubear. Debe tomarse la difícil decisión de escoger a los mejores, independientemente del lado donde se encuentren.

El sexto error es pagar demasiado. No un 5 o un 10 % más, sino tanto que la prima nunca pueda recuperarse en la integración.

Este peligro es tan antiguo como el primer mercado. Las personas son personas; cuando desean algo que también quiere otro, toda razón desaparece. Una vez más, la culpa es de la fiebre negociadora. Esta dinámica se produce tanto en los mercadillos como en Wall Street.

No me refiero a pagar un precio algo superior, de unos puntos de porcentaje, que bien pueden permitirse en aras de una integración bien ejecutada. A fin de cuentas, dejar algo de dinero en la mesa puede ser útil para prevenir la acritud residual que ralentiza una integración.

Me refiero, por el contrario, a pagar tanto que nunca pueda recuperarse la inversión.

El ejemplo reciente más ilustrativo de esta dinámica es la fusión de Time Warner y AOL, en la que un gigante de los medios de comunicación, con activos y productos reales, invirtió miles de millones de dólares en un canal de distribución con beneficios competitivos poco claros. Lo más sorprendente es que entonces se desató tal entusiasmo por una noción ilusoria denominada «convergencia» que todos avalaron la operación de inmediato. Sólo cuando el fracaso del negocio se hizo evidente, Ted Turner, un miembro de la comisión que fue esencial a la hora de promoverlo, reconoció en televisión que la negociación le había desagradado desde el principio. Para entonces, esta mentalidad más fría de nada sirvió a los accionistas de Time Warner.

Un año de pagos excesivos fue 2000. En la industria publicitaria, por ejemplo, el gigante alemán de los medios de comunicación Gruner + Jahr pagó unos 550 millones de dólares por dos propiedades, *Inc.* y la revista de New Economy *Fast Company*. Por aquel entonces, la adquisición atemorizó a las otras revistas del sector; no obstante, durante la recesión subsiguiente, la prima sólo pudo verse como lo que era: un exceso. Ninguna integración en el mundo podía compensarla, un hecho que sin duda habrían atestiguado los numerosos ejecutivos de Gruner + Jahr que fueron destituidos.

No existe una fórmula para evitar el pago excesivo, ningún cálculo empírico que diga si una suma es desmesurada. Simplemente hay que saber que, a excepción de casos muy singulares de consolidación industrial, si se pierde una fusión a causa del precio, la vida continúa. Ya habrá otras fusiones.

La fusión imprescindible no existe; sólo la fiebre negociadora hace que así lo parezca.

> Si se pierde una fusión a causa del precio, la vida continúa. Ya habrá otras fusiones.

El séptimo error afecta a todo el personal de la empresa adquirida: es la resistencia. En una fusión, los nuevos propietarios siempre preferirán a las personas dispuestas a adaptarse que a quienes se resistan, por mucho cerebro que tengan. Si se quiere sobrevivir, hay que superar la angustia y aprender a apreciar la fusión tanto como ellos.

En octubre de 2004 se publicó un artículo en el periódico de mi ciudad, el *Boston Globe*, acerca de un «superviviente» llamado Brian T. Moynihan. Brian había empezado su carrera profesional en la división de fusiones y adquisiciones del Fleet Bank; a lo largo de unos quince años, fue ascendiendo hasta dirigir el departamento de gestión de patrimonios, que era el puesto donde se encontraba cuando el Bank of America compró Fleet en abril de 2004.

Durante los meses que siguieron al anuncio de la fusión, muchos ejecutivos del rango de Brian fueron invitados a marcharse; Brian, por el contrario, fue ascendido y llegó a dirigir todo el departamento de gestión de patrimonios e inversiones del Bank of America. De hecho, esta organización parecía tan comprometida con Moynihan que trasladó a un centenar de sus directivos de patrimonio de Carolina del Norte a Boston para acomodar su liderazgo.

«Sigue sin aclararse por qué Moynihan llegó tan alto mientras sus colegas caían», decía el *Globe*.

Para mí estaba clarísimo. Bastaba con leer una cita de Alvaro de Molina, presidente de la división internacional de banca de negocios e inversiones del Bank of America: Brian, afirmaba, «fue un socio instantáneo».

Lo que me lleva a señalar un importante error, habitual en el personal de la empresa adquirida: la resistencia. Resistirse a una compra, independientemente de lo asustado, confuso o furioso que uno se encuentre, es un suicidio profesional y emocional.

Ahora bien, desconozco si Brian Moynihan se sintió asustado, confuso o furioso por la fusión de Fleet y el Bank of America. En cierto modo tampoco importa, pues él no exteriorizó en ningún momento sus emociones, sino

> Resistirse a una compra, independientemente de lo asustado, confuso o furioso que uno se encuentre, es un suicidio profesional y emocional.

exactamente lo que debe demostrarse si se desea sobrevivir a una fusión: entusiasmo, optimismo y apoyo meditado.

¿Las razones? Para la empresa adquisidora, nada es peor que soltar una gran cantidad de dinero por una compañía, después cruzar el umbral de ésta, y encontrarse con caras largas y actitudes desagradables.

Cierta resistencia al cambio es normal. Pero si se desea conservar el trabajo en un consorcio de talentos que de pronto se ha ampliado y, con toda sinceridad, si se desea disfrutar del trabajo, no se debe actuar de forma victimista. Hay que respaldar la resolución, pensar en formas de hacerla funcionar, adoptar la actitud más positiva posible. Debemos decirnos que los antiguos días han pasado y que los mejores están por llegar.

Comprendo que no es fácil asumir estas nociones, pero el precio de no adoptarlas es muy elevado.

Bill Harrison recuerda una reunión con un directivo de gran talento de JPMorgan Chase que fue una de las «caras largas» que siguieron a la fusión.

«Por el amor de Dios, eres tan bueno que queremos mantenerte con nosotros, pero si no actúas de una forma más positiva y apoyas el cambio, no nos va a ser posible.»

El final inevitable de esta historia es que el directivo, como la mayoría de las personas, no era, en palabras de Bill, «muy bueno a la hora de ocultar sus sentimientos». Se marchó al cabo de unos meses.

En las fusiones, los directivos siempre elegirán a aquellos que se muestren satisfechos con la nueva situación, aunque carezcan del talento o los conocimientos de los que ponen mala cara. Cuando dos personas se disputan el mismo puesto de trabajo y sus capacidades son similares, el candidato optimista y partidario del trato será el elegido.

Tengo un viejo amigo que, tras trabajar casi toda su carrera en una gran compañía de seguros, había acabado responsabilizándose del departamento de marketing, relaciones públicas y relaciones sociales. Mantenía una estrecha relación con el director general de la empresa, lo que le facilitaba la entrada en el proceso ejecutivo de toma de decisiones. Era la mano derecha, el confesor y el portavoz del director general, aunque su puesto en la empresa no sugiriese tal influencia.

Hace unos años, esta compañía fue adquirida por una empresa de servicios financieros del otro lado del país, y su amigo el director general fue «ascendido» a presidente, con una estrategia de salida de dos años.

No me sorprendió que, al cabo de un mes, mi amigo me llamase para tomar una copa, lo antes posible. Cuando le vi, unos días después, estaba totalmente desolado.

«Ya no tengo ningún valor para la empresa —me dijo—. Han ascendido a mi antiguo jefe y está fuera de juego. Mi nuevo jefe se encuentra lejos, en la sede corporativa, y aún no hemos aclarado nuestros respectivos papeles. Detesto encontrarme en esta situación.»

Para abreviar la historia, aconsejé a mi amigo que se mostrara amistoso con su nuevo jefe y que intentase por todos los medios que la fusión fuese un éxito. Si era tan bueno en su trabajo como él afirmaba, el nuevo director general pronto lo advertiría. Entretanto, sería una estupidez que lo despidiesen por su mala actitud.

Supongo que lo que deseaba transmitirle era: «Trágate el orgullo, demuestra lo que vales y empieza de nuevo.»

Ha pasado un año desde entonces y mi amigo nunca ha sido tan feliz en el ámbito profesional. Se labró una nueva posición supervisando la integración de tres negocios solapados, asumió la responsabilidad de asesorar al nuevo responsable de marketing y, finalmente, desempeña un papel de gran influencia trabajando con los nuevos publicistas de la organización en una campaña de *branding*.

«No comprendo cómo pude tomármelo tan mal —me comentó recientemente—. Siempre digo a la gente que los cambios son buenos, y luego permito que el cambio casi pueda conmigo. La parte más difícil fue salir del agujero. Para ser sincero, tuve que fingir al principio, pero al final me repuse y dejé de ser un engorro.»

Es un buen consejo para recordar la próxima vez que deseemos quejarnos de una fusión, del nuevo jefe o de la tragedia de nuestro destino. Cada uno de nosotros y nuestra mala actitud pueden reemplazarse, y así será a menos que aprendamos a apreciar la nueva situación tanto como los adquisidores.

■

Las fusiones implican cambios.

Pero el cambio no es malo y las fusiones, por lo general, son muy recomendables. No son sólo una parte necesaria del negocio, sino que tienen el potencial de aportar un crecimiento rentable y de situarnos en una posición estratégica nueva y apasionante, con una rapidez que el crecimiento orgánico no puede asumir.

Las fusiones y las adquisiciones presentan sus desafíos, e investigaciones de todo tipo afirman que más de la mitad de ellas no añaden valor; pero nada dice que uno tenga que ser víctima de las estadísticas.

No hay que permitir que la fiebre negociadora nos supere y deben evitarse los siete errores aquí expuestos; sólo entonces podremos recoger los frutos de lo que sucede cuando 1 + 1 = 3.

15

Seis Sigma

MEJOR QUE UNA VISITA AL DENTISTA

E N LOS DOS CAPÍTULOS PREVIOS de este libro se ha tratado de uno los aspectos más apasionantes de los negocios, la expansión tanto mediante el inicio de un nuevo negocio como a través de fusiones y adquisiciones.

En este capítulo nos situamos en el otro extremo del espectro, para tratar (brevemente, lo prometo) uno de los temas más aburridos del mundo de los negocios: Seis Sigma.

Ahora bien, soy un ferviente seguidor de Seis Sigma, el programa de calidad que General Electric adoptó de Motorola en 1995 y que sigue practicando en la actualidad.

Nada puede compararse a la eficacia de Seis Sigma en cuanto a mejorar el rendimiento operativo de una empresa, pues aumenta su productividad y disminuye los costes. Mejora los procesos de diseño, hace que los productos lleguen al mercado más rápido y con menos defectos, y se gana la lealtad del cliente. Tal vez el beneficio más importante y menos pregonado de Seis Sigma sea su capacidad para desarrollar un cuadro de grandes líderes.

Para expresarlo llanamente, Seis Sigma es una de las mayores innovaciones en gestión del último cuarto de siglo y una herramienta muy útil para aumentar la competitividad de una empresa. En una época en que cada vez más negocios la adoptan, nadie puede permitirse no conocerla, y mucho menos no practicarla.

Sin embargo, Seis Sigma es causa de gran ansiedad y confusión.

Durante los últimos años y en todos los países, en la mayoría de las sesiones de preguntas y respuestas me han planteado alguna cuestión sobre Seis Sigma. Entonces se percibe que el nivel de atención del público cae en picado y las miradas se vuelven vidriosas, a la espera de un discurso técnico con los gráficos y esquemas pertinentes.

Exagero un poco, desde luego, pero no miento al afirmar que, para muchos, el concepto de Seis Sigma es como una visita al dentista. No obstante, es un procedimiento que no tiene nada de desagradable y que, bien ejecutado, es energizante y remunerador en grado sumo. Incluso puede ser divertido.

Tan sólo basta con entender en qué consiste.

No hay nada técnico en lo que me dispongo a explicar. Si se desean conocer las premisas estadísticas del concepto o cómo hacerse experto en el tema, existe todo un arsenal de libros, vídeos y programas de formación a disposición del público.

No obstante, para nuestro propósito seré muy simple respecto a lo que significa y qué hace Seis Sigma. Llamo a esta versión «Seis Sigma para ciudadanos de a pie», que desean, como yo mismo, la versión profana de lo que es Seis Sigma y el motivo de su importancia. Esta explicación no satisfará a técnicos e ingenieros que sí necesitan conocer las bases estadísticas de Seis Sigma para incorporarlas al diseño de experimentos y equipamiento complejo.

Seis Sigma es un programa de calidad que, cuando todo está dicho y he-

> Seis Sigma, bien ejecutado, es energizante y remunerador en grado sumo.

cho, mejora la experiencia de los clientes, reduce los costes y forma mejores líderes.

Seis Sigma lo consigue mediante el control del despilfarro y la ineficacia, así como diseñando los productos y los procesos internos de una compañía de tal forma que los clientes consiguen lo que desean, cuando lo desean y cuando la empresa lo prometió. Lógicamente, siempre se pretende que los clientes estén más satisfechos con nosotros que con nuestros competidores, tanto si se dirige Upper Crust Pizza como si

> Lograr la fidelidad absoluta de nuestros clientes depende en gran medida de cumplir o superar sus expectativas, que es exactamente lo que Seis Sigma nos ayuda a conseguir.

se fabrican los reactores más potentes del mercado. En el capítulo sobre estrategia, al tratar la lealtad del cliente utilicé el término «fidelidad absoluta» para describir lo que era deseable. Pues bien, lograr la fidelidad absoluta de nuestros clientes depende en gran medida de cumplir o superar sus expectativas, que es exactamente lo que Seis Sigma nos ayuda a conseguir.

Lo que sin duda acaba con esa fidelidad es no ser consecuentes con los servicios o los productos que se ofrecen.

Considérese la siguiente hipótesis: fabricamos piezas de recambio y prometemos un plazo de entrega de diez días.

En el curso de tres entregas, nuestros clientes reciben los recambios al quinto, al décimo y al decimoquinto días. La media de entrega es de diez días.

En las tres entregas siguientes, los clientes reciben la primera entrega al cabo de dos días, la segunda al cabo de siete y la tercera al cabo de doce. Una media de siete días y una aparente mejora para el cliente. Pero no es así: quizás hayamos instaurado algún proceso interno o hayamos mejorado los costes, pero lo único que ha experimentado el cliente es incoherencia.

Con Seis Sigma, los clientes recibirían las tres entregas el décimo día o, en el peor de los casos, los días nueve, diez y once.

En otras palabras, Seis Sigma no es una cuestión de «medias», sino de variación; pretende eliminarla de la interfaz del cliente con la empresa.

Para eliminar la variación, Seis Sigma requiere que las empresas desarmen, pieza a pieza, todas sus cadenas de suministro y distribución, y que modifiquen el diseño de sus productos. El objetivo es desprenderse de todo aquello que suponga despilfarro, ineficacia o un cliente molesto con los métodos imprevisibles.

En eso consiste Seis Sigma: la eliminación de sorpresas desagradables y promesas incumplidas.

SIMPLE, COMPLEJO O NINGUNO DE LOS DOS

A vista de pájaro, Seis Sigma tiene dos aplicaciones principales. En primer lugar, eliminar la variación en las tareas rutinarias, repetitivas y relativamente simples; es decir, actividades que se producen una y otra vez. En segundo lugar, se aplica a proyectos grandes y complejos, para asegurarse de que salgan bien a la primera.

Existen muchísimos ejemplos de la primera aplicación: las empresas teleoperadoras, desde Dakota del Sur hasta Delhi, utilizan Seis Sigma para asegurarse de que se responde el teléfono después del mismo número de tonos. Las empresas de tarjetas de crédito la usan para que sus clientes reciban facturas detalladas el mismo día de cada mes.

La segunda aplicación de Seis Sigma es territorio de ingenieros y técnicos: proyectos complejos que, en ocasiones, tardan años en completarse. Si se están invirtiendo cientos de millones de dólares en un nuevo reactor o una nueva turbina de gas, uno no puede permitirse solventar irregularidades de última hora en el proceso o en el diseño. Seis Sigma es sumamente eficaz para descubrirlas en la pizarra; es decir, en la pantalla del ordenador.

Por supuesto, la cantidad requerida de formación y experiencia en Seis Sigma depende de dónde y cómo se pretenda aplicarlo.

Para la primera aplicación (actividades simples y repetitivas) el nivel de formación y experiencia es factible. Para descubrir las raíces de determinadas irregularidades, es necesario saber qué clase de información debe reunirse y cómo analizarla. El rigor de este tipo de formación tiene un magnífico efecto secundario: crea pensamiento crítico y disciplina. Por este motivo advertimos que, siempre que un negocio se sumía en Seis Sigma, no sólo mejoraba el rendimiento financiero, sino también los directivos: todos se convertían en mejores líderes.

La segunda aplicación es distinta; implica un nivel sofisticado de formación y análisis estadístico. Aunque nunca he recibido este tipo de formación, por la experiencia muy positiva de General Electric con reactores y turbinas sé que funciona.

Sin embargo, no hay que equivocarse: Seis Sigma no es aplicable en todas las facetas de la empresa. Intentar introducirlo en actividades creativas, cómo en publicidad o nuevas iniciativas de marketing, o en transacciones como la inversión bancaria, no tiene sentido e implica mucha parafernalia. Seis Sigma está orientado y tiene su mayor influencia en procesos repetitivos internos y en nuevos diseños de productos complejos.

ENTONCES ¿POR QUÉ TANTO MIEDO?

Llegados a este punto, cabe preguntarse: «Si Seis Sigma es tan claro, ¿por qué causa tanta ansiedad y confusión?»

Probablemente por el modo en que suele presentarse. En muchos casos, la dirección contrata expertos externos (técnicos, expertos en estadística, ingenieros o consultores de Seis Sigma) para que

«Hemos empezado bien: hemos contratado a varios expertos en estadística de sitios y estamos buscando más.» «Este pobre hombre se ha tragado un buen cuento», pensé para mis adentros.

prediquen el nuevo evangelio entre los suyos. A pesar de sus buenas intenciones, estos expertos atemorizan a todo el personal con unas diapositivas tan complejas que sólo serían del gusto de un profesor del Instituto Técnico de Massachusetts. Para empeorar aún más las cosas, suelen presentar Seis Sigma como una panacea para todos los males de la empresa. No se salva ninguna actividad.

Hace algunos años, el director general de una conocida empresa de bienes de consumo me visitó para saber cuál era mi opinión acerca de Seis Sigma. «Hemos empezado bien: hemos contratado a varios expertos en estadística de sitios como Carnegie Mellon y estamos buscando más», me dijo.

«Este pobre hombre se ha tragado un buen cuento», pensé para mis adentros.

Sin usar estas palabras, le dije lo que opinaba. Los expertos en estadística tal vez fuesen geniales, pero para los procesos relativamente sencillos que él se planteaba, necesitaba que todos en la empresa comprendiesen Seis Sigma. Los sabios recién llegados no harían más que asustar a la gente.

Me respondió que lo pensaría, pero creo que sólo lo dijo por educación. Para él, Seis Sigma era competencia de los expertos, no de su empresa.

■

Con el tiempo, la mayoría de las personas acaban por entender qué es Seis Sigma y dónde aplicarlo (y no aplicarlo) en una organización. También aprenden a apreciar su poder competitivo, tras haberlo visto en acción durante unos meses. Llegados a este punto, ellos mismos suelen convertirse en abanderados de Seis Sigma.

Por tanto, la próxima vez que oiga mencionar Seis Sigma, no será necesario que huya. Una vez comprendida la simple máxima «la variación es el mal», ya habrá recorrido más de la mitad del camino para convertirse en un experto en Seis Sigma.

La otra mitad consiste en erradicar el mal.

LA CARRERA

16

El trabajo adecuado

ENCUÉNTRELO Y NUNCA VOLVERÁ A TRABAJAR

S E DICE QUE SÓLO SE PUEDE VIVIR mirando hacia el futuro y comprender el pasado. Lo mismo también es válido para las trayectorias profesionales.

Siempre que se pregunta a personas de éxito por sus primeros trabajos, su reacción inmediata suele ser una carcajada. El presidente y director general de Procter & Gamble, A. G. Lafley, quería ser profesor de Historia del Renacimiento. Sus planes se frustraron cuando dejó los estudios para alistarse dos años en la Marina, y después pasó otros seis dirigiendo tiendas de comestibles y de alimentación especializada cerca de una base naval en Tokio.

O tómese el caso de Meg Whitman. Empezó su carrera como consultora de dirección, luego se unió a Disney para abrir sus primeras tiendas en Japón, a continuación se trasladó a Stride Rite para relanzar su marca Keds, después asumió el control de la débil empresa de floristería FTD y acto seguido pasó a Hasbro para dirigir sus divisiones PlaySkool y Mr. Potato Head.

Es perfectamente lógico que Meg Whitman acabase como directora general de eBay, el minorista de absolutamente todo... Pero no hubo nada de premeditado en su carrera: ¡eBay ni siquiera existía hace unos años!

Lo que pretendo decir es que es imposible saber adónde nos llevará un determinado trabajo. En realidad, si nos presentan a alguien que ha seguido un plan profesional premeditado, aconsejo no sentarse junto a él en una cena: suelen ser personas muy aburridas.

Ahora bien, tampoco pretendo que dejemos nuestro futuro en manos del destino. Un gran trabajo puede dar sentido y emoción a nuestra vida. El trabajo equivocado, en cambio, puede absorber toda la vida que hay en nosotros.

¿Cómo se encuentra el trabajo adecuado?

La primera respuesta es simple: hay que soportar el mismo proceso iterativo, aburrido y con altibajos por el que pasan todos los trabajadores. Se acepta un empleo, se descubre lo que nos agrada y desagrada, y en qué destacamos o fallamos; a continuación, en el momento adecuado, se cambia de trabajo para encontrar uno más acorde a nuestros intereses. Es un proceso que se repite hasta que, un día, advertimos que hemos dado con el trabajo adecuado: nos gusta y, por tanto, estamos dispuestos a hacer determinadas concesiones.

Sí, concesiones, porque apenas existen los trabajos perfectos. Tal vez amemos nuestro trabajo con todas nuestras fuerzas, pero desearíamos que nos pagasen mejor. O quizás un trabajo tan sólo nos guste, pero estemos encantados con nuestros colegas. Al margen de estas consideraciones, el trabajo adecuado existe.

En este capítulo, mi objetivo es que el proceso para encontrar ese trabajo adecuado sea más corto y —espero— menos misterioso.

¿Cómo?

Afortunadamente, la mayoría de los trabajos emiten señales acerca de su grado de adecuación. Tales señales se dan en todos los ámbitos de una organización: para el que acaba de salir de la universidad, para el directivo medio que intenta progresar o para el alto ejecutivo que busca un trabajo en la cúspide de su empresa. Por supuesto, en el proceso de búsqueda de trabajo hay situaciones especiales que requieren una consideración aparte: encontrar el primer trabajo, encontrar trabajo si uno se encuentra atascado en una situación concreta, o encontrarlo si nos han despedido del trabajo anterior. Estas situaciones se considerarán al final del capítulo.

En primer lugar, observaremos las señales generales (tanto las buenas como las malas) para saber si encajamos en un trabajo.

IMAGINA QUE PIENSAS CAMBIAR DE TRABAJO

SEÑAL	TÓMESE COMO BUENA SEÑAL SI...	HAY QUE PREOCUPARSE SI...
PERSONAL	Los compañeros nos agradan. Podemos relacionarnos con ellos y disfrutamos sinceramente de su compañía. Piensan y actúan de una forma muy similar a la nuestra.	Sentimos que en el trabajo interpretamos un personaje. Después de visitar la empresa, pensamos cosas como: «No necesito ser amigo de las personas que trabajan conmigo.»
OPORTUNIDADES	El trabajo nos ofrece la oportunidad de crecer como persona y como profesional. Sentimos que aprenderemos cosas que ni siquiera sabíamos que necesitábamos aprender.	Nos han contratado como experto. Al llegar, posiblemente somos la persona con más conocimientos de la sala.
OPCIONES	El trabajo nos ofrece unas credenciales que podremos llevarnos allá donde vayamos; además, se trata de un negocio y una industria con futuro.	La industria ya ha alcanzado sus máximos o su economía es terrible. La empresa, por las razones que sean, apenas hará nada para aumentar nuestras opciones profesionales.

IMAGINA QUE PIENSAS CAMBIAR DE TRABAJO

SEÑAL	TÓMESE COMO BUENA SEÑAL SI...	HAY QUE PREOCUPARSE SI...
PERTENENCIA	Se acepta el trabajo por uno mismo o sabemos por quién lo aceptamos y nos sentimos en paz con la decisión.	Se acepta el trabajo por cualesquiera otros motivos, como un cónyuge que quiere que viajemos menos o por aquel profesor que dijo que nunca llegaríamos a nada.
CONTENIDO DEL TRABAJO	El contenido del trabajo nos vuelve loco: nos entusiasma, nos divierte y nos parece importante, e incluso nos llega al alma.	El trabajo parece un trabajo. Al aceptarlo, nos dijimos algo así: «Sólo hasta que encuentre algo mejor» o «El sueldo es inmejorable.»

UNAS PALABRAS ACERCA DEL SUELDO

Antes de tratar con detalle cada una de estas señales, se hará una breve reflexión acerca del dinero, ese gran invitado a cualquier discusión sobre el empleo.

Nada hay peor que alguien que, tras haber hecho algún dinero, opina que éste no es importante a la hora de decidirse por un trabajo. Por tanto, no hablaré en esos términos. En realidad, diré que el dinero importa... y mucho.

Cuando acepté mi primer trabajo, tenía varias ofertas, pero una de ellas, de General Electric, suponía 1.500 dólares más al año. Recién salido de la universidad, estaba sin un céntimo. Aquellos 1.500 dólares pesaban e influyeron en mi decisión. Al cabo de un año, obtuve mi primer aumento de sueldo dentro de la empresa. Cuando descubrí que se me pagaba lo mismo que al resto de los empleados de mi unidad, mi fanatismo por los sueldos acordes con los méritos hizo que pensara: «¡Olvídate de este sitio!» Pero no dejé el empleo hasta encontrar otro en una empresa química en Skokie, Illinois, donde me pagarían un 25 % más. Finalmente me convencieron para que permaneciese en General Electric, pero no habría aceptado si la empresa no hubiese igualado la oferta de Skokie.

Puesto que es imposible separar el dinero de las decisiones sobre la carrera, es muy conveniente decidir lo importante que es el dinero para nosotros. Quizá sea muy noble decir que no nos importa hacernos ricos, pero otra cosa es vivir con tal decisión año tras año, sobre todo cuando empiezan a amontonarse las hipotecas y las matrículas escolares.

No hay nada inherentemente malo en querer dinero, ser indiferente a él o todo lo que se halle entre ambos extremos. Pero si no se es honrado con uno mismo acerca de este punto en los primeros años de la trayectoria profesional, acabaremos replanteándonos el tema numerosas ocasiones en los años venideros.

A continuación se tratan las señales que nos indican la adecuación de un trabajo. No se enumeran en un orden concreto, pues todas ellas tienen una importancia similar.

PERSONAL

La primera señal atañe a las personas, pues aunque todos los aspectos de un trabajo sean perfectos (la tarea, el sueldo, la localización), si no se disfruta con los colegas de forma cotidiana, el trabajo puede ser una tortura.

Quizá parezca una afirmación demasiado evidente, pero conozco a muchísimas personas que han aceptado trabajos en empresas donde no compartían las sensibilidades globales de la organización. Con ello me refiero a un conjunto de valores, rasgos de la persona-

lidad y conductas, desde la intensidad de actuación de los empleados hasta su comodidad en situaciones de confrontación, pasando
por su sinceridad respecto al rendimiento o cuánto se ríen en las
reuniones.

Si nos integramos en una empresa cuyas sensibilidades no coinciden con las nuestras, nos encontraremos interpretando un perso-
naje tan sólo para llevarnos bien con los colegas. Nada hay más letal para una trayectoria profesional que fingir día tras día.

Conozco a una mujer —la llamaré Claire— que, tras licenciarse
en Administración de Empresas, logró un cargo de responsabilidad
en una organización sin ánimo de lucro. Al principio, Claire pensó
que había encontrado el trabajo perfecto: podía utilizar sus conocimientos empresariales para dirigir una organización y además «hacer del mundo un lugar mejor», según sus palabras.

No obstante, al cabo de varios años, Claire estaba fuera de sus
casillas. Sus colegas tomaban todas las decisiones a paso de tortuga.
«No importa que decidan lo que van a almorzar o un nuevo plan de
marketing, nadie puede sentirse "no escuchado". Siempre hay que
llegar al consenso... ¡me estoy volviendo loca! La organización tiene todas las buenas intenciones, pero nunca llega a hacerse nada»,
comentó.

Finalmente, decidió que no podía tolerar por más tiempo la diferencia de sensibilidades que sentía en una organización sin ánimo
de lucro y empezó a buscar trabajo como consultora en el sector
privado. Identificó una firma en concreto, conocida por su política
pro bono, y se consoló pensando que podía trabajar allí y seguir
manteniendo un pie (o un dedo) en el mundo «virtuoso».

El problema fue que la firma en cuestión no quiso contratarla.
Le dijeron que no estaba acostumbrada a trabajar con la rapidez ni
la intensidad que ellos requerían y que necesitaban a alguien de tales características. Básicamente, afirmaron, «necesitamos a alguien
como nosotros».

Claire sigue en su trabajo sin ánimo de lucro, resignada a permanecer allí y hacerlo lo mejor posible. Lo triste es que, en sus palabras, «encontré a "mi gente" en aquella consultoría, pero no vieron que podía ser como ellos». Era demasiado tarde.

En nuestra trayectoria profesional, cuanto antes encontremos a «nuestra gente», mejor. Aunque un trabajo parezca ideal en todos los demás aspectos, no lo es si no existe una sensibilidad compartida.

> En nuestra trayectoria profesional, cuanto antes encontremos a «nuestra gente», mejor. Aunque un trabajo parezca ideal no lo es si no existe una sensibilidad compartida.

OPORTUNIDADES

La segunda señal atañe a las oportunidades; es decir, qué nos ofrece el trabajo en cuanto a desarrollo y aprendizaje.

Sin duda, aceptar un trabajo donde no tendremos problemas para destacar de entrada es una opción muy atractiva. El éxito asegurado tiene sus recompensas... en el alma y en el bolsillo.

Sin embargo, todo trabajo ha de incluir cierto grado de desafío. Debe obligarnos a pensar: «Puedo hacer casi todo el trabajo, pero requiere ciertos conocimientos y experiencia que todavía no poseo. Aquí voy a aprender bastante.»

En otras palabras, cualquier nuevo trabajo debe implicar cierto esfuerzo y no ser pan comido.

¿Los motivos? Desarrollarse, esforzarse y aprender son actividades que nos mantienen motivados y llenos de energía. Hacen el trabajo más interesante y obligan a concentrarse en el juego.

Un trabajo de estas características también implica el riesgo de equivocarse. Por este motivo, es esencial asegurarse de que, en la empresa en cuestión, el aprendizaje sea verdaderamente un valor, el desarrollo de cada empleado se tenga por un objetivo real, los errores no se consideren fatales y que trabajemos con personas a quienes pueda acudirse en busca de consejo.

Cabe señalar que tal esfuerzo no sólo debe darse al principio de la trayectoria profesional.

Tómese el caso de Robert Bagby, que dirige la correduría A. G. Edwards. Bob dice que en dos ocasiones ha apostado por empleos que suponían un gran reto para él, ambos separados por un margen de veintiséis años. El primero fue su primer trabajo como mediador para otra firma de Kansas City; el segundo fue en 2001, tras su nombramiento como presidente y director general de A. G. Edwards.

«Cuando empecé a trabajar como broker, no tenía ni idea de lo que estaba haciendo o de por qué había aceptado el trabajo. El teléfono me parecía un arma peligrosa, me asustaba tocarlo», me dijo Bob recientemente. Sin embargo, pasados unos meses Bob había aprendido lo suficiente para empezar a destacar. Acabó por amar la Bolsa, y pronto su territorio se extendió y empezaron a lloverle los ascensos.

No volvió a sentirse fuera de su elemento hasta que el consejo directivo de A. G. Edwards lo eligió para que ocupase el puesto más importante de la firma.

«Tuve otra vez la misma sensación; nunca se cuenta con experiencia previa como director general. Toda tu historia y tus éxitos pasados ya no tienen importancia. Hay que ganarse el respeto de nuevo.»

El ascenso de Bob a la dirección general no podía llegar en un momento más complejo. La burbuja de Internet acababa de deshincharse y el mercado se hundía después del 11 de Septiembre. Bob tuvo que supervisar la primera reducción de personal de la firma y redirigir su cultura.

> Cualquier nuevo trabajo debe implicar cierto esfuerzo y no ser pan comido.

«Me llevó un año sentir que pisaba terreno firme. Las cosas han vuelto a la normalidad... ahora es divertido.»

La historia de Bob, como tantas

otras, ilustra que no debe temerse un trabajo que, de entrada, nos parezca inabarcable. Si se es bueno (motivo por el que, para empezar, se nos ha contratado o ascendido), creceremos con el trabajo y la experiencia nos hará mejores.

OPCIONES

Si la señal de las oportunidades consiste en encontrar un trabajo que permita crecer y desarrollarse, la de las opciones atañe a encontrar un trabajo que nos sea útil en caso de tener que dejarlo.

Trabajar para ciertas empresas es como ganar una medalla olímpica. Durante el resto de nuestra carrera se nos asociará con grandes éxitos y rendimiento. La consultoría McKinsey & Company es una de ellas. Puesto que se la conoce por contratar a los mejores ejecutivos del mundo en inteligencia y entusiasmo, y dada su gran reputación en formación intensiva, sus alumnos siempre reciben la atención del mercado laboral. Por el mismo motivo, en mis primeros días en Plásticos, siempre intentábamos contratar personal de DuPont y lograrlo nos parecía un gran éxito. Quizá no fuese verdad, pero estábamos convencidos de que, si conseguíamos un ingeniero de DuPont, lográbamos también los procesos y las técnicas más avanzados.

Microsoft, Wal-Mart y Johnson & Johnson también «marcan a sus empleados»; es decir, éstos obtienen excelentes credenciales por el mero hecho de trabajar allí algunos años. Siendo imparcial, también General Electric formaría parte de esta categoría. En la actualidad, cinco de sus antiguos empleados son directores generales en el

> Trabajar para ciertas empresas es como ganar una medalla olímpica. Durante el resto de nuestra carrera se nos asociará con grandes éxitos y rendimiento.

Dow Jones 30. Muchos más son en la actualidad directores generales en compañías incluidas en la lista Fortune 500, y miles de ellos son ejecutivos en empresas de todo el mundo.

Como es lógico, no debe permitirse que este fenómeno dirija completamente las decisiones relacionadas con el trabajo. Se podría acabar en una compañía muy respetada, pero con un jefe terrible o un trabajo de responsabilidades limitadas. No obstante, éstas son situaciones poco probables en las buenas empresas de las que estamos hablando.

Este consejo tal vez parezca excluir del juego a las pequeñas empresas. No es así. Algunas pequeñas compañías ofrecen experiencias y retos que no pueden rechazarse. Brindan la oportunidad de dirigir personal en los primeros estadios de nuestra carrera, gestionar muy pronto proyectos o unidades, por no mencionar negociar adquisiciones, y trabajar muy cerca del director general y del consejo de administración. Cuando estemos preparados para dar el siguiente paso, quizá no contemos con las credenciales de una empresa prestigiosa, pero ya tendremos hecho el rodaje. Es algo que se aprecia en todas partes, sobre todo en otras pequeñas empresas, en firmas de capital de riesgo y en negocios que empiezan.

La señal de las opciones tiene una segunda parte.

Algunas empresas abren (o cierran) puertas a causa de su reputación. Otras lo hacen por su industria.

En la década de 1960, estar en Plásticos era tener una plaza para el futuro. Se trataba de una industria floreciente, en la que cada día se desarrollaban nuevas aplicaciones. En la década de 1970, como consecuencia de la crisis del petróleo, abundaban las ofertas de trabajo para todo aquel con estudios o experiencia en el campo de la geología. Por supuesto, a todos los involucrados en la alta tecnología o las finanzas entre finales de la década de los ochenta y la de los noventa se les presentaban grandes oportunidades.

En mis conferencias, se me pregunta a menudo qué sectores recomendaría en la actualidad a los licenciados y ejecutivos. Les digo que busquen empresas que se muevan en la intersección entre la biología y la tecnología de la información. También sugiero que aprendan todo lo que puedan acerca de China, porque impregnará todos los aspectos de los negocios a lo largo de sus vidas.

Lo que me hace recordar la afirmación de un ejecutivo muy importante, que sirvió en las fuerzas aéreas antes de iniciar su carrera en el mundo de los negocios. Suele relacionarse con firmas de cazatalentos y afirma que sus primeras preguntas sobre un trabajo potencial son similares a las que planteaba a un piloto de caza para comprobar su conocimiento de la situación.

«Cuando participaba en una misión, siempre preguntaba: "¿Cuál es nuestra altitud? ¿Qué condiciones meteorológicas nos esperan? ¿Dónde está el enemigo?" Creo que en los negocios sucede lo mismo. Se requieren similares conocimientos de un trabajo o de una industria: ¿Nos estamos metiendo en una situación que puede cambiar de forma inesperada? ¿La economía pasa por una etapa desfavorable? ¿Es muy dura la competencia? ¿Ha alcanzado el sector sus máximos o acaba de despegar? ¿Son razonables mis expectativas o soy un kamikaze?»

Ahora bien, uno puede hacerse estas preguntas y descubrir que el trabajo que nos gusta tiene un futuro problemático. La industria de las líneas aéreas pasa por un momento económico muy difícil y sus sueldos son relativamente bajos, especialmente para los puestos directivos. Tampoco las industrias hotelera y editorial se consideran sectores muy boyantes.

A pesar de ello, hay quien ama el romanticismo del viaje aéreo, la aventura del negocio hotelero o la emoción de crear libros. Si se es uno de ellos, hay que entrar en esos sectores sin dudarlo, pero siempre con los ojos abiertos. Cada trabajo que se acepta es una apuesta que puede aumentar nuestras opciones o acotarlas.

> Cada trabajo que se acepta es una apuesta que puede aumentar nuestras opciones o acotarlas.

PERTENENCIA

Hace algunos años, una directora amiga recibió la visita del hijo de un conocido del mundo empresarial. El joven estaba a punto de licenciarse en Harvard y necesitaba consejo acerca de dos mundos que eran muy familiares a mi amiga: la banca de inversión y la asesoría de empresas.

El estudiante, pulcramente peinado y debidamente vestido con traje, se presentó con una lista de preguntas. ¿En qué se diferenciaban las principales firmas de asesoría? ¿Qué clase de asignaciones le esperaban en su primer año en Wall Street? Y otras similares.

La directora había trabajado en consultoría antes de entrar en una empresa de bienes de consumo y tenía muchos conocidos en la banca de inversión, por lo que pudo responder a todas las preguntas con precisión. Observó al joven tomando notas con atención, pero tuvo la sensación de que no estaba particularmente interesado en nada de lo que le decía.

Al cabo de media hora, el joven le agradeció con educación su amabilidad, introdujo su bloc de notas en una carpeta y se dispuso a marcharse. Entonces la directora advirtió que la carpeta estaba cubierta de complejos dibujos de automóviles.

—¡Vaya, son increíbles! ¿Quién los ha hecho?

El joven, de pronto rebosante de energía, respondió:

—Son míos, siempre estoy dibujando coches. Mi habitación está cubierta de carteles y dibujos, y estoy suscrito a todas las revistas de automovilismo. He estado obsesionado por los coches desde que cumplí cinco años. Toda mi vida he querido ser diseñador de coches. Siempre voy a todos los espectáculos automovilísticos y a las carreras NASCAR. El año pasado fui a Indianápolis... ¡piloté allí!

La directora estaba estupefacta.

—Tienes que ir a trabajar a Detroit —le dijo—. ¿Por qué estás pensando en la asesoría o la banca?

El joven se apagó con la misma rapidez con que se había iluminado.

—Mi padre dice que no he ido a Harvard para meterme en el negocio automovilístico.

Durante unos instantes la directora intentó hacerle cambiar de opinión, pero pronto advirtió que estaba entrando en dinámicas familiares que no eran asunto suyo. Unos meses después, no le sorprendió que el padre del joven le dijese, lleno de orgullo, que su hijo trabajaba ochenta horas a la semana en una firma de Wall Street.

> Trabajar para satisfacer las necesidades o los deseos de otro siempre acaba por pasarnos factura.

A lo largo de nuestras carreras, aceptamos empleos para satisfacer los sueños o las necesidades de otras personas: padres, cónyuges, profesores o compañeros de clase.

No es necesariamente malo, siempre que seamos conscientes de que lo hacemos. Porque trabajar para satisfacer las necesidades o los deseos de otro siempre acaba por pasarnos factura. Conozco a alguien que se hizo médico porque durante toda la infancia su madre —una inmigrante polaca que amaba el sueño americano— le presentaba diciendo: «¡Y aquí está mi pequeño médico!» Ese hombre no odiaba su profesión, pero nunca he conocido a nadie más ansioso por jubilarse.

También son muchos los que aceptan ciertos trabajos porque sus cónyuges quieren que viajen menos. Lo que sucede invariablemente es que el interesado pierde un ascenso por su movilidad limitada. En ocasiones, la rabia consiguiente salpica por todas partes; en otras, se queda bullendo dentro de uno.

La dura realidad es que no hay una salida infalible a la influencia de los vínculos personales. A medida que maduramos, la vida y las relaciones se complican; son pocos aquellos con libertad e independencia absolutas para aceptar un trabajo sin tener en cuenta otras consideraciones. Hay matrículas escolares que pagar, cónyuges con sus propias carreras y, sí, voces interiores que nos dicen lo que deberíamos hacer con nuestras vidas, incluso cuando ya han pasado muchos años desde que salimos de la universidad.

Por estas razones, la única defensa posible para que las influencias ajenas no acaben por pasarnos factura en algún momento de nuestra carrera es ser explícito con uno mismo respecto a la persona (o personas) por quienes se está aceptando un trabajo.

A lo largo de nuestra trayectoria profesional, nuestro Detroit particular acabará por llamarnos, en un momento u otro. Si podemos ir a él, genial; si no es posible, hay que hacer las paces con las razones que nos lo impiden.

CONTENIDO DEL TRABAJO

Es la última señal de la tabla, pero bien podría ser la primera.

Todo trabajo tiene días malos o épocas difíciles, y habrá ocasiones en que se trabajará principalmente para llegar a final de mes. Pero en una situación laboral ideal, nuestro trabajo, o al menos alguno de sus aspectos, nos encanta. Nos entusiasman los clientes, los viajes, la camaradería en la reunión de los martes... sea lo que sea, algo del trabajo hace que queramos volver día tras día. A veces es el mismo desafío de la profesión lo que nos vuelve locos.

Tómese el caso de Joel Klein, responsable del Departamento de Educación de la ciudad de Nueva York. (Entablé relaciones con él gracias a mi trabajo en la Academia de Liderazgo para nuevos directores escolares.) Joel podría tener cualquier puesto prestigioso y bien pagado como consejero o director general. Como fiscal general adjunto responsable de la División Antimonopolio del Departamento de Justicia de Estados Unidos, emprendió en 1990 una conocida batalla contra Microsoft; posteriormente fue presidente y director general de la división estadounidense de Bertelsmann, el grupo de comunicación internacional.

No hay ningún glamour ni apenas gloria en el trabajo que Joel aceptó en el año 2002 para llevar a cabo la reforma educativa. Huelga decir que, al aceptar el cargo, no sólo asumió una inmensa reducción de su salario, sino que además se comprometió a reorganizar un insano sistema burocrático, con un millón de estudiantes repartidos entre más de mil trescientas escuelas y con un presupuesto de 15.000 millones de dólares. Se topó de inmediato con intereses muy arraigados, como el de unos líderes sindicales más que interesados en mantener el statu quo, pero Joel se mantuvo imperturbable. Aparece prácticamente a diario en algún periódico de Nueva York y, puesto que todo el mundo se cree con el derecho de opinar acerca de la educación, suele ser frecuente tema de editoriales, tanto laudatorias como críticas.

Joel adora su trabajo.

«A veces me pregunto qué hago aquí. Podría estar almorzando civilizadamente en el comedor de una gran empresa y, en cambio, me encuentro en una escuela con un elevado índice de criminalidad intentando que el personal nos ayude a cumplir nuestro sistema disciplinario», me comentó Joel en una ocasión. «Pero crecí en las casas de protección oficial de Queens y soy un producto de los colegios públicos. Debo mucho a los directores y los profesores que se comprometieron con el sistema y cambiaron mi vida y la visión que tenía de mis oportunidades. Me siento afortunado por encontrarme en una posición en la que puedo devolver algo a cambio. No quiero parecer pretencioso, pero considero que este trabajo es mucho más importante que cualquier otro que haya desempeñado.»

Aunque en un ámbito menor, sé a lo que se refiere cuando habla de sentir la importancia de un trabajo. El mío siempre me lo pareció, incluso cuando (en retrospectiva) no lo era en absoluto. Nunca olvidaré cuando, como profesor adjunto de la Universidad de Illinois, me pidieron que presentase mi tesis doctoral sobre la condensación en una conferencia internacional que se celebraría en Boulder, Colorado, sobre transferencia de calor. Cualquiera habría pensado que me habían nominado al Premio Nobel. Antes de la

Si una ocupación no nos entusiasma de un modo u otro, es preferible no quedarse en ella.

conferencia estaba hecho un manojo de nervios y la ensayé durante semanas. Cuando llegó el gran día, hablé y recibí el educado aplauso que merecía. Mi reacción fue correr al teléfono y llamar a mi madre en un estado de euforia total.

Para ser sinceros, todavía recuerdo el entusiasmo que sentí entonces.

Afortunadamente, encontrar un trabajo que nos llegue al corazón no es difícil. Están por todas partes: cualquier trabajo tiene ese potencial, pues sólo deben ser importantes para uno mismo. Al poco tiempo de mi jubilación, estábamos en Montreal, almorzando en un pequeño restaurante francés, cuando entablamos conversación con otro turista. Al cabo de tan sólo unos minutos, ya sabíamos que se trataba del «primer dentista sin mercurio de Quechee, Vermont». Aquel hombre se sentía tan orgulloso de su trabajo que casi me planteé iniciar una segunda carrera como dentista, tan contagioso era su entusiasmo.

Como ya he comentado, todo trabajo tiene sus altibajos. Pero si una ocupación no nos entusiasma de un modo u otro, es preferible no quedarse en ella de por vida. Tampoco hay que preocuparse por saber cuándo se encontrará un trabajo que signifique algo para nosotros: es algo que se siente.

CASOS ESPECIALES

Las señales que nos indican la adecuación de un trabajo pueden aplicarse a numerosas situaciones laborales, pero algunos casos especiales requieren una discusión más específica.

El primer caso especial es encontrar el primer trabajo. Para unos pocos afortunados, este proceso es bastante directo. Tienen excelentes calificaciones de una universidad de prestigio y ya cuentan con una experiencia laboral impresionante. Estos nuevos licenciados, salidos de la universidad o recientes ejecutivos, suelen tener muchas opciones y espero que las señales descritas en este capítulo les sean de utilidad para tomar la decisión adecuada.

No obstante, muchos otros no lo tienen tan fácil. Su historial académico sólo es aceptable y su experiencia laboral no tiene nada de especial. Eso les deja en una posición en que son ellos quienes tienen que venderse a un público cuya predisposición abarca desde el escepticismo hasta la negativa directa.

A los que se encuentran en esa categoría, mi principal consejo es que sean realistas y sinceros.

Nada hay menos atrayente que un candidato con un historial mediocre que intenta venderse con alardes y un exceso de entusiasmo. Es una actitud falsa que cualquier director experimentado identifica a kilómetros de distancia.

Lo mejor que puede hacerse es explicar la verdadera historia. «Sé que mis calificaciones no son excelentes. Dediqué mucho tiempo al deporte y, para ser sincero, mucho tiempo a los amigos. Tendría que haber estudiado más, pero tenía otras prioridades que seguramente no eran las acertadas. La razón por la que, a pesar de todo, debería contratarme, es porque nunca me rindo ante los desafíos, soy muy trabajador, creo en su producto y admiro su compañía, y sé que puedo serle de utilidad.»

Mientras se explica la verdad, hay que actuar también con sinceridad. Las personas extrovertidas y divertidas no deben presentarse como serias y estiradas en las entrevistas. Si se es tímido y con escaso don de gentes, no hay que hacerse el listo. La empresa debe conocer lo que va a adquirir y debemos mostrárselo para ver cómo reaccionan. Conozco a una MBA que tropezó en la puerta cuando entraba para entrevistarse con tres ejecutivos de una prestigiosa consultoría. Tras ponerse en pie, estrechó la mano de los entrevistadores diciendo: «Y yo soy Gracia, la profesora de ballet.»

Ninguno de ellos esbozó una sonrisa ni tampoco intentaron hacerla sentir cómoda después de haber pasado por un momento tan embarazoso. Acabaron ofreciéndole el trabajo; ella lo rechazó.

«Ellos vieron mi verdadero yo y yo vi cómo eran ellos», recuerda.

Lo que pretendo resaltar es que, a la hora de buscar trabajo, debe actuarse con sinceridad y sentirse cómodo con uno mismo. La autenticidad puede ser nuestro principal punto a favor.

La segunda situación especial es cuando uno se siente encallado en una situación que parece no tener salida. Hay muchas formas de quedarse atascado en un trabajo. Que sea imposible ascender, puesto que nuestro jefe no va a ninguna parte y tampoco tiene intención de trasladarnos a otra división; que alguien haya logrado el ascenso que esperábamos y se nos comunique que ya estamos bien en nuestro puesto actual; que la perspectiva de ascenso sea muy lejana, pues la empresa sólo los concede tras cierto período de permanencia. Se adora el trabajo pero el sueldo es malo, o el sueldo es bueno pero el trabajo es horrible.

El problema de sentirse encallado es que la frustración va acumulándose, hasta que acaba por hacerse algo estúpido: dejar el trabajo.

No lo recomiendo. Es muchísimo más sencillo conseguir un trabajo desde dentro de un trabajo. Iré incluso más lejos: no sólo es conveniente permanecer en el puesto, sino incluso trabajar más. Nada nos puede conseguir un trabajo más rápido que tener un rendimiento magnífico en el puesto anterior.

Gerry Roche, presidente de Heidrick & Struggles y uno de los cazatalentos más respetados de Estados Unidos, dice que, aunque uno se sienta atascado, si el rendimiento es bueno es probable que dos observadores externos lo sepan: los cazatalentos y la competencia.

> La autenticidad puede ser nuestro principal punto a favor.

«Las personas con un rendimiento ejemplar son como los mástiles del barco. Son visibles en el horizonte y siempre intentamos atraerlos... a nuestro puerto», me dijo Gerry no hace mucho.

En cambio, los que peor lo tienen para encontrar un nuevo trabajo son los que Gerry denomina «perennes».

«Es un tipo de persona que considera que no se le asciende bastante rápido o que no puede aguantar en un trabajo concreto y siempre está ahí, con su currículum y sus llamadas telefónicas, persiguiendo a las empresas y a nosotros para que le contratemos. Se les etiqueta muy pronto.»

Obviamente, si uno se siente encallado necesita hacer sondeos para que el exterior sepa que está planteando trasladarse. Pero no hagamos de ello el propósito de nuestras vidas o minaremos los esfuerzos realizados hasta entonces y, peor aún, perderemos de vista la mejor baza para lograr salir del punto muerto: el rendimiento personal.

El tercer caso especial es encontrar un trabajo cuando se nos ha despedido del anterior. El año pasado almorcé con un antiguo ejecutivo de General Electric (llamémosle Charlie) que en una ocasión había trabajado para mí antes de trasladarse a operaciones. Después de varios ascensos, acabó en un puesto donde se esforzó durante un par de años para cumplir con las expectativas que se le exigían. Finalmente, con poco más de cincuenta años, fue despedido.

La carrera de Charlie, sin embargo, estaba lejos de haber terminado. Unos meses después era socio de una empresa de alta tecnología, donde empezó a jornada parcial y acabó trabajando la jornada completa. De ahí le ofrecieron que se uniese a varias juntas corporativas y también empezó a dar clases en una conocida escuela de negocios.

Me dijo que, a los cinco años de su despido, su trabajo le llenaba más que nunca.

Le pregunté de dónde había sacado tanta fuerza.

«Sé que me equivoqué. Había acordado con mi jefe unos objetivos bien claros y no los cumplí. Esperé demasiado para despedir a dos subordinados que no rendían. No reaccioné con rapidez cuando sobrevino una mala coyuntura. Era demasiado optimista. Le dije a mi mujer que iba a conseguirlo, y vaya si lo conseguí.»

La respuesta racional de Charlie me impresionó, porque tras un despido las personas suelen adoptar una actitud muy defensiva.

Muy defensiva y... depresiva.

Ambos estados, aunque naturales y comunes, son los que nos impiden conseguir un nuevo empleo. El entrevistador puede oler la falta de autoestima a distancia, y la gente quiere contratar triunfadores.

Pero ¿cómo actuar como un triunfador si uno se siente como un fracasado?

Planteé esta pregunta a Charlie.

Su método fue acudir a lo que él denomina «su reserva de autoestima»: su familia y su provisión de sensaciones positivas acerca de sí mismo y de sus logros pasados. Utilizó este capital interior para continuar relacionándose con colegas del mundo empresarial y con toda una red de nuevas oportunidades. También lo utilizó para seguir activo socialmente y participar en las actividades de la comunidad.

«Al principio, quizá la gente me miraba de forma algo distinta y hablaba de mí porque ya no trabajaba; intenté no prestar atención a eso.»

El objetivo, en caso de despido, es mantenerse alejado de lo que siempre he denominado «el vórtice de la derrota»; es decir, dejarse caer en una espiral de inercia y desesperación.

Una razón de que las personas caigan en la espiral es que dejan pasar demasiado tiempo antes de buscar un nue-

> El objetivo, en caso de despido, es mantenerse alejado de lo que siempre he denominado «el vórtice de la derrota»; es decir, dejarse caer en una espiral de inercia y desesperación.

vo trabajo. Es una cuestión delicada. Tiene mucha lógica tomarse algún tiempo libre tras el despido (digamos uno o dos meses) para reflexionar y sosegarse. Por otra parte, cuanto más tiempo se espere, más probable es que empecemos a dudar de nosotros y también que los posibles empleadores piensen que algo va mal. No es deseable que los huecos en el currículum sean demasiado evidentes.

Durante la entrevista, sin duda surgirá la pregunta de por qué dejamos el anterior trabajo. Seamos sinceros y respondamos que nos invitaron a irnos. Todos los directores del mundo saben lo que «presenté mi dimisión» o «lo dejé por motivos personales» significan en realidad.

También es esencial hacerse responsable del despido, como hizo mi amigo Charlie durante nuestra conversación. Su forma de apropiarse de la situación le hizo mucho más atractivo que la típica defensa que he oído cientos de veces: «Mi jefe era muy difícil», «No les preocupan los clientes tanto como a mí» o, mi favorito, «Allí todo era política. No importaba lo que hacías, sino a quién conocías.»

Compárese con la postura de Charlie (incluso reconociendo que es de una racionalidad extrema): cuando regresó al mercado de trabajo, no culpó a nadie, excepto a sí mismo. Explicó a los entrevistadores lo que le había enseñado la experiencia y lo que haría de un modo distinto en su siguiente trabajo. «A partir de ahora, estoy decidido a centrarme más en el exterior y, sin duda, actuaré con mayor rapidez con el personal de escaso rendimiento. Uno de mis objetivos es probar que no cometeré el mismo error por segunda vez.»

En caso de haber sido despedidos, lo último que deseamos hacer es fanfarronear; no obstante, es necesario proyectar realismo y optimismo. Hay que

> Todos los directores del mundo saben lo que «presenté mi dimisión» o «lo dejé por motivos personales» significan en realidad.

acudir a la reserva de autoestima. Reconocer lo que sucedió, explicar lo que se ha aprendido y nunca temer pedir una oportunidad. Alguien la ofrecerá.

Como casi todos los de mi generación, pertenezco a un club muy pequeño: el de las personas que han pasado toda su carrera en la misma empresa. Cuando me licencié, en 1961, esto era la norma. En la actualidad, las estadísticas muestran que los universitarios cambian de empresa en múltiples ocasiones en la primera década de su trayectoria profesional y que lo mismo hacen los ejecutivos.

Desconozco si es bueno o malo, pero es lo que hay. La gente está ansiosa por apresurarse y encontrar el trabajo adecuado.

He aquí, no obstante, algunas reflexiones.

En primer lugar, encontrar el trabajo adecuado requiere tiempo, experiencia y paciencia. A fin de cuentas, si no se trabaja cierto tiempo es imposible saber si servimos para el puesto, ni mucho menos decidir si nos gusta.

Segundo, encontrar el trabajo adecuado se hace más fácil cuanto mejores somos. Quizá suene un poco rudo, pero es la pura verdad. Las personas con talento son las que tienen más oportunidades donde elegir. El trabajo adecuado las encuentra a ellas.

Por tanto, si se desea encontrar un trabajo fabuloso, debe elegirse algo que nos guste hacer, asegurarnos de que estamos con personas de nuestro agrado y luego darle todo lo que tenemos.

En tal caso, sin duda conseguiremos un trabajo fabuloso y, por tanto, no volveremos a trabajar nunca más.

17

Ascensos

LO SIENTO, NO HAY ATAJOS

EL CAPÍTULO ANTERIOR de este libro ha tratado de la búsqueda del trabajo adecuado. En éste se hablará de conseguir el siguiente.

En el mundo de los negocios, aunque no todos desean conseguir un trabajo mejor y más importante, son muchos los que sí lo persiguen. Este capítulo es para todos aquellos incluidos en el segundo grupo, independientemente de que busquen su primer ascenso o el quinto.

Yo también me encontré en la misma situación. Cuando empecé mi carrera a los veinticuatro años, no sabía adónde iba o cómo llegaría allí, pero estaba lleno de ambición.

Era un impulso que ya tenía desde niño. Conseguí mi primer trabajo a los diez años, como *caddy* en un club de golf cercano a mi ciudad natal de Salem, Massachusetts. Luego, durante mis días de secundaria y en la universidad tuve un trabajo tras otro, desde camarero hasta profesor adjunto. Más tarde, cuando en 1961 me licencié por la Universidad de Illinois como doctor en ingeniería química, estaba ansioso por entrar en el mundo real.

El trabajo que me ofreció General Electric me pareció una buena oportunidad. Estaría en el laboratorio para desarrollar un nuevo plástico y, si éste funcionaba, veía la oportunidad de salir a venderlo. Lo mejor es que el trabajo se encontraba en Massachusetts y estaba mejor remunerado que el resto de las ofertas que tenía: 10.500 dólares.

En aquel momento de mi vida, no estaba pensando en una carrera, pues, de haber sido así, sin duda habría optado por la oferta de Exxon, donde un doctorado en ingeniería química realmente significaba algo. Pero ni hablar... ¡Exxon estaba en Texas! En aquel entonces, el hecho de haber estudiado en Illinois ya me hacía sentir como si hubiese viajado al otro lado del planeta.

Durante los siguientes trece años en General Electric, pasé por cuatro ascensos. Todos me supieron a gloria. Me gustaba tener cada vez más responsabilidad, cerrar negociaciones de mayor importancia, construir fábricas mayores y dirigir a más personas. No fue hasta 1973 que caí en la cuenta de que podía optar al puesto más elevado de la compañía... y que también lo quería. En un acto de absoluto descaro, lo anoté en mi evaluación de rendimiento, en el apartado de objetivos profesionales.

Ocho años más tarde, mi deseo se hizo realidad.

¿Cómo sucedió? ¿Cómo se asciende?

La primera respuesta es suerte. Todas las trayectorias profesionales, por muy escritas de antemano que parezcan, siempre se ven modificadas por algún elemento de pura casualidad.

En ocasiones, una persona resulta encontrarse en el lugar adecuado en el momento oportuno: conoce a alguien (en un aeropuerto o en una fiesta, por ejemplo) y se abre la puerta de una carrera. Todos hemos oído historias similares.

> Todas las trayectorias profesionales, por muy escritas de antemano que parezcan, siempre se ven modificadas por algún elemento de pura casualidad.

A veces no advertimos la buena suerte hasta mucho después de que suceda.

Un viejo amigo golfista, Perry Ruddick, recuerda su gran decepción cuando, a inicios de su carrera, en la banca de inversión Smith Barney se le ignoró para un ascenso en Francia. Pensó que había perdido no sólo una gran oportunidad para hacerse un nombre dentro de la firma, sino también vivir el glamour de París en 1966.

Afortunadamente, dos años después de que Perry habría tenido que partir al extranjero si hubiera conseguido el ascenso, surgió la posibilidad de ocupar otro puesto en la compañía en Nueva York y él lo consiguió. Perry, que a la sazón tenía treinta y dos años, pasó a dirigir las operaciones de inversión de la empresa y, con un equipo de jóvenes banqueros, la guió durante un período difícil de consolidación en el sector.

Para abreviar, Perry acabó siendo vicepresidente de Smith Barney desde 1985 hasta su jubilación en 1991.

Pero la suerte también puede pronunciarse de forma contraria. A veces las carreras se estancan por razones de inoportunidad o también dan tumbos por motivos ajenos a nuestro control, como una adquisición o una descapitalización, o un nuevo jefe con ideas muy distintas acerca de nuestro futuro. Asimismo, puede suceder que perdamos un ascenso por política o nepotismo. Tales reveses, muy desalentadores, quizás hagan que nos cuestionemos por qué debemos siquiera intentarlo.

No hay que cuestionárselo.

A largo plazo, la suerte desempeña en nuestra carrera un papel mucho menos importante que los factores que se encuentran bajo nuestro control.

Aunque nunca identifiqué tales factores cuando trabajaba, últimamente he reflexionado acerca de ellos, a causa de las numerosas preguntas que me formulan sobre la carrera profesional. Éstas son muy variadas:

■ Me gusta mi trabajo en la sede corporativa, pero quiero pasar a operaciones. ¿Cómo puedo convencer a mi jefe de que soy apto para el cambio?

■ No tengo química alguna con mi mentora, pero ella es muy importante en mi empresa. ¿Cómo puedo avanzar si nadie me apoya?

■ Estoy en producción, pero quiero pasar a marketing. ¿Saldré alguna vez de la fábrica?

Estas preocupaciones no se corresponden con un país o una industria en concreto. En China, con una incipiente economía de mercado y una cultura igualitaria, las personas me preguntan con mucha curiosidad e intensidad cómo pueden lograr ascensos, y la misma pregunta se me ha planteado en Portugal, Francia, Dinamarca e incluso en Eslovaquia, donde el capitalismo no tiene ni quince años de antigüedad.

Creo que lo mismo puede aplicarse a todas partes.

Básicamente, conseguir un ascenso implica un sí y un no:

■ Sí debe tenerse un rendimiento magnífico, mucho mejor que el esperado, y hay que aprovechar cualquier oportunidad para extender el trabajo más allá de sus límites oficiales.

■ No hay que obligar a nuestro superior a que utilice su capital político para promocionarnos.

Estos imperativos no lo son todo, por supuesto. Hay otras cuatro premisas afirmativas y una negativa, que se tratarán a su debido tiempo. Pero primero veremos las dos principales.

EL PODER DE LA SORPRESA POSITIVA

Cuando se piensa en tener un rendimiento fabuloso, suele interpretarse como cumplir los objetivos acordados. Eso no está mal.

Sin embargo, una forma más eficaz de lograr el ascenso es extender los horizontes laborales para que incluyan actividades inesperadas y audaces. Por ejemplo, presentar un nuevo concepto o proceso que no sólo mejora los resultados propios, sino los de la unidad y también el rendimiento global de la empresa; o modificar nuestro trabajo de tal forma que las personas que nos rodean trabajen mejor y nuestro jefe parezca más listo. Simplemente no hay que hacer lo predecible.

Aprendí esta lección durante mi primer año en General Electric, cuando aún trabajaba en el laboratorio para desarrollar un nuevo plástico denominado PPO. Un vicepresidente venía a la ciudad y mi jefe me eligió para que le pusiera al día de nuestros progresos. Ansioso por impresionarlos a ambos, durante una semana salí tarde del trabajo para analizar no sólo la parte económica del PPO, sino también de los otros plásticos de ingeniería del sector. Mi informe final incluía un estudio en perspectiva de cinco años que comparaba los costes de los productos de DuPont, Celanese y Monsanto y subrayaba una clara vía para obtener una ventaja competitiva por parte de General Electric.

Mi jefe y el vicepresidente se quedaron más que estupefactos, y su respuesta sumamente positiva me mostró la importancia de dar a los otros más de lo que esperan.

Vería repetirse esta dinámica durante los cuarenta años siguientes.

Tómese el caso de John Krenicki, que hizo parecer mejores a sus colegas y a sus superiores porque supo extender sus horizontes laborales.

General Electric envió a John a Europa en 1997 para que dirigiese su negocio de siliconas de cien millones de dólares. Aquel encargo no era un dulce, pero dio a John la oportunidad de dirigir su propio espectáculo. Aunque el negocio era el número 2 del mundo, sólo ocupaba un modesto sexto puesto en el mercado europeo, básicamente a causa de que las materias primas, su mayor coste, debían traerse de Estados Unidos, por lo que no podía competir con las compañías locales.

En la sede corporativa, todos se habrían quedado encantados si John hubiese hecho crecer las siliconas un 8 o un 10 % anual utilizando los canales habituales: entrega puntual a los clientes existentes, abrir nuevos mercados y desarrollar otros productos. Pero John tenía ideas más ambiciosas. Propuso construir una fábrica en Europa para producir la materia prima.

El costo superaba los 100 millones de dólares. Nos negamos en redondo.

Pero John no podía aceptar que no había una solución al problema de los costes. Intentó un método de largo alcance. Traspasando los límites de sus horizontes laborales, inició negociaciones con varios de sus competidores europeos en busca de un socio que aportase materias locales y tecnología a cambio de la potencia internacional de General Electric.

Tras un largo año de negociaciones, John encontró lo que necesitaba, una empresa conjunta con la compañía alemana Bayer, con una participación mayoritaria de General Electric en la nueva compañía.

Hace poco le pregunté por esa experiencia.

«Supongo que sólo fue una cuestión de perseverancia. Sabía que teníamos que ser autosuficientes. Si hubiéramos seguido haciendo las cosas como siempre, aunque el negocio mostraba un crecimiento razonable, nunca habríamos llegado a nada», me respondió.

En la actualidad, el negocio europeo de siliconas ocupa el puesto número 2 en el mercado local y, con una adquisición reciente, sus ventas superan los 700 millones de dólares.

En cuanto a John, en 1998 se le nombró director general de Transportes de General Electric y en 2003 director general de Plásticos, un negocio de 8.000 millones de dólares.

EL PEOR ENEMIGO ESTÁ DENTRO

Si superar las expectativas es el método más seguro para ascender, el método más seguro de sabotearse a uno mismo es convertirse en un fastidio para la organización.

Nadie decide convertirse en eso, pero es lo que sucede cada vez que se obliga a nuestro jefe a usar su capital político para defendernos.

Llegados a este punto, es muy probable que se piense: «¿Quién, yo? ¿Utilizar el capital político de mi jefe? ¡Nunca!»

Quizás haya que reflexionar sobre la cuestión de nuevo.

Pueden tenerse los mejores resultados del mundo, pero si no se viven los valores y conductas de la empresa, se corre el riesgo de caer en este error.

Tómese el caso de un empleado extremadamente capaz e inteligente al que llamaré James. Lo contratamos para nuestro programa de desarrollo directivo en la sede corporativa. Este programa de dos años, después de los cuales los participantes subían de categoría o se marchaban, estaba concebido para aquellos ejecutivos que llevaban tres o cuatro años en consultorías y deseaban abandonar ese camino para pasar a operaciones. A fin de ponerlos a prueba, les encomendábamos trabajos de campo breves pero intensos, transfiriendo las mejores prácticas de General Electric de negocio a negocio. En la mayoría de los casos, uno de nuestros negocios acababa por «robar» a estos ejecutivos del programa en el plazo de un año y situarlos en importantes puestos operativos.

James tenía treinta y dos años cuando entró en el programa, procedente de una consultoría prestigiosa en la que había trabajado desde que salió de la escuela de negocios. Era europeo, tenía don de palabra y, como he mencionado, era muy brillante, con una expe-

> El método más seguro de sabotearse a uno mismo es convertirse en un fastidio para la organización.

riencia excelente en consultoría en diversos sectores. Supusimos que al menos tres divisiones de General Electric se pelearían por él en menos de seis meses.

Pasó un año y nadie lo había solicitado. No me imaginaba los motivos hasta que presencié su primera revisión de rendimiento con su jefe y el equipo de recursos humanos. Entonces supe que James llegaba cada día al despacho a las diez o las once de la mañana y se marchaba tarde, a eso de las ocho. Eran muchas horas y el horario era correcto... para un colaborador independiente. En I+D, por ejemplo, había personas a quienes les gustaba trabajar de noche, y el personal de ventas iba y venía según las necesidades de sus clientes, que abarcaban tres zonas horarias distintas.

El horario de James, en cambio, no funcionaba en una empresa donde los directores se presentaban a las ocho de la mañana e incluso antes, y donde todas las reuniones y rutinas se correspondían con tales horarios.

Pero a James no parecían importarle las rutinas de General Electric. Tenía su propia forma de hacer las cosas.

Comprobé esa dinámica de cerca cuando James me pidió una cita. Cuando nos reunimos, tras unos minutos de charla irrelevante sobre su carrera, se aclararon las razones de su visita.

—¿Hay algún problema si vuelo en mi propio avión para las reuniones externas?

Le dije que estaba loco:

—Hazlo sólo si quieres molestar a todo el mundo. Tu horario ya te ha dado bastantes problemas. Estas ostentaciones acabarán contigo, no forman parte de nuestra cultura.

—¡Pero pagaré el combustible!

—¡No tiene nada que ver con eso!

A pesar de la evidente desconexión de James con nuestros valores, consiguió un trabajo en operaciones. Por su capacidad intelectual, su energía y su historial, le puse al frente de un negocio relativamente pequeño y problemático que habíamos adquirido en Europa. Dos «trasplantes» estadounidenses no habían funcionado. Aun así, y a pesar de mis recelos, metí a James en el negocio.

No funcionó. La cultura europea de General Electric encajaba tan poco con James como la de Estados Unidos y, tiempo después, tuvo que marcharse de la empresa.

Al final, no quedaba nadie dispuesto a invertir capital político en él.

> Tiempo después, tuvo que marcharse de la empresa. Al final, no quedaba nadie dispuesto a invertir capital político en él.

Una historia muy distinta es la de Kevin Sharer, que empezó en el mismo programa de desarrollo directivo que James.

Antes de unirse a General Electric, Kevin se había licenciado en ingeniería aeronáutica en la Academia Naval de Estados Unidos, había trabajado cuatro años en el campo de los submarinos nucleares y dos más en McKinsey & Company. Sin duda estaba a la altura de James en términos de coeficiente intelectual. También era trabajador y, como James, ambicioso, un rasgo mitigado por su madurez. Kevin sabía que General Electric valoraba el trabajo en equipo, y él era el compañero perfecto: se presentaba temprano en la empresa y nunca buscaba el mérito personal.

Kevin trabajó en el programa de desarrollo directivo durante dos años y pasó los tres siguientes en operaciones. Para entonces era tan respetado que decidimos apostar por él y ofrecerle una de las cien vicepresidencias de la compañía, al frente de nuestro negocio marítimo y de turbinas industriales.

Lamentablemente, el mismo día que le propusimos el ascenso, nos dijo que había decidido dejarnos por una gran oportunidad en MCI. Intentamos por todos los medios que permaneciese con nosotros, pero Kevin estaba decidido. Algunos años más tarde se marchó de MCI para ser director de operaciones de Amgen, y en 2000 fue nombrado director general de la misma compañía. Desde que Kevin entró en Amgen, la capitalización de la empresa en el mercado ha aumentado de 7.000 a 84.000 millones de dólares.

Era evidente desde el principio que Kevin era una estrella. Lo tenía todo, empezando por su rendimiento. Y, con toda seguridad, nadie tuvo que gastar el más mínimo capital político en su nombre. No es de extrañar que su carrera haya consistido en un ascenso tras otro.

OTRAS FORMAS DE GASTAR CAPITAL POLÍTICO

Además de transgredir los valores de la empresa, hay otra forma similar, aunque más evidente, de utilizar el capital político del jefe. Tiene que ver con el carácter; es decir, con la clase de conductas que pueden hacer que los otros se pregunten: «¿Puedo confiar en esta persona?»

Tómese el ejemplo de la falta de sinceridad. Como ya he mencionado en el capítulo dedicado al tema, no me refiero a mentir propiamente, sino a la tendencia a ocultar a los otros la información. Es una conducta muy extendida que frustra en grado sumo tanto a los equipos como a los superiores.

El responsable de uno de nuestros mayores negocios tenía unos resultados bastante buenos; no obstante, tras una serie de ascensos, su carrera se topó con un muro. La razón fue que cuando se encontraba en una revisión comercial o en una sesión de negociación, teníamos que acribillarlo a preguntas para conseguir cualquier explicación por su parte. E, incluso entonces, daba la sensación de que no lo contaba todo. Tras carraspeos y vacilaciones, sólo conseguíamos un vacilante «Ahora todo está bien» o un cauto «Lo tenemos bajo control.»

En cada revisión de recursos humanos, yo preguntaba a su jefe por los motivos de tanta reserva.

—Es su personalidad —me respondía—. No es mala persona, simplemente no le gusta abrirse.

—Pero ¿qué esconde? —insistía yo—. Porque cuando alguien se guarda la información de ese modo, parece que no dice la verdad. Y sé que no soy el único que piensa así.

—Sí, es cierto; también molesta a otras personas. Sin embargo, no miente; sólo es reservado.

—Pero necesitamos hablar del negocio abiertamente.

—Sí, sé que es frustrante. Volveré a hablar con él.

Esta conversación se repitió en numerosas ocasiones.

Finalmente su jefe se cansó de esa rutina y, poco después, el empleado tan reservado fue degradado.

La conclusión de la historia es que no debe obligarse a nuestro superior a formular la pregunta perfecta para sacarnos información. Si se desea que el carácter sea un punto a nuestro favor y hacer la vida más fácil al jefe, es imprescindible abrirse y explicar las cosas tal como son.

Existe otra conducta que también obliga a nuestro superior a usar su capital político, porque es muy molesta para los demás. Es mostrar los objetivos profesionales con agresividad.

Para la mayoría de las personas, la ambición es un factor positivo: presupone energía y optimismo, y hace avanzar a la organización y a uno mismo, de forma que todos salen ganando. Kevin Sharer tenía este instinto; también lo tienen casi todos los que triunfan.

La excesiva ambición profesional tiene un aspecto distinto. Se muestra al difamar a los que nos rodean o desacreditarlos para brillar más en comparación. Es ocultar los errores o (peor aún) intentar culpar de ellos a otra persona. Es acaparar reuniones, asumir un mérito desproporcionado por los éxitos del equipo y cotillear a todas horas acerca del personal y de sus actos. Es ver el organigrama de la empresa como

> La excesiva ambición profesional se muestra al difamar a los que nos rodean o desacreditarlos para brillar más en comparación.

un tablero de ajedrez y mostrar abiertamente que se está mirando el movimiento de las piezas.

Si alguien tiene este problema, su mayor esperanza es reprimirlo, luchar contra él y mantenerlo oculto. En caso contrario, cuando llegue el momento de los ascensos, no habrá suficiente capital político en el mundo que lo avale. Es muy difícil defender a alguien frente al clamor de las objeciones de los compañeros de trabajo.

ADEMÁS...

Sólo se han tratado los dos factores principales para lograr el ascenso: obtener grandes resultados, extendiendo al mismo tiempo el horizonte laboral, y no utilizar el capital político de nuestros superiores.

Dicho esto, hay otros cuatro factores positivos que serán de ayuda y un factor que debe evitarse.

Los factores positivos son:

■ Tratar las relaciones con los subordinados con el mismo cuidado que se dedica a la relación con el superior.

■ Hacerse un abanderado bien visible, desde el principio, de los principales proyectos e iniciativas de la empresa.

■ Buscar y disfrutar de todo lo que pueden enseñarnos nuestros mentores, teniendo bien presente que los mentores no siempre parecen tales.

■ Tener una actitud positiva e irradiarla a nuestro alrededor.

El factor que debe evitarse es:

■ No permitir que los reveses nos hundan.

Trataré, en primer lugar, los factores positivos:

Mirar hacia abajo. Todo libro de consejos empresariales subraya la importancia de crear una red de relaciones con los colegas de compañía y de sector; también señala la conveniencia de forjar un vínculo de respeto mutuo con el superior. Son consejos muy acertados, que deben tenerse en cuenta.

Sin embargo, para avanzar también es necesario ofrecer a nuestros subordinados el mismo nivel de atención y cuidado.

Es muy fácil descuidar la relación superior-subordinado. El superior siempre está ante nosotros, y los iguales, en nuestro pensamiento; mientras que nuestros subordinados suelen hacer lo que se les manda.

> Es muy fácil descuidar la relación superior-subordinado. El superior siempre está ante nosotros, y los iguales, en nuestro pensamiento; mientras que nuestros subordinados suelen hacer lo que se les manda.

Hay que ser cuidadoso, ya que la relación jefe-subordinado puede caer fácilmente en dos trampas peligrosas. La primera, y sin duda más habitual, se produce cuando se invierte mucho tiempo en la relación con los de arriba. Como resultado, uno se vuelve demasiado lejano para los subordinados, y se acaba perdiendo su apoyo y su afecto. La segunda se da cuando la relación con los empleados es demasiado próxima y se acaba actuando más como un colega que como un jefe.

Cualquiera de ellas puede pasarnos factura.

En lo que respecta a las relaciones con los subordinados, el objetivo es seguir la línea que separa ambos extremos. Cuando llegue el momento de ascender, lo mejor que los empleados podrán decir de uno es que fue justo, se ocupó de ellos y les manifestó su aprecio.

Aprendí esta lección de primera mano. En la recta final del nombramiento de un nuevo director general para General Electric, se me opusieron dos poderosos vicepresidentes que apoyaban a otros candidatos.

Sin que lo supiera, mis subordinados directos me ayudaron muchísimo. Descubrí más tarde que habían apoyado incesantemente mi candidatura ante el presidente Reg Jones, explicándole que era exigente pero también justo y que podía hacer avanzar la compañía mucho más rápido y mejor que cualquiera de los otros candidatos. No creo que fuese del agrado de todos mis empleados; era bastante brusco y tenía muy poca paciencia. Pero supongo que me respetaban, por respetarles yo a ellos y por haber creado unas relaciones con mis subordinados no cuando las necesitaba, sino muchos años antes.

Hacerse visible. Como ya he mencionado, el primer y mejor modo de hacernos notar es con resultados.

Para hacerse ver, también es útil ofrecerse como candidato para gestionar importantes proyectos e iniciativas, en particular aquellos que no gozan de gran popularidad en sus inicios. En General Electric dos de ellos eran la globalización, que se emprendió en la década de 1980, y Seis Sigma, proyecto iniciado en 1995.

Wayne Hewett es el ejemplo perfecto de persona cuya carrera se benefició de esta dinámica. Wayne era un directivo de treinta y cinco años cuando se hizo cargo del programa Seis Sigma en Plásticos, tras haber estado al frente de Plásticos-Pacific. Gracias a Seis Sigma, él y su equipo redujeron drásticamente la variación del producto y aumentaron la capacidad de la planta en un 30 %, sin realizar grandes inversiones. Al cabo de tres años, Wayne fue nombrado director general del negocio de siliconas de General Electric, de 2.000 millones de dólares.

Dan Henson es otro caso paradigmático. Dan gestionaba en Londres un negocio de préstamos de General Electric Capital cuando tuvo el valor de ofrecerse como punta de lanza de Seis Sigma en toda la división, donde eran mayoría los que dudaban de la utilidad del programa. Dan encontró exactamente dónde aplicar Seis Sigma e, igual de importante, dónde carecía de utilidad. A lo largo de dos años, consiguió una reducción de la variación en actividades muy repetitivas, como el procesamiento de tarjetas de crédito y las solicitudes de seguros para hipotecas, con resultados impresionantes. En la actualidad, Dan es director general de uno de los mayores negocios de General Electric Capital, Vendor Financial Services.

Puesto que General Electric es una empresa tan grande, si Wayne y Dan no se hubieran hecho notar, quién sabe cuándo habrían llegado a director general. Lo habrían conseguido, sin duda, pero no con tanta rapidez.

La mejor prueba de esta dinámica está en los números. En la actualidad, más de la mitad de los vicepresidentes que son subordinados directos de Jeff Immelt han trabajado en negocios internacionales y unos ciento ochenta cargos directivos tienen una experiencia significativa en Seis Sigma.

Atesorar mentores. El tercer elemento positivo hace referencia a los mentores, un tema candente durante mis años en General Electric que sigue siéndolo en la actualidad.

Parece que las personas siempre buscan ese mentor adecuado que les ayude a progresar.

No obstante, mi experiencia me ha enseñado que no existe un mentor adecuado, sino varios. A lo largo de mi carrera tuve numerosos mentores no oficiales, y cada uno de ellos me enseñó algo de suma importancia. Estos mentores comprendían desde el clásico ejecutivo de más edad y sabiduría hasta mis colegas, que con frecuencia eran más jóvenes que yo.

Algunas de estas relaciones duraron toda una vida; otras, sólo unas semanas.

Uno de los mentores más importantes de mi vida nunca se consideró así, ni tampoco yo lo identifiqué como tal. Considero a Si Cathcart, diez años mayor que yo y miembro del consejo

No existe un mentor adecuado, sino varios.

de administración de General Electric, un amigo. Lamentablemente murió en el año 2002.

Si tenía todo lo que se busca en un mentor: era una persona que apoyaba y estimulaba a partes iguales. Sus opiniones de otras personas eran siempre acertadas, y casi nunca contraté a alguien para un puesto importante sin consultarle.

Durante el período más difícil de mi carrera, la elección de un sucesor para recomendarlo al consejo de administración, Si invirtió varios cientos de horas, a lo largo de cinco años, en visitar a todos los candidatos y compartir sus impresiones conmigo.

Si, que durante muchos años había sido presidente de Illinois Tool Works, era miembro del consejo de administración de General Electric cuando yo me convertí en director general. Jugábamos al golf con frecuencia y charlábamos regularmente por teléfono. Si utilizaba ambas vías para hacerme ver la otra cara de situaciones y personas: «¿Seguro que ese tipo no es un farsante? ¿Crees que esa adquisición seguirá haciéndote feliz una vez deje de sonar la fanfarria?» Si siempre sabía la pregunta que debía plantear.

Tuve otro gran mentor, Dennis Dammerman. No sólo era diez años más joven, sino también mi subordinado.

Conocí a Dennis en 1977, cuando se me nombró responsable del Grupo de Bienes de Consumo de General Electric. Ocupé el puesto con conocimientos mínimos de seguros o financiación, las principales actividades de General Electric Capital, uno de los negocios del grupo. Dennis, a quien había nombrado mi analista financiero, llevaba varios años allí.

Cada día, un mes tras otro, Dennis me enseñó algo nuevo. Tenía una paciencia considerable. Ahí estaba su jefe, preguntándole la definición de los conceptos más simples. Entonces yo apenas comprendía ni los tipos de deuda; a fin de cuentas, provenía de las fábricas de General Electric: cuando queríamos dinero, sencillamente presentábamos el plan a la corporación y, si la propuesta era buena, nos lo concedían. De pronto tenía que vérmelas con índices combinados, deudas en mora, arrendamientos financieros apalancados y conceptos similares.

Básicamente, Dennis transfirió los datos de su cerebro al mío. Nunca se consideró mi mentor, pero lo fue sin lugar a dudas.

Otros muchos mentores me ayudaron a lo largo de mi carrera, desde el profesor de formación para ejecutivos que trató de enseñarme a hablar en público a los veintiséis años hasta la joven de relaciones públicas que intentó enseñarme Internet a los sesenta. No obstante, me gustaría añadir a esta lista un mentor más que puede servirnos a todos: los medios de comunicación especializados en negocios.

> El mundo de los negocios es como cualquier otro juego. Tiene participantes, una terminología propia, una historia compleja, reglas, controversias y un ritmo.

El mundo de los negocios es como cualquier otro juego. Tiene participantes, una terminología propia, una historia compleja, reglas, controversias y un ritmo.

Los medios lo cubren todo, desde todos los ángulos. Desde mis primeros días en Plásticos, aprendí mucho de negocios simplemente leyendo todos los periódicos y revistas financieros que caían en mis manos. De ellos aprendí las negociaciones que funcionaban y las que fracasaban, así como las razones de que así fuera. Seguí las trayectorias profesionales de otros. Intenté comprender los movimientos estratégicos que eran criticados y los que eran alabados. Me mantuvieron al corriente de lo que sucedía en diversas industrias, desde la química a la de tecnología médica.

Y utilicé lo que había leído. Supe, por ejemplo, del programa de formación para ejecutivos de PepsiCo, gracias a un artículo de la revista *Fortune*. Me impresionó tanto el modelo de esta empresa (que utilizaba como profesores a los propios ejecutivos de la compañía) que lo utilicé como fundamento de nuestro programa de formación de Crotonville.

No creo todo lo que leo, por supuesto, y cuanto más sé, más advierto que algunos artículos no estaban tan acertados en sus análisis. No obstante, sigo creyendo que los medios especializados en finanzas son unos buenos maestros, por lo que me sorprende conocer a jóvenes que los ignoran. Es una lástima, pues se trata de un mentor que se encuentra al alcance de todos.

Lo que pretendo demostrar es que hay mentores por todos lados. No debemos contentarnos con el que nos asignan como parte de nuestro programa formal. Estos mentores oficiales enseñan el día a día básico de la empresa, pero son sólo el principio. Los mejores mentores nos ayudan de formas no planificadas e indescriptibles; hay que disfrutar de lo que nos ofrecen, provenga de donde provenga.

Ser positivo. La cuarta y última ayuda para ascender puede ser tan difícil o sencilla como queramos: tener una actitud positiva e irradiarla a nuestro alrededor.

Es algo tan poco sofisticado como eso. Tener sentido del humor y ser divertido, en lugar de pesado o aburrido. No hacerse el importante o, aún peor, actuar de forma afectada. Hay que reprenderse de inmediato si uno empieza a tomarse demasiado en serio.

En política, se habla del atractivo personal de los candidatos o de su carisma. Ambos términos se refieren a algo intangible, aunque de gran importancia, tanto en la política como en el trabajo.

Evidentemente, ser una persona optimista y agradable no nos garantizará el ascenso. También se requieren todos los aspectos que se han mencionado: ofrecer grandes resultados, extender los horizontes laborales, tener buen carácter, hacerse ver, contar con mentores, etc. No obstante, es muy difícil ascender si no se es una persona positiva, pues a nadie le gusta trabajar a las órdenes o al lado de un nubarrón gris, por muy listo que sea el nubarrón en cuestión.

No siempre es fácil ser optimista. La vida no siempre transcurre como deseamos. Pero cada vez que nos sintamos pesimistas en el trabajo, podemos pensar en Jimmy Dunne.

Jimmy era un alto ejecutivo de Sandler O'Neill & Partners, la firma dedicada a la banca de inversión que ocupaba la planta 104 de la torre sur del World Trade Center. En la tragedia del 11 de Septiembre murieron sesenta y ocho de los ciento setenta y siete empleados de la firma, entre ellos el fundador, Herman Sandler, y su principal socio, Chris Quackenbush. De la noche a la mañana, Jimmy pasó a ser director general de una empresa emocionalmente diezmada.

Jimmy estaba desconsolado por la incalculable tragedia humana que había asolado a la firma y destrozado por la muerte de dos de sus amigos más próximos, Herman y Chris. Pero hoy diría que siempre supo que lo único que podía salvar la firma e impedir que el desastre empeorase era afrontar el reto con una actitud positiva.

«Todo lo que hice después del 11 de Septiembre fue consolar a la gente, y hablar a todos en la empresa de cómo íbamos a sobrevivir y reconstruirla», dijo recientemente.

Cuando inició el proceso de contratación para reemplazar a los empleados fallecidos de Sandler O'Neill, Jimmy buscó a personas positivas, optimistas y que mostraban la mayor entereza posible ante la tragedia acaecida. La capacidad importaba mucho; la actitud, mucho más.

«El éxito está muy relacionado con la actitud», dice Jimmy.

Una actitud positiva no siempre es fácil de adoptar. En casos como el de Jimmy Dunne después del 11 de Septiembre, se vuelve enormemente difícil.

Si es algo natural en nosotros, fantástico. Si no lo es, hay que luchar por encontrarlo e incorporarlo a todo nuestro modo de ser.

Se puede triunfar sin optimismo (si el resto de los planetas están alineados) pero, en tal caso, ¿por qué intentarlo siquiera?

UNA ÚLTIMA ADVERTENCIA

El factor negativo final trata de los reveses.

En una, dos o más ocasiones no obtendremos el deseado ascenso. En tal caso no hay que caer en el desánimo.

Es natural que nos afecte negativamente e incluso nos sintamos furiosos y amargados. Pero debe intentarse por todos los medios que tales sentimientos desaparezcan.

Primero, y sobre todo, no hay que convertir un revés de nuestra carrera en el asunto más comentado del despacho; es el mejor modo de alejar a nuestro superior, nuestros colegas y nuestros subordinados. Si uno desea quejarse del trabajo, ha de hacerlo en casa, en el bar del otro lado de la ciudad o donde suela pasar sus ratos de asueto. Por mucho que conozcan nuestro caso, las personas del trabajo no pueden sentir nuestra experiencia emocional.

Aún más importante: aunque se esté pensando en abandonar la empresa, debe intentarse aceptar el revés con toda la elegancia posible e incluso verlo como un desafío para sentirnos renovados. Es una táctica útil, tanto si se permanece en el trabajo como en el caso contrario.

Mark Little ilustra este caso a la perfección.

Mark era el discreto, seguro y apreciado vicepresidente de ingeniería de sistemas de energía de General Electric cuando, en 1995, el negocio sufrió serios problemas de calidad. Como dice Mark: «Cuando acababa de conseguir el puesto, empezaron a romperse las palas de las turbinas en todo el mundo. Era un desastre.»

Mark trabajó mucho para que el negocio volviese a su cauce, pero cuando Bob Nardelli pasó a dirigir todo el grupo, decidió que Mark no tenía el sentido de urgencia ni la suficiente ex-

> Se puede triunfar sin optimismo (si el resto de los planetas están alineados) pero, en tal caso, ¿por qué intentarlo siquiera?

periencia en ingeniería para ocupar el cargo. Dividió el negocio y dio a Mark la responsabilidad de las turbinas de vapor, la parte de menor importancia y tamaño. De pronto Mark se vio con un tercio de su personal anterior y con un producto que se consideraba anticuado, poco atractivo y sin apenas crecimiento.

«Fue como el fin del mundo. Consideré que era una injusticia y estaba furioso. Sentía que no era responsable del problema y que había hecho todo lo posible por solucionarlo. Entonces recibí aquel golpe inesperado. Estaba muy herido y pensé que era el fin de mi carrera en General Electric.»

Pero Mark hizo algo sorprendente. Sacó pecho y volvió al trabajo.

«Supongo que quería probar que todos estaban equivocados. Deseaba demostrar al mundo lo que era capaz de hacer.»

Durante un par de años, Mark confirió a su equipo la energía necesaria para revitalizar la línea de turbinas de vapor. Introdujo nuevas tecnologías e impuso disciplinas que redujeron los costes a niveles nunca vistos.

«Me convencí de que no iba a mostrar a mis empleados que estaba furioso y herido. Iría cada día a trabajar y a hacer lo mejor para mí, mi gente y General Electric. Y eso era reorientar el negocio.»

En 1997, los resultados de Mark eran tan buenos y había recuperado tanto la confianza que, cuando quedó vacante el puesto mucho más importante de product manager de todas las turbinas, se presentó ante Nardelli y le pidió el puesto.

La respuesta fue afirmativa.

«Diría que conseguí el puesto porque sorprendí a todos con mis resultados, mi actitud y mi perseverancia. Nunca me di por vencido.»

En la actualidad, Mark es product manager no sólo del negocio de turbinas, sino también de los negocios hidráulicos y eólicos de General Electric, valorados en 14.000 millones de dólares.

Para progresar es necesario querer progresar.

Algunos ascensos son cuestión de suerte, pero se trata de una minoría. La realidad es que, en lo referente al trabajo, cada uno se labra su propia suerte. Es muy probable que ocasionalmente se cambie de empresa, e incluso de profesión, en el curso de la vida profesional. Pero hay algunos factores importantes para progresar de forma continuada: superar las expectativas, ampliar los horizontes laborales y nunca dar a nuestro superior motivos para que gaste capital político en nosotros. Dirigir a los subordinados con cuidado, ofrecerse para ocupar puestos que nos hagan visibles, atesorar mentores y contagiar nuestra actitud positiva. Cuando llegan los malos momentos, que siempre llegan, hay que hacerles frente con la cabeza alta.

Quizá parezca un arduo camino, pero no hay verdaderos atajos.

A lo largo del viaje, no se conseguirán todos los ascensos que se desean en el momento en que se desean. Pero si se toma el «camino largo», finalmente (y en ocasiones antes de lo que se espera) se alcanzará el destino deseado.

18

Dificultades

ESE MALDITO JEFE

NUNCA HE CONOCIDO A NADIE cuyo rostro no se ilumine al recordar a un superior magnífico. Y por una buena razón: los grandes jefes pueden ser amigos, maestros, colegas, aliados y fuentes de inspiración. Son capaces de dar forma y hacer avanzar nuestra carrera de formas inesperadas... y, en ocasiones, también pueden cambiar nuestras vidas.

En crudo contraste, un mal jefe puede ser letal.

No literalmente, por supuesto; pero un mal jefe consigue matar esa parte de nuestra alma de donde provienen la energía positiva, el compromiso y la esperanza. El trato diario con un mal jefe puede hacer que nos sintamos furiosos, heridos y amargados, e incluso físicamente enfermos.

Por regla general, una persona con una carrera de unos cuarenta años habrá tenido un puñado de jefes magníficos, muchos más bastante buenos y un par de necios totales: tipos tan horribles que nos hacen desear tirar la toalla y abandonar.

Los malos jefes son un grupo muy variado. Unos acaparan todos los méritos, otros son incompetentes, algunos son todo modales pero después asestan golpes bajos; los hay que gustan de humillar a sus subordinados, los imprevisibles por su carácter variable, aquellos que se guardan las alabanzas y el dinero, los que no cumplen sus promesas o quienes atienden a favoritismos.

En ocasiones, algunos malos jefes poseen varias de estas características a la vez.

¿Cómo consigue progresar este tipo de persona?

Bien, en ocasiones tienen mucho talento; también su rendimiento puede ser excelente, o tratarse de personas muy creativas. Quizá tengan buenos contactos, o tal vez un familiar muy bien situado.

En algunos sectores los malos jefes duran más que en otros. En el campo creativo, cuando se ofrece a escritores, artistas o productores de mucho talento la dirección de un proyecto, suelen pasarse por alto sus malos modos porque se trata de «genios». También Wall Street es un puerto seguro para los malos jefes. Aquellos que hacen mucho dinero suelen considerarse irremplazables; ellos lo saben y eso les hace aún más insufribles.

Sin embargo, las especificidades de cada industria no tienen tanta importancia. En el mundo hay necios. Algunos de ellos acaban siendo jefes.

Este capítulo trata de cómo actuar cuando uno de ellos es el nuestro.

Ahora bien, aquí no pueden facilitarse respuestas rápidas, porque cada situación es única. De todos modos, se usarán como directrices una serie de preguntas, para descubrir la forma adecuada de tratar la coyuntura de un mal jefe; «adecuada» en el sentido de que encaje con nuestros objetivos personales en la vida y en el trabajo.

Antes de plantear las preguntas, deseo exponer el principio que guía el presente capítulo.

> En el mundo hay necios. Algunos de ellos acaban siendo jefes.

En cualquier situación que implique a un mal jefe, no hay que asumir el papel de víctima. Es un tema que ya ha surgido antes, por ejemplo, en el capítulo sobre fusiones y adquisiciones; por muchas de las mismas razones apuntadas en él, también es aplicable aquí.

En cualquier situación que implique a un mal jefe, no hay que asumir el papel de víctima.

Un mal jefe (como una fusión) puede hacer que queramos protestar ante nuestros colegas, lamentarnos con la familia, golpear una pared o ver demasiada televisión con una bebida en la mano. También puede provocar que busquemos, tanto en la red como mediante cazatalentos, cualquier trabajo que no sea el nuestro.

Puede que un mal jefe haga que sintamos lástima de nosotros mismos.

Es un gran error.

En cualquier situación empresarial, verse como una víctima es contraproducente. Y en lo que respecta a nuestra carrera, es una actitud que acaba con nuestras opciones e incluso puede ser el inicio de una espiral hacia la muerte profesional. Tengo un amigo, analista financiero de una firma de Wall Street, que saltó de un trabajo de mala muerte a otro después de discutir con su mal jefe y despedirse en un momento de ofuscación. Una vez en el mercado, sin recomendaciones, todo lo que tenía era una historia de «se me trataba mal» para contar a sus posibles empleadores. Finalmente, al cabo de cinco años, acabó en el mismo trabajo en el que había empezado, sólo que en una firma menos respetada y con el 60 % de su sueldo anterior.

Obviamente, no siempre hay que quedarse y soportar al mal jefe. En ocasiones es necesario marcharse. Con independencia de cuál sea la decisión, hay que evitar la mentalidad victimista, que, por cierto, cada vez está más extendida. Me refiero a que vivimos en una cultura donde los padres demandan a las empresas de comida rápida por la obesidad de sus hijos y las ciudades invierten millones de dólares en indemnizar lesiones causadas por los desniveles y socavones de las aceras... ¡Por favor!

Como cualquier otro acontecimiento desafortunado de nuestras vidas, trabajar para un mal jefe es un problema personal que debemos solucionar nosotros mismos.

Para ello, hay que hacerse la siguiente serie de preguntas. Las respuestas nos ayudarán a sortear una situación indudablemente dolorosa, aunque sea nuestra la responsabilidad de aceptarla, solucionarla o darla por concluida.

La primera pregunta es:

¿Por qué mi jefe se comporta de un modo detestable? En ocasiones, la respuesta es fácil: su jefe actúa de modo detestable porque es así. Quizá sea amable con los clientes y bastante razonable con sus superiores y colegas, pero maltrata a todos sus subordinados, sea en forma de intimidación, beligerancia, arrogancia, descuido, secretismo o sarcasmo.

La situación es completamente distinta si el jefe sólo es detestable con uno.

En tal caso, es necesario preguntarse qué se ha hecho para ganar su desaprobación; es decir, hay que preguntarse si se es la causa del comportamiento detestable. Por regla general, los jefes no son horribles con aquellos a los que aprecian, respetan y necesitan. Si un superior es negativo con usted, y principalmente con usted, es muy posible que él tenga su versión de los hechos y que tal versión concierna a la actitud o al rendimiento que usted tiene.

> Por regla general, los jefes no son horribles con aquellos a los que aprecian, respetan y necesitan.

Es necesario averiguar lo que sucede.

Para empezar, podemos hacernos esa pregunta a nosotros mismos, pero es una tarea compleja, por decir poco. Incluso con grandes dosis de madurez y con un estómago de hierro, es muy difícil verse con los ojos de los demás.

Una ejecutiva de recursos humanos se pasó diez años administrando programas de feedback 360° y entregando después las conclusiones a cada individuo evaluado: «Siete de cada diez personas se quedan totalmente perplejas por lo que oyen. Cuando reciben su feedback, creen que he confundido los formularios. Están convencidos de que sus colegas están hablando de otra persona.»

El problema, dijo esta ejecutiva de recursos humanos, es que las personas suelen sobrestimar su actuación en el trabajo y su popularidad dentro del equipo, con frecuencia en dos puntos o más.

Hay que saber, pues, que está llevándose a cabo una «prueba del espejo» de gran dificultad. Hay que reflexionar profundamente sobre el propio rendimiento y obligarse a encontrar los posibles fallos. Ponderaremos, por ejemplo, si nuestros colegas no nos consideran parte del equipo. En un estado de autoaversión forzada, calibraremos nuestra productividad personal, el tiempo que pasamos en el despacho, nuestra contribución a las ventas y las ganancias. Quizás abramos numerosas negociaciones pero nunca las cerremos; tal vez cerremos muchas, pero nos pavoneemos excesivamente de ello. Puede que a los colegas sí les importase que perdiésemos aquella gran cuenta unos meses antes.

Finalmente, debemos cuestionarnos nuestra actitud personal hacia la autoridad, pues tal vez la causa del problema sea que, en el fondo, somos un caso típico de persona que odia a su superior.

Los que odian a su jefe son una raza. No importa para quien trabajen, siempre viven cualquier relación de autoridad con un cinismo apenas reprimido. Desconozco los motivos —la educación recibida, experiencias en el trabajo o en casa, la inclinación política—, pero tampoco importa. Los que aborrecen a su jefe suelen exudar una constante negatividad de bajo nivel hacia «el sistema»; sus jefes lo advierten y les devuelven el favor.

Nunca olvidaré a un grupo de estas características que teníamos en la sede de General Electric en Fairfield, Connecticut, media docena de tipos que cada día almorzaban juntos en la cafetería. Se hacían llamar «la Mesa de los Sueños Perdidos». Todos tenían mucho talento. Uno contaba con el don de tener siempre a mano la frase adecuada; se había formado en el campo del periodismo y trabajaba en relaciones públicas. Por suerte, los medios encontraban su cinismo muy atractivo. Otro era especialista en relaciones laborales y sentía una verdadera afinidad hacia los sindicatos; sus simpatías naturales le hacían sumamente eficaz en las negociaciones.

Todos ellos eran muy buenos en sus trabajos y ninguno tenía subordinados, por lo que su actitud desafiante solía pasarse por alto. Los acabé tachando de cascarrabias inofensivos, aunque eficaces, que habrían odiado cualquier situación laboral.

Pero la tolerancia no es lo habitual en estos casos. Por lo general, los líderes se hartan de la corriente latente de protestas y de la influencia perjudicial de estas personas, y consiguen que se vayan, enseñándoles cómo es de verdad un mal jefe.

Quizá todos estos casos nos resulten muy ajenos: nos sentimos cómodos con la autoridad y el resto del autoexamen tampoco ha aportado nada. ¿Y ahora qué?

Es el momento de averiguar lo que piensa el jefe.

Cualquier tipo de confrontación, no obstante, entraña un riesgo considerable. Quizás el jefe esté esperando ese momento para librarse de nosotros. Tal vez confíe en que sus vibraciones negativas nos hagan entrar en su despacho para preguntar qué hacemos mal y darle la oportunidad de responder: «Demasiadas cosas para que esto se prolongue ni un minuto más.»

De todos modos, es imprescindible hablar. Sólo debe recordarse, antes de ir a la reunión, que debemos estar preparados y contar con otras opciones por si salimos de ésta sin empleo.

Entonces, adelante. No hay que ponerse a la defensiva. Recuérdese que el objetivo es descubrir algo que el jefe no ha sido capaz de expresar de manera explícita, sean cuales sean las razones. Puede que tenga aversión a los conflictos o simplemente haya estado demasiado ocupado. De todos modos, el objetivo es sonsacarle el problema que tiene con nuestra actitud o nuestro rendimiento.

Con algo de suerte, el superior será franco respecto a nuestras carencias, y juntos podremos trazar un plan para corregirlas y reconducir nuestra actitud o nuestro rendimiento. Lo ideal sería que, a medida que nos esforzamos en mejorar, la actitud de nuestro superior hacia nosotros mejore también.

Irónicamente, seremos menos afortunados si descubrimos que nuestro superior está satisfecho con nuestro rendimiento. En tal caso, si se muestra desagradable es sólo porque no le gustamos.

Lo que nos deja en la misma situación de aquellos que trabajan para jefes que actúan mal... porque son así.

Para todos los que se encuentren en dicha situación, la siguiente pregunta es:

¿Hasta cuándo aguantará en el puesto mi jefe? En ocasiones es evidente que un mal jefe no permanecerá mucho más tiempo en su cargo. Los propios superiores así lo han indicado a la organización o el mismo jefe deja claro que está impaciente por irse. En ambos casos, la supervivencia consiste tan sólo en esperar. Hasta que llegue el alivio, deben mostrarse resultados y ser positivos.

La situación es muy distinta si el mal jefe no tiene previsto marcharse. Hace más de una década dibujé la tabla siguiente, que divide a los tipos de líder en categorías, para explicar quién debía quedarse y quién irse.

La tabla divide a los líderes según sus resultados (buenos o malos) y en función de cómo sentían ciertos valores de General Electric, tales como sinceridad, voz, dignidad y mentalidad sin fronteras.

TIPO 1	TIPO 2
Buenos valores/ Buen rendimiento	Malos valores/ Mal rendimiento
TIPO 3	TIPO 4
Buenos valores/ Mal rendimiento	Malos valores/ Buen rendimiento

Los jefes tipo 1, en el extremo superior izquierdo, son aquellos a quienes se desea premiar y ascender para que sirvan de ejemplo al resto de la empresa. Los tipo 2, en el extremo superior derecho, deben irse, cuanto antes mejor, y eso es lo que suelen hacer.

Los jefes tipo 3, en el extremo inferior izquierdo, creen sinceramente en los valores de la empresa y los practican, pero no consiguen resultados. Estos individuos deben recibir *coaching*, ser aleccionados por un mentor, y hay que darles una segunda y una tercera oportunidad en otros ámbitos de la empresa.

La mayoría de los malos jefes se encuentran en el extremo inferior derecho, el tipo 4, y son los más difíciles de tratar. Consiguen permanecer en sus puestos bastante tiempo, a pesar de su terrible comportamiento, gracias a sus buenos resultados.

La mayor parte de las buenas empresas suelen identificar a estos individuos y acaban por despedirlos.

Pero todas las empresas, incluso las mejores, mantienen a algunos jefes de este cuadrante durante más tiempo del que deberían. Suponen un gran dilema para los superiores de cualquier grado, que ven el descontento de abajo, pero también los números fabulosos que los causantes del descontento les presentan.

Lo que deriva en una especie de inercia corporativa.

Tómese el caso de un hombre al que llamaré Lee, que dirigía una división de treinta personas para una compañía internacional de comunicaciones. Antes autor de éxito, Lee había creado un ambiente competitivo, casi frenético, en el despacho, y su personal rendía tanto como una unidad del doble de tamaño. Lee también conseguía que los niveles de creatividad de su equipo fuesen altísimos, un punto más a su favor a ojos de sus superiores.

Pero Lee tenía una veta mezquina de un kilómetro de anchura. Su humor era cruel y solía utilizarlo para humillar a sus empleados más jóvenes e inexpertos. También disfrutaba de mantener relaciones antagónicas con los empleados sindicados de su división, lo que envenenaba el ambiente de trabajo para todos.

Lee mantenía a su personal bajo una especie de servidumbre aterrorizada. A muchos les gustaba el prestigio que suponía trabajar en su división de alto rendimiento, pero odiaban el mal ambiente cotidiano. Los mejores sólo se quedaban un año como máximo, pero Lee estaba protegido por las leyes de la oferta y la demanda. Siempre había otro creativo joven y ambicioso dispuesto a ocupar el puesto vacante.

Por consiguiente, a pesar de los cambios constantes, la alta dirección de la organización permitió que Lee se quedase... hasta que sufrió un infarto. Después de su muerte, uno de sus antiguos empleados dijo: «Fue necesaria la intervención divina para que nos librásemos de él.»

Por regla general, un mal jefe con buen rendimiento no tiene que morir para que la alta dirección lo reemplace, pero puede que haga falta un cataclismo para conseguir pasar a la acción.

Véase el caso de una mujer, a la que llamaré Karen, directiva de alto rango en una firma de gestión financiera. Karen dirigía a quince gestores de fondos de inversión y sus equipos, unas doscientas personas en total. La compañía era famosa por su cultura despiadada y severa, que Karen representaba a la perfección. Trabajaba dieciocho horas al día, denunciaba públicamente a los gestores que rendían por debajo de las previsiones, hacía llorar a sus empleados en las reuniones y, de forma rutinaria, menospreciaba al personal auxiliar refiriéndose a él como «el club de fans de Danielle Steel», ya que en su mayoría estaba formado por mujeres de mediana edad que leían novelas románticas durante el almuerzo. Sin embargo, cuando sus superiores andaban cerca, Karen se transformaba en una persona atenta y considerada, lo que le hizo ganarse el sobrenombre de Sybil, la protagonista de una novela de éxito que sufría un trastorno de personalidad múltiple.

Durante más de una década, los especialistas financieros de Karen presentaron unos resultados impresionantes sobre el papel, obteniendo, de fondos comparables, un rendimiento muy superior. Pero tras el colapso de la burbuja de Internet, los costes de la gestión de Karen empezaron a hacerse visibles. Los gestores de fondos de inversión habían apostado por comprar acciones con perspectivas de rendimiento elevado para alcanzar las expectativas y evitar así las iras de su jefa; de hecho, sus mayores participaciones estaban en Enron, WorldCom y Tyco.

Cuando Karen fue despedida, la alta dirección hizo un gran espectáculo al denunciar su estilo de gestión. Muchos de sus empleados se quedaron perplejos: tal estilo había sido evidente durante años, pero hizo falta un gran desastre para que la dirección tomase cartas en el asunto.

Quizá no todos trabajen en una empresa que permita a un mal jefe permanecer en su cargo hasta que estalle un desastre, pero es posible que unos buenos resultados mantengan ahí a su jefe para siempre.

Si sentimos que ése es nuestro caso, la siguiente pregunta es:

¿Qué me pasará si presento buenos resultados y soporto a mi mal jefe? Si consideramos que la organización, en particular el superior del jefe o alguien de recursos humanos, entiende nuestro problema y se muestra comprensivo al respecto, es muy probable que finalmente nos asciendan o trasladen para premiar nuestra capacidad de supervivencia. Mientras esperamos, debemos seguir en nuestro puesto y entregarnos al trabajo.

Tuve la fortuna de contar con grandes jefes a lo largo de mi carrera. Me animaron, me protegieron, me ayudaron a cobrar confianza en mí mismo y me plantearon desafíos para que ampliase mis capacidades. Reuben Gutoff, mi superior durante más de una década cuando yo empezaba, hizo todo eso por mí. Me mantuvo alejado de la descomunal bu-

Sentir que nuestro jefe no está de nuestra parte es muy desagradable.

rocracia de General Electric mientras yo aprendía a tiempo real cómo levantar un negocio desde los cimientos. Pude viajar por todo el mundo antes de cumplir los treinta años, crear empresas conjuntas e incluso realizar pequeñas adquisiciones.

Me llevó diecisiete años encontrarme con un mal jefe. No es que Dave Dance, un vicepresidente, fuese malo; simplemente yo era candidato al puesto de director general y él apoyaba a otro aspirante. Cada día me parecía una semana. No importaba lo que hiciese, siempre tenía la impresión de que Dave sólo deseaba que yo fallase. Sentir que nuestro jefe no está de nuestra parte es muy desagradable. Intenté mantenerme alejado el mayor tiempo posible; pasaba pocas jornadas en la sede corporativa y muchas haciendo trabajo de campo, con la gente que me gustaba y ocupándome de lo que me gustaba, que era evaluar negocios.

Mi situación era más fácil que para la mayoría. Sabía que aquello no duraría más de un par de años y también conocía la posible recompensa si aguantaba, y ésta era considerable. No todos disfrutan de un lujo semejante.

Pero hay que tener cuidado. La incertidumbre sobre el desenlace de nuestra situación puede que nos impulse a hacer una tontería; es decir, precipitarnos. Quizá se sienta tentado de correr a explicar la situación al jefe de nuestro jefe. Esto puede ser un suicidio. En la mayoría de los casos, quejarse al superior del superior es aún más contraproducente. El gran jefe actuará con la mejor de sus intenciones cuando reprenda a nuestro superior por su comportamiento, pero sin duda nuestra vida será mucho más difícil a partir de entonces. Hay un motivo por el que los niños no delatan a los abusones del

> Hay un motivo por el que los niños no delatan a los abusones del colegio. Desafortunadamente, el mismo principio es aplicable al despacho.

colegio. Desafortunadamente, el mismo principio es aplicable al despacho.

Soportar a un mal jefe siempre trae consigo un elemento de incertidumbre. Podemos suponer un final feliz o se nos puede prometer uno. Pero hay pocas garantías. Lo único que sabemos con certeza es que ir todos los días a trabajar no tiene nada de divertido.

De ahí que sea necesario plantearse lo siguiente:

¿Por qué trabajo aquí? En el capítulo dedicado a la búsqueda del empleo adecuado, se explicó que era inevitable hacer concesiones; no es frecuente que un trabajo sea perfecto en todos sus aspectos. A veces se permanece en un empleo por dinero o por los amigos, en otras se abandona el dinero y a los amigos por el amor al trabajo, por su localización o porque nos evita viajar. También se mantiene un trabajo porque el prestigio de la empresa será de ayuda para encontrar un nuevo empleo cuando se tengan unos años más de experiencia.

Cuando la situación con un mal jefe no tiene visos de mejorar a corto plazo, es necesario evaluar nuestras concesiones y preguntarse si valen la pena.

Si la respuesta es negativa, lo mejor es iniciar un plan de salida que nos lleve hasta la puerta con el menor perjuicio posible.

Por otro lado, si la situación tiene algún tipo de beneficio a largo plazo que entendemos y aceptamos, no hay alternativa. Hay que centrarse en aquello que nos hace esperar y poner al mal jefe en perspectiva. Él no lo es todo en nuestras vidas; sólo es el lado malo de un pacto profesional o personal que hemos hecho con nosotros mismos.

Por encima de todo, hay que asumir que se está con el mal jefe por elección propia, lo que significa que hemos perdido el derecho a quejarnos.

Ya no es posible considerarse una víctima. Cuando se es responsable de una elección, también se lo es de las consecuencias.

■

En un mundo perfecto, todos los jefes serían perfectos.

Sin embargo, eso es algo tan infrecuente que son numerosos los libros y películas que tratan el tema de los malos jefes, por no mencionar las innumerables canciones populares.

Si se tiene un mal jefe, en primer lugar hay que descubrir si el problema reside en nosotros. No es una tarea fácil, pero en muchos casos un mal jefe tan sólo es un jefe decepcionado.

Si se está convencido de que uno no es el problema, debemos preguntarnos si es probable que nuestra empresa mantenga a un mal jefe con buenos resultados. Si la respuesta es afirmativa, lo único que queda por observar son las concesiones que estamos dispuestos a hacer. ¿Es nuestro trabajo lo bastante preciado para soportar a un mal jefe? Si ése es el caso, hay que callarse y aguantar.

Si no lo es, hay que intentar marcharse con la mayor elegancia posible.

Y, cuando empecemos el nuevo trabajo, recordaremos con exactitud qué hacía a nuestro superior tan desagradable y cómo nos hacía sentir... para que, llegado nuestro turno como jefes, no hagamos lo mismo.

19

El equilibrio entre vida personal y laboral

TODO LO QUE SIEMPRE QUISO SABER SOBRE TENERLO TODO (PERO NUNCA SE ATREVIÓ A ESCUCHAR)

SI ALGUNA VEZ HA HABIDO un caso de «sigue mis consejos, pero no mi ejemplo», es este capítulo. Nadie (ni siquiera yo mismo) me llamaría una autoridad en lo que respecta al equilibrio entre la vida personal y la laboral. Durante cuarenta y un años, mi principio operativo fue trabajar mucho, jugar mucho y dedicar algo de tiempo a ser padre.

Si el concepto se hubiese planteado entonces, habría afirmado sin dudar que mi vida estaba perfectamente equilibrada. Sentía que lo tenía todo en la proporción adecuada.

Crecí en una época y en una cultura donde era difícil llegar a la universidad y conseguir un título decente. La gente se casaba durante sus años de universidad o poco después y, acto seguido, empezaba a tener hijos. Conseguir un empleo y trabajar de sol a sol se consideraba un pasaje a la buena vida.

Seguí esta pauta sin pensarlo demasiado. Afortunadamente, el trabajo me parecía muy emocionante. Veía los fines de semana como una oportunidad para jugar al golf y divertirme con otras parejas jóvenes.

Sin embargo, pasados los años, veo ahora con claridad que el equilibrio que escogí tuvo consecuencias para las personas que me rodeaban en casa y en el trabajo. Por ejemplo, mis hijos fueron criados casi únicamente por su madre, Carolyn.

Por la misma razón, desde mis primeros días en Plásticos, solía ir al despacho los sábados por la mañana. No era casualidad que mis subordinados apareciesen también. Personalmente, esas horas del fin de semana me encantaban. Acabábamos el trabajo de la semana de forma más relajada y hablábamos de deportes.

Nunca pregunté a nadie si preferían o necesitaban estar en otro sitio, por motivos familiares o por sus aficiones, por ejemplo. Nunca se me pasó por la cabeza que desearan estar en otro lugar que no fuese el trabajo.

Mi defensa, si hay alguna, es que aquella época era así. En las décadas de 1960 y 1970 todos mis subordinados directos eran hombres. Muchos de ellos eran padres, y los padres de entonces eran distintos. No asistían a espectáculos de ballet los jueves por la tarde ni rechazaban trabajos que suponían un traslado para no interferir en la «carrera» deportiva de sus hijos. La mayoría de sus esposas no tenían trabajos con sus propias exigencias. En general, se asumía que las esposas se quedaban en casa para que todo funcionase a la perfección.

Todo empezó a cambiar en la década de los ochenta, cuando las mujeres comenzaron a escalar puestos en la fuerza de trabajo; a finales de esa década, empecé a oír muchos más comentarios acerca del equilibrio entre la vida personal y la laboral. Surgió inicialmente en muchas de nuestras clases de perfeccionamiento ejecutivo en Crotonville, donde los asistentes comenzaron a describir las presiones que sentían al intentar compaginar los viajes y los traslados en un hogar en que habitaban dos carreras profesionales. En General Electric el debate se hizo más intenso a principios de la década de los noventa, tanto en Crotonville como en el Foro Afroamericano de la compañía, y alcanzó un nuevo nivel de intensidad posteriormente, durante mis reuniones con miembros de la red de empleadas de General Electric, la denominada Women's Network.

Estas conversaciones me obligaron a recapacitar sobre un tema que nunca me había planteado personalmente: los conflictos inherentes a gestionar dos vidas, una laboral y otra fuera del horario de trabajo, consistiese ésta en cuidar de los hijos, el voluntariado en un centro de acogida o correr maratones.

El equilibrio entre la vida profesional y la personal fue un tema muy presente en la década de los noventa, y el debate no ha hecho más que intensificarse desde que me jubilé en el año 2001. En la actualidad, ningún director general ni ninguna empresa pueden ignorarlo. En el otoño de 2004, por ejemplo, el *New York Times* dedicó una portada y un reportaje en tres partes a este tema y al estrés laboral. La misma semana, el artículo de portada de *Fast Company* llevaba por título: «¿Preocupado por compaginar su vida personal y laboral? Olvídelo. Pero descubra aquí cómo tener una vida de todos modos.» Existe toda una industria dedicada al tema, así como demasiados libros y sitios web para poder estimar su número.

Por tanto, no es de extrañar que durante mis viajes de estos últimos tres años por todo el mundo se me hayan planteado innumerables preguntas relacionadas con el tema. La más habitual es: «¿Cómo encontraba tiempo para jugar tanto al golf y además llegar a director general?», pero las hay de todo tipo. En una ocasión, en Pekín, un hombre del público que aparentaba poco más de treinta años me preguntó: «¿Cómo se las arreglaba con sus hijos mientras dirigía General Electric?»

Mis respuestas a estas preguntas han sido de escasa utilidad, sin duda. Respondo que tenía tiempo para el golf porque no dedicaba mi tiempo libre a apenas nada más. En lo que respecta a mis hijos, no me «las arreglaba» con ellos, a excepción de animarles con sus notas y hacer las veces de director social durante mis tres semanas de vacaciones anuales. Sus vidas felices de la actualidad se deben mucho más a su madre que a mí.

Por tanto, no soy en modo alguno un experto en cómo deben priorizarse las distintas partes de nuestras vidas y siempre he sentido que se trata de una opción personal.

No obstante, como directivo he vivido varias situaciones y dilemas sobre ese difícil equilibrio, y muchas más como directivo de directivos. Asimismo, durante los últimos tres años he oído hablar a numerosas personas, tanto jefes como empleados, acerca de este tema complejo.

Gracias a todas esas experiencias, creo intuir lo que piensan los jefes del equilibrio entre la vida profesional y la personal, al margen de lo que ellos digan.

Quizá su perspectiva no sea del gusto de todos, pero hay que enfrentarse a ella. Una cosa es lo que se dice de este complejo equilibrio y otra es la realidad. Para tomar las decisiones y actuar del modo que más nos convenga, es necesario entender tal realidad:

1. La principal prioridad del jefe es la competitividad. Claro que desea la felicidad de sus empleados, pero sólo mientras ésta facilite que la empresa triunfe. En realidad, si el jefe hace bien su trabajo, logra que el de sus empleados sea tan emocionante que la vida personal de éstos pasa a un segundo plano.

2. La mayoría de los superiores están perfectamente dispuestos a considerar el equilibrio entre vida personal y profesional, si el empleado se lo ha ganado con su rendimiento. Este «si» condicional es la palabra clave.

3. Los jefes saben que las políticas de equilibrio laboral-personal descritas en el folleto de la empresa sólo pretenden facilitar la contratación de personal, pero que las verdaderas disposicio-

nes se negocian de forma individual en el contexto de una cultura de apoyo, no en la de: «¡Pero la empresa dice...!»

4. A las personas que exponen en público sus problemas para equilibrar la vida profesional-personal y acuden constantemente a la empresa en busca de ayuda, se las etiqueta de ambivalentes, privilegiadas, poco comprometidas, incompetentes... o todo a la vez.

5. Incluso los jefes más comprensivos consideran que el equilibrio entre la vida laboral y la personal es un problema que debe resolver el interesado. Saben que existen varias estrategias eficaces para conseguirlo y esperan que sus empleados las pongan en práctica.

GESTIÓN DE LAS PRIORIDADES

Estos cinco puntos se tratarán individualmente, pero primero dedicaré unas palabras al verdadero significado de «equilibrio entre vida personal y laboral».

No es una coincidencia que este término entrase en el dominio público cuando las mujeres (sobre todo madres en hogares donde debían compaginarse dos trayectorias profesionales) empezaron a trabajar de forma generalizada. De pronto, se formó un grupo de personas que tenían que hacer malabarismos para gestionar dos demandas mutuamente excluyentes y contrapuestas: ser buenas madres y buenas empleadas al mismo tiempo. Sobre todo en los inicios de este cambio, los forcejeos para lograr que todo funcionase fueron caóticos y dolorosos para muchas madres trabajadoras, que vivieron historias llenas de culpabilidad, ambivalencia y rabia.

En la actualidad, este tema sigue siendo en gran medida una competencia de las madres trabajadoras, pues son las personas con más probabilidades de tener que enfrentarse al dilema de forma cotidiana.

Sin embargo, es indudable que el equilibrio entre vida y trabajo es un concepto que ha crecido y se ha extendido. Ya no concierne sólo a cómo las madres trabajadoras pueden administrar su tiempo para hacer frente a las exigencias de sus vidas; ahora concierne a cómo todos administramos nuestras vidas y nuestro tiempo: se trata de un problema de prioridades y valores.

Básicamente, el equilibrio entre vida laboral y personal se ha convertido en un debate sobre cuánto debemos permitir que nos consuma el trabajo.

Se puede ser como yo y los de mi generación, y hacer del trabajo la principal prioridad. O puede intentarse una especie de equilibrio literal, repartiendo el tiempo a partes iguales entre vida y trabajo, o dedicar al surf el 80 % del tiempo y trabajar el 20 % restante. Hay tantas ecuaciones posibles como personas.

Pero, independientemente del tipo de equilibrio que se elija, hay que hacer concesiones. A fin de cuentas, como ya he mencionado con anterioridad, son pocos los afortunados que pueden tenerlo todo en la vida. Por lo general, no es posible. Los padres trabajadores que desean estar muy involucrados en la vida de sus hijos, por ejemplo, suelen verse obligados a abandonar parte de sus ambiciones profesionales. Aquellos que sitúan el éxito en los negocios por delante, probablemente perderán cierto grado de intimidad con sus hijos.

> El equilibrio entre vida personal y laboral es un trueque, un trato que se hace con uno mismo sobre lo que se conserva y a lo que se renuncia.

El equilibrio entre vida personal y laboral es un trueque, un trato que se hace con uno mismo sobre lo que se conserva y a lo que se renuncia.

Recuerdo una sesión de preguntas y respuestas con unos quinientos ejecutivos en Melbourne, Australia, donde la moderadora era Maxine McKew, una de las presentadoras más respetadas del país. La sesión transcurrió de la forma acostumbrada durante una hora, hasta que una mujer del público preguntó:

—¿Puede decirme, señor Welch, por qué todas las mujeres que triunfan en los negocios se comportan como hombres duros e inflexibles? ¿Cuándo llegará el día en que todas las directoras generales no se parezcan a Margaret Thatcher?

No recuerdo mi respuesta exacta, pero sé que dije algo políticamente incorrecto, acerca de cómo la mayoría de las mujeres ralentizaban el ritmo de sus carreras profesionales para tener hijos y, aunque pensaba que era una elección comprensible, eso no iba a llevarlas con demasiada rapidez al consejo de administración.

Este comentario enfureció a la mujer que había planteado la pregunta, quien replicó:

—¿Por qué las mujeres deben renunciar a su vida para triunfar en el trabajo y los hombres no? Las mujeres no deberían hacer todos los sacrificios, ¿verdad?

Algunos hombres del público gimieron.

—Mi mujer lo hizo —gritó uno.

—Eh, todos hacemos sacrificios —puntualizó otro.

—No puedo ofrecer una buena respuesta a su pregunta —dije desde el estrado—. No estoy seguro de que detenerse en la escala corporativa sea un «sacrificio» para las madres que así lo deciden.

Entonces intervino Maxine. Para ser sincero, esperaba una crítica tajante, pero su respuesta me sorprendió.

—Las mujeres renuncian a algo. Su biología. Les explicaré a lo que yo he renunciado. Quería mi carrera y por eso no he tenido hijos. Quizás ahora podría haber salido adelante con hijos, pero hace veinticinco años, cuando yo empecé, era sencillamente imposible

Opté por poner mi carrera en primer lugar y ahora no puedo culpar a nadie por mi felicidad
o por su ausencia.

alcanzar un escalafón profesional muy alto y criar bebés al mismo tiempo. Fue mi decisión. Claro que deseaba tener hijos, pero opté por poner mi carrera en primer lugar y ahora no puedo culpar a nadie por mi felicidad o por su ausencia.

Podía oírse la respiración de los presentes. En medio del silencio, alguien alzó la mano y cambió de tema con una pregunta sobre la economía australiana.

He explicado esta historia porque no puede hablarse del equilibrio entre la vida personal y la laboral sin reconocer que es un tema muy controvertido, dado su carácter tan personal y universal a la vez.

Actualmente todos toman decisiones sobre este asunto, desde las madres y los padres trabajadores hasta los solteros que quieren escribir una novela o construir casas para asociaciones benéficas.

El equilibrio entre la vida personal y la profesional implica hacer elecciones y concesiones, así como vivir con sus consecuencias. Es así de simple... y de complejo.

Sólo es necesario recordar que no estamos solos en el dilema. Nuestra empresa también siente el impacto de nuestras elecciones y decisiones.

Con esto en mente, examinemos el equilibrio entre vida personal y laboral desde el punto de vista de nuestro jefe.

1. La principal prioridad del jefe es la competitividad. Claro que desea la felicidad de sus empleados, pero sólo mientras ésta facilite que la empresa triunfe. En realidad, si el jefe hace bien su trabajo, logra que el de sus empleados sea tan emocionante que la vida personal de éstos pasa a un segundo plano.

Es evidente que la mayoría de los jefes quieren que sus empleados tengan una gran vida personal. Nadie desea que su personal lleve al despacho problemas familiares o sociales que puedan filtrarse en el ambiente y ser perjudiciales para la productividad.

También influye el asunto de la retención. Las personas satisfechas tienden a permanecer donde están y a trabajar con más entusiasmo. Por todo ello, los jefes no desean que su personal se resienta de una falta de equilibrio.

No obstante, por encima de todo, los jefes desean triunfar; por eso se les paga. Y, por este motivo, lo quieren todo de sus empleados: el cerebro, el cuerpo, la energía y el compromiso. A fin de cuentas, tienen que triunfar en un gran juego y no pueden hacerlo con jugadores ausentes, sobre todo si el equipo contrario cuenta con miembros de países como India o China, donde el equilibrio entre las vidas laboral y personal no es exactamente una prioridad cultural.

La realidad es que las preocupaciones por dicho equilibrio son un lujo, del que «disfrutan» principalmente las personas con capacidad de cambiar el tiempo por dinero y viceversa. Con toda seguridad, al tendero coreano que acaba de abrir su negocio en Nueva York no le preocupa en absoluto si tiene tiempo de ir al gimnasio, tampoco el 99 % de los emprendedores que componen la enorme y competitiva fuerza de trabajo china se rasga las vestiduras por tener que trabajar hasta bien entrada la noche.

Nuestro jefe es muy consciente de que la mayoría de los competidores en el mercado global no invitan a sus empleados a reducir su productividad en aras del equilibrio personal.

Por este motivo, cuando el jefe piensa en acomodar las necesidades personales y laborales de sus empleados, se guía por la pregunta: «¿Cómo puedo contentar a esta persona y mantenerla al mismo tiempo totalmente volcada en el trabajo?»

Porque la verdad es que el jefe quiere obtener el 150 % de sus empleados y, si son buenos, hará todo lo que esté en su mano para conseguirlo, incluso aunque la familia de éstos también quiera el 150 % de ellos.

No es que los jefes deseen que el empleado abandone a su fami-

No es que los jefes deseen que el empleado abandone a su familia, sus aficiones. Simplemente les mueve el deseo de captar toda la energía del trabajador para dirigirla a la empresa.

lia, sus aficiones u sus otros intereses; no son tan diabólicos. Simplemente les mueve el deseo de captar toda la energía del trabajador para dirigirla a la empresa.

En la mayoría de los casos, los jefes ven que una buena ofensiva es su mejor defensa contra las apetencias vitales, y que dicha ofensiva es hacer el trabajo tan emocionante y divertido que la gente no quiera volver a casa para cenar, ni mucho menos jugar al ajedrez o escribir la gran novela del siglo en su buhardilla.

Durante muchos años, Gary Reiner trabajó para mí como responsable de desarrollo directivo en Fairfield. Aunque nunca lo proclamó, era evidente que Gary había hecho una elección en lo que respecta al equilibrio entre vida laboral y personal, donde su familia desempeñaba un papel de gran importancia. Cada día se presentaba pronto en el despacho, pero se marchaba a las seis y casi nunca participaba en las bromas entre compañeros que suelen entorpecer el ritmo de trabajo. Era un empleado discreto y sumamente eficaz.

Pero también era un empleado brillante en todos los aspectos. Su gran rendimiento le abría año tras año inmensas oportunidades en operaciones, pero Gary siempre decía que le gustaba su trabajo, no debía viajar en exceso y no quería trasladarse. A mí me parecía bien. Me encantaba lo que hacía y toda la empresa salía beneficiada.

Pero me preocupaba, como sin duda también a Gary, cuánto tiempo podríamos mantener a una persona de administración animada y comprometida. No quería que Gary abandonase General Electric, ni siquiera que se lo planteare.

Durante la década siguiente, cada vez que emprendimos una iniciativa de importancia (fuesen servicios, Seis Sigma o tecnologías digitales) pedimos a Gary que se encargase de organizar los consejos, formados por los líderes de cada negocio, para transferir las mejores prácticas a toda la compañía. Al mismo tiempo asumió las funciones de director de información para la empresa. Gary permaneció donde estaba, pero aproximadamente cada dos años extendió el ámbito de su trabajo, aportando un valor considerable a General Electric y permaneciendo, a la vez, fiel a su elección vida-trabajo.

La historia de Gary es un ejemplo de innumerables casos que se dan a diario: un jefe que incentiva y elimina trabas para mantener a un empleado brillante comprometido e interesado. Yo sabía lo que la compañía y Gary necesitaban y, afortunadamente, gracias a su curiosidad intelectual, su compromiso y su energía, encontramos una solución donde todos salimos ganando.

Por tanto, cada vez que se plantee el tema del equilibrio entre vida y trabajo, debemos recordar lo que nuestro superior opina al respecto... eso es ganar. Posiblemente nuestras necesidades personales serán escuchadas e incluso se llegará a una solución al respecto, pero sólo si sucede lo mismo con las necesidades de nuestro superior.

> 2. La mayoría de los superiores están perfectamente dispuestos a considerar el equilibrio entre vida personal y profesional, si el empleado se lo ha ganado con su rendimiento. Este «si» condicional es la palabra clave.

Debe admitirse que ciertos jefes piensan: «Nunca me ofrecieron ayuda para facilitar mi equilibrio entre vida laboral y personal, y tampoco yo voy a ofrecerla ahora. Que cada uno se espabile por su cuenta.»

Asimismo, existen personas sin hijos que se resienten cuando sus compañeros de trabajo que sí los tienen piden un trato especial debido a sus responsabilidades familiares. He oído decir a estos individuos: «Ellos quisieron ser padres; ahora pretenden que nosotros se lo pongamos fácil.» Es una actitud comprensible, aunque no excesivamente comprensiva.

Lo cierto es que, en el entorno laboral, los tratos de favor son escasos. Los superiores pueden permitir que los empleados gocen de flexibilidad en sus entradas y salidas, pero sólo si antes se lo han ganado con su actuación y sus resultados.

En realidad, describiría el verdadero funcionamiento del equilibrio entre vida personal y laboral como el anticuado sistema de puntos. Las personas con un gran rendimiento acumulan puntos que pueden canjear por flexibilidad. Cuantos más puntos se tienen, mayores son también las opciones de trabajar cuándo y dónde se desee.

No obstante, no puede hablarse del sistema de puntos sin mencionar el tiempo que se pasa en el despacho.

El tiempo que se pasa en el despacho es muy importante en la mayor parte de las empresas, sobre todo cuando llega el momento de los ascensos. Aunque la tecnología actual posibilita el trabajo virtual, la mayoría de los directivos se sienten más cómodos ascendiendo a aquellos que tratan cotidianamente, que ven en las reuniones o en los pasillos, o con los que han vivido una crisis o un momento difícil. Puede que el trabajo externo de un empleado sea espectacular, o que sea la persona más productiva del equipo. Incluso es posible que el trabajo que se desempeña no requiera que se acuda a la oficina. Pero cuando llega el momento de los ascensos y las calificaciones, los superiores suelen ofrecerlos a aquellos que conocen. Y lo que hace más familiar a una persona es su presencia.

El caso de Susan Peters es el típico ejemplo de un sistema de puntos.

Susan entró en General Electric en 1979, cuando contaba veintiséis años, como encargada de recursos humanos en Electrodomésticos. Rápidamente se distinguió por su elevado potencial y se le ofrecieron diversos desafíos en otros puestos. En 1986, tres meses después de que naciese su hija Jess, Susan trabajaba en Pittsfield; de forma inesperada, su jefe tuvo que someterse a una operación quirúrgica grave que le tendría largo tiempo de baja. En lo que supuso un gran avance, Susan fue nombrada directora de recursos humanos por encima de otros empleados de mayor jerarquía. Aquello fue todo un premio.

A continuación Susan se trasladó a Holanda, después de nuevo a la sede corporativa, luego otra vez a Pittsfield. Dos años más tarde la trasladamos a Louisville como máxima responsable de recursos humanos en el negocio de electrodomésticos. En todos los puestos su rendimiento fue magnífico.

En 1998, necesitábamos que alguien se encargase de recursos humanos en nuestro negocio de equipamiento médico de Milwaukee. Decidimos, cómo no, enviar a Susan Peters. Cuando la convocamos, todos esperábamos un rápido: «Vale, ¿cuándo empiezo?» Pero la respuesta fue: «No puedo, tengo asuntos familiares aquí que debo solucionar.»

Aquello fue como un cubo de agua fría. Nunca se nos había ocurrido que Susan tenía una vida personal, y ella nunca la había mencionado. Incluso cuando la enviamos a realizar ocho semanas de formación (cuatro en Japón en 1992 y cuatro en China en 1993), nunca se quejó de tener que separarse de su hija o de tener que compatibilizar su profesión con otra carrera, la de su hogar. De pronto ahí estaba, pidiéndonos una pausa, y nosotros nos sentimos apesadumbrados.

«Maldición —pensamos—, ¿a cuántos empleados brillantes como Susan Peters habremos perdido porque tomaron nuestro silencio por indiferencia?»

Ofrecimos a Susan la deseada pausa de inmediato. Para entonces, su número de puntos abarcaba un kilómetro; eran muchos más de los que habría necesitado para pedirnos cualquier tipo de ayuda.

Le dijimos que no se preocupase y se quedase donde estaba. En aquel momento, nuestra principal prioridad era que resolviese sus asuntos familiares.

Aquello le llevó un par de años. Durante dicho período, nadie en la empresa mencionó las nuevas limitaciones de Susan en un contexto negativo. Cuando en el año 2000 Susan anunció que volvía a estar disponible, la ascendimos rápidamente a responsable de recursos humanos en la NBC. Ahora es vicepresidenta de Desarrollo Ejecutivo de toda la compañía, con sede en Fairfield, lo que la convierte en la segunda en el escalafón de ejecutivos de recursos humanos de General Electric.

Cuando se le pregunta por su carrera, Susan responde:

«Básicamente aprendí que es posible tener todo el equilibrio entre vida laboral-personal que se desee, siempre que se ofrezcan resultados. No digo que, en ciertos momentos, no fuese difícil. Lo fue, y mucho. Cuando me enviaron a Japón y a China, mi hija tenía siete años, la edad suficiente para hacerme sentir culpable por el viaje. Lloré mucho durante el trayecto, pero había tomado una decisión consciente de lo que sería mi equilibrio entre vida personal y laboral, y parte de esa decisión se fundamentaba en que para mí viajar era un imperativo de mi carrera. Siempre supe que, en caso de necesitarla, tendría flexibilidad en mi trabajo —continúa Susan—. Me la había ganado durante años con mi compromiso y mi rendimiento.»

Compárese la historia de Susan con la de una amiga que dirigía una unidad de sesenta personas en una empresa de crecimiento rápido.

Hace unos años, un miembro de su equipo que había tenido su segundo hijo —llamémosla Cynthia— le pidió trabajar en casa los viernes. La ejecutiva (que también era madre trabajadora) accedió de inmediato, pues sabía que Cynthia, que llevaba ocho años en la empresa, seguiría teniendo un rendimiento brillante. Siempre había sido así: era una de las personas más trabajadoras, organizadas y productivas del equipo.

Al cabo de unas semanas, en la oficina todos sabían que Cynthia trabajaba en casa los viernes. Muy pronto, otro joven del equipo —llamémosle Carl—, que llevaba un año en la empresa sin resultados excepcionales, dijo que también deseaba trabajar en casa los viernes, «para perfeccionar su técnica de yoga».

Cuando mi amiga se negó, la conversación tomó un cariz muy extraño.

—Estás imponiéndome tus valores. Consideras que la maternidad es más importante que el yoga; pero yo nunca tendré hijos. ¿Quién dice que el yoga es menos importante en mi vida que la maternidad para Cynthia? —dijo Carl.

—Lo siento, pero ésa es la decisión que he tomado —respondió su jefa.

Más tarde, cuando la noticia de la discusión se extendió por toda la empresa y distrajo a los compañeros de trabajo de Carl durante una semana con un debate sobre justicia y valores, mi amiga se arrepintió de no haberle dado una respuesta más directa. Carl no podía trabajar en casa los viernes porque no había demostrado que podía hacer el trabajo en la oficina de lunes a jueves.

A pesar de sus circunstancias personales, la decisión de mi amiga no había sido «yoga frente a bebés». No tenía nada que ver con valores, sino con rendimiento. Carl no tenía puntos que canjear.

¿Qué se desprende de ambas historias? Que, en la mayoría de las empresas, el equilibrio entre vida personal y laboral tiene que ganarse. Y es un proceso que implica tiempo.

Otro detalle que debe considerarse en el sistema de puntos: a aquellos que empiezan a formar parte de la fuerza de trabajo, les puede parecer injusto. ¿Por qué tienen que esperar para conseguir la libertad y la flexibilidad que desean? Sin embargo, los trabajadores con más experiencia las consiguen y, por lo general, consideran el «canje» muy razonable.

3. Los jefes saben que las políticas de equilibrio laboral-personal descritas en el folleto de la empresa sólo pretenden facilitar la contratación de personal, pero que las verdaderas disposiciones se negocian de forma individual en el contexto de una cultura de apoyo, no en la de: «¡Pero la empresa dice...!»

También a los jefes les gusta. Para ellos es un trato en el que todos salen ganado.

Es muy agradable contemplar el folleto de una empresa, con sus fotografías satinadas y su larga lista de beneficios para la calidad de vida, como la coparticipación en las responsabilidades laborales o el horario flexible.

Pero la mayoría de las personas también saben que la última vez que se mira el folleto es el primer día de trabajo, cuando se firman los contratos en recursos humanos. De hecho, los más astutos advierten bastante pronto que la parte del folleto dedicada a este tema no es más que propaganda para atraer a posibles candidatos.

Las verdaderas disposiciones del equilibrio entre vida personal y laboral se negocian entre jefes y empleados, según la necesidad de los implicados y utilizando el sistema de puntos «flexibilidad a cambio de rendimiento» que se acaba de describir.

Este sistema de puntos requiere un entorno especial: una cultura empresarial de apoyo, donde se fomenta que los jefes negocien tratos creativos vida-trabajo con los mejores empleados y donde éstos se sienten cómodos hablando con sus jefes de los desafíos que presenta el equilibrio entre vida personal y laboral.

En una cultura de tales características, los jefes tienen libertad para premiar los resultados con flexibilidad. No han de tratar estos temas con recursos humanos, ni se ven obligados a seguir políticas formalizadas que puedan limitar sus opciones de triunfo en lugar de aumentarlas.

Si se recuerda el caso de la jefa cuyo empleado quería trabajar los viernes en casa para practicar yoga, al final, cuando el incidente llegó a oídos de la alta dirección, se pidió a mi amiga que accediese a la petición del empleado. La política de la empresa era «ofrecer las mismas oportunidades en las disposiciones de horario flexible». ¡El mérito no contaba para nada!

No debería sorprender que el empleado en cuestión no durase ni un año

> Si se desea un verdadero equilibrio entre la vida personal y la laboral, debe encontrarse una empresa que lo resuelva como parte del negocio cotidiano.

más en la empresa. Con sólo cuatro días en el despacho, su rendimiento siguió deteriorándose. Y, aún peor, los responsables de aquella unidad del negocio lo etiquetaron como empleado del tipo «pero la empresa dice...».

Es una tipología conocida. Son los empleados que atesoran días de vacaciones o que entregan papelitos con las medias jornadas o los días no laborables en que han trabajado. Recuerdan a sus superiores y colegas las políticas que atañen a las horas extras; son pequeños tecnócratas que muestran, una vez tras otra, que no trabajan por diversión o por la pasión de triunfar. Tan sólo acumulan horas.

No es de extrañar que no tengan muchos puntos para canjear. Al operar fuera de la cultura de las negociaciones individuales entre jefe y empleado, estas personas se excluyen de los mismos «derechos» que proclaman tener.

La cuestión aquí es no dejarse llevar por las políticas de empresa y los programas que suelen aparecer en el folleto de la compañía. Si se desea un verdadero equilibrio entre la vida personal y la laboral, debe encontrarse una empresa que lo resuelva como parte del negocio cotidiano.

4. A las personas que exponen en público sus problemas para equilibrar la vida profesional-personal y acuden constantemente a la empresa en busca de ayuda, se las etiqueta de ambivalentes, privilegiadas, poco comprometidas, incompetentes... o todo a la vez.

En septiembre del año 2004, el *Financial Times* publicó un artículo sobre Vivienne Cox, que a los cuarenta y cinco años fue nombrada máxima responsable de la división de electricidad, gas y energía renovable de BP. El periódico citaba que el nombramiento convertía a la señora Cox en una de las mujeres de negocios más poderosas del mundo.

También comentaba que tenía dos hijos pequeños y que nunca hablaba de cómo influían éstos en su trabajo. El periódico afirmaba que: «Vivienne Cox forma parte de una generación de mujeres brillantes que sólo desean hacer bien su trabajo.»

Existen, sin duda, miles de Vivienne Cox. Tampoco cabe duda de que millones de mujeres trabajadoras brillantes, sean madres o no, gozan de una vida personal rica e intensa... conseguida sin lamentarse de las dificultades y de la ayuda que necesitan de la empresa para lograrlo.

El hecho de que estas personas existan hace muy difícil, en el mundo real, quejarse del equilibrio entre vida personal y laboral.

Por esta razón, la mayoría de los que se quejan acaban siendo marginados. En ocasiones es un proceso lento porque las empresas quieren ser políticamente correctas y prudentes con aquellos que se identifican en público con tales modelos. No obstante, con el tiempo, las personas que no saben organizarse o piden con frecuencia a la empresa disposiciones especiales, acaban por verse relegadas o marginadas.

Tampoco es sorprendente que esta categoría tienda a darse en personas de bajo rendimiento.

He aquí mi teoría de los motivos.

Los empleados que ocupan el 20 % superior de una organización casi nunca se lamentan de cómo compaginar vida personal y laboral, un hecho posiblemente vinculado a sus dotes intrínsecas: en casa, como en el trabajo, son tan inteligentes, organizados y competentes que han ideado y puesto en práctica soluciones sostenibles. Han implantado lo que Susan Peters denomina «procesos domésticos» de recursos de apoyo y planes en caso de imprevistos, que eliminan gran parte de la incertidumbre implícita en el manejo de tales situaciones.

Los empleados con un rendimiento por debajo de la media, por el contrario, tienen tres elementos en contra. Primero, son menos expertos en organizar su tiempo y distinguir prioridades, no sólo en el trabajo, sino también en casa. Segundo, a causa de su rendimiento mediocre, a muchos de ellos ya les han informado de sus escasas posibilidades de progreso, lo que reduce su autoestima y hace aumentar su ambivalencia. Finalmente, no tienen la seguridad financiera del 20 % superior, lo que les proporciona escasos recursos para «comprar» la ayuda de niñeras, educadoras o canguros. Si se unen las tres dinámicas, es normal que los empleados de bajo rendimiento sean los que más problemas tienen para compaginar su vida personal y la laboral, y que soliciten ayuda con tanta frecuencia.

Como me dijo el director de recursos humanos de una empresa de Nueva York: «Siempre son mis empleados más débiles los que piden más flexibilidad de la empresa. Es frustrante... por no decir más.» (No es de extrañar que añadiera: «Si me citas en tu libro, ¡no digas mi nombre!»)

Por tanto, cada vez que alguien abra la boca por quinta vez para pedir limitaciones en los viajes o librar los jueves por la mañana, u ocupe el tiempo de su superior con sus preocupaciones sobre el cuidado de los hijos, debe saber que está haciendo una declaración que, independientemente de las palabras que utilice, suena a: «No formo parte de vuestro proyecto.»

5. Incluso los jefes más comprensivos consideran que el equilibrio entre la vida laboral y la personal es un problema que debe resolver el interesado. Saben que existen varias estrategias eficaces para conseguirlo y esperan que sus empleados las pongan en práctica.

Sólo uno mismo puede saber cuáles son sus valores y prioridades. Sólo uno mismo sabe qué concesiones está dispuesto a hacer y sólo uno mismo es capaz de imaginar las consecuencias. Sólo uno mismo puede organizarse el horario y la vida, en casa y en el trabajo, para lograr el equilibrio que se ha propuesto.

Por esta razón, la mayoría de los jefes consideran que el equilibrio entre vida laboral y personal es un problema que debe resolver cada uno de sus empleados, y no ellos.

Ahora bien, a algunos directores les gusta ayudar a su gente en el proceso de delimitar prioridades y decidir concesiones, e incluso idear soluciones horarias que sean convenientes tanto para la empresa como para el empleado. En realidad, consideran esta actividad como una parte más de su trabajo.

No obstante, ayudar a las personas a encontrar tal equilibrio es un don muy especial. No todos los superiores lo tienen ni todos lo desean. Algunos directores piensan que ellos no son la madre ni el psicoterapeuta de nadie y que no es asunto suyo solucionar tales cuestiones.

Pero no todos son así. Durante mis compromisos como conferenciante y asesor de estos últimos años, he calculado que alrededor de la mitad de los directores desean trabajar activamente con sus empleados para ayudarles a conseguir cierto equilibrio entre sus vidas laboral y personal. Constituyen una proporción mucho mayor de la que había hace cinco años.

Sin lugar a dudas, negociar tal equilibrio añade complejidad al trabajo del superior, pero también tiene su parte positiva: le proporciona un arma más —como también lo son el salario, las primas, los ascensos y otras formas de reconocimiento— para motivar y retener a los empleados brillantes.

Sin embargo, al mismo tiempo, cada uno puede y debe ayudarse a sí mismo. El debate sobre el equilibrio entre vida personal y profesional ya ha estado presente el tiempo suficiente para que hayan surgido mejores prácticas. Los directores más experimentados conocen estas técnicas; muchos las utilizan y esperan que sus empleados hagan lo mismo.

Mejor práctica 1: Concentrarse en lo que se está haciendo. Ya se ha comentado que el trabajo exige el 150 % de uno y que lo mismo sucede en casa. Para aliviar la angustia y la distracción, así como para mejorar el rendimiento independientemente de lo que se haga, hay que plantearse dónde y con quién estamos.

En otras palabras, hay que compartimentar.

Nadie sale ganando si de forma rutinaria solucionamos la logística familiar desde el teléfono del despacho, o si enviamos correos electrónicos a clientes desde el campo de fútbol infantil.

Evidentemente, compartimentar no es fácil. En ocasiones es imprescindible llamar a un cliente desde el gimnasio o informarnos del estado de nuestro hijo enfermo entre reuniones. Pero cuanto más se mezclen ambas vidas, más desorientados, distraídos y abrumados nos sentiremos y actuaremos.

En este aspecto, la tecnología es un arma de doble filo. Por una parte, nos permite cenar en casa tres días a la semana porque podemos consultar el correo electrónico con nuestro BlackBerry; por otra, puede provocarnos una úlcera si nos llaman constantemente al móvil desde el despacho mientras estamos esquiando.

Lo ideal es trazar límites precisos en nuestras actividades. Si se está en el trabajo, mantener la cabeza completamente en el trabajo; cuando se está en el hogar o en un momento de ocio, mantener la cabeza allí y sólo allí. Soy consciente del carácter ilusorio de esta propuesta. Siempre existirán presiones, sean cuales sean las reglas que hayamos establecido, pero cuanto menores y menos frecuentes sean las interrupciones, mayor será el equilibrio que sentiremos.

Mejor práctica 2: Tener el valor de negarse a las peticiones y exigencias que no se adapten al plan de equilibrio elegido. Llega un punto en que la mayoría de las personas acaban encontrando un equilibrio personal-laboral que les funciona. Lo esencial es ceñirse a él.

Eso implica disciplina. Decir «no» es difícil, sobre todo para los hombres y mujeres de negocios que han progresado precisamente por decir «sí» muy a menudo. Siempre me ha impresionado el caso de Bill Woodburn, responsable del negocio de diamantes industriales de General Electric en la década de 1990. Le pedimos que dirigiese una división mucho mayor, pero él tenía sus prioridades claras y rechazó la oferta, a pesar de nuestros esfuerzos para persuadirle. Tenía una hija a la que faltaban dos años para entrar en la escuela secundaria y no quería desarraigarla. En la actualidad, la hija de Bill ya se ha graduado y su padre ya ha pasado por dos ascensos; ahora es presidente y director general del negocio de infraestructuras de General Electric.

No obstante, por lo general no es necesario rechazar un ascenso para conseguir el equilibrio deseado. Basta con rechazar temas de menor importancia, como una petición para unirse a otra junta sin ánimo de lucro, dirigir otro equipo deportivo infantil y asuntos similares.

Si se acepta todo, no se consigue el equilibrio, sino el desequilibrio.

Rechazar es muy liberador. Debe intentarse en todo aquello que no forme parte del plan de vida personal-laboral previamente establecido.

Mejor práctica 3: Asegurarse de que nuestro plan de equilibrio personal-laboral no nos excluye. El síndrome «todos felices excepto yo» es una dinámica letal. Personas muy competentes idean un plan perfecto de equilibrio entre vida personal y laboral que les permite dar lo suficiente al trabajo, a la familia e, incluso, a un par de asociaciones benéficas. El problema es que este plan perfecto crea una especie de vacío de diversión para la persona que ocupa su centro.

El equilibrio entre la vida personal y la laboral, por supuesto, implica realizar concesiones; también las personas decentes tienen la obligación de cumplir con sus compromisos en casa y en el trabajo. Pero cuando se traza un plan de equilibrio en el que no cabe la diversión, es muy probable que no sea posible mantenerlo.

Hay que asegurarse de que el plan de equilibrio decidido satisfaga nuestros sueños y pasiones. Si eso significa trabajar mucho, adelante; si eso significa estar cada noche en casa, adelante también. Debemos ser responsables de aquellos que nos rodean, pero no podemos vivir un concepto de vida impuesto por otro en nombre del equilibrio entre vida personal y laboral.

Es decir, podemos, pero no es conveniente. Casi siempre acaba saliendo mal.

Todos hemos conocido a personas en apariencia felices y capaces de combinar unas considerables exigencias laborales y familiares que, de pronto, cambian drásticamente de vida. Acaban por tirar la toalla.

Una persona que conocí no hace mucho en una fiesta explicó así esta decisión: «Durante quince años no conseguí pasar un rato riéndome a gusto. Tampoco pude leer el periódico con una taza de café en la mano, ni jugar con el perro ni llamar a una antigua amiga. Parecía que dedicaba cada minuto a la organización logística para satisfacer las necesidades de todos, excepto las mías. Técnicamente era una esposa y madre bastante buena, y también era bastante buena en el trabajo. Todos estaban bien, pero yo me sentía muy desdichada. Tuve que dejarlo, de lo contrario me habría derrumbado.»

Actualmente esta mujer trabaja desde su casa. Su familia tiene menos dinero y ella añora su antigua vida como profesional. Pero al menos puede respirar... y reír.

El equilibrio entre la vida personal y laboral no es una decisión

> Si no nos sentimos felices con nuestro propio plan, un día despertamos para hallarnos en una especie de infierno, donde todos son felices excepto nosotros.

que se toma a solas. Hay que afrontar el modo en que nuestras decisiones afectan a los demás.

Pero si no nos sentimos felices con nuestro propio plan, todo el equilibrio del mundo no es más que un deber para nosotros. Y un día despertamos para hallarnos en una especie de infierno, donde todos son felices excepto nosotros.

Lo que no es bueno para nadie.

En el fondo, sólo es necesario saber un par de cosas para, como reza el título del capítulo, tenerlo todo.

Fuera del trabajo, hay que saber con claridad lo que se quiere de la vida. En el trabajo, hay que saber con claridad lo que quiere nuestro superior y comprender que, si deseamos progresar, lo que él o ella quieran es lo primero. Finalmente será posible conseguir lo que ambas partes crean conveniente, pero el trato debe negociarse en este contexto.

Hay que asegurarse de que se trabaja en una cultura de apoyo, donde el rendimiento cuenta y donde los grandes resultados pueden canjearse por flexibilidad.

Hay que ganar puntos, canjearlos cuando sea necesario y volver a ganarlos cuando sea posible.

Lograr un equilibrio entre la vida laboral y la personal es un proceso iterativo, que mejora con la experiencia y la observación hasta que, al cabo de cierto tiempo, ya no resulta tan difícil. Se convierte, sencillamente, en nuestra forma de actuar.

ATAR CABOS

20

Aquí, allá y en todas partes

OTRAS PREGUNTAS DE INTERÉS

EN LA INTRODUCCIÓN, he mencionado que la inspiración para escribir este libro surgió de las preguntas que muchas personas me han planteado en los viajes que estos últimos años he realizado por todo el mundo. Buena parte de estas preguntas, y mis respuestas, han acabado encajando en los diecinueve capítulos que han precedido a éste.

Sin embargo, algunas preguntas no podían incluirse en ningún tema, fuese liderazgo, contratación, cambio, estrategia o equilibrio entre vida personal y profesional. Eran cuestiones demasiado amplias, limitadas, específicas o inusuales. Desafiaban cualquier clasificación.

Pero eran preguntas relacionadas con algunos de los temas tratados en este libro, como la importancia de la sinceridad y la energía positiva, la eficacia de la diferenciación, el valor de la opinión, el poder de la autenticidad y la meritocracia, la absoluta necesidad del cambio o la conveniencia de no convertirse nunca en una víctima.

Por consiguiente, terminaré el libro con estas preguntas de interés, esperando que cubran el territorio que no he llegado a abarcar y que incluso sirvan de recordatorio para algunos de los hitos principales del campo cubierto hasta ahora.

Esta pregunta me la formularon en una cena de negocios de México D. F., a la que asistieron unos treinta directores generales de diferentes industrias:

Durante los últimos diez años hemos actualizado nuestra empresa mediante formación y mejoras en el proceso, lo que, unido al bajo coste de nuestra mano de obra, nos hacía muy competitivos. Pero ahora China está acabando con nosotros. ¿Cómo podemos seguir con vida?

He oído variantes de esta pregunta en todas partes... excepto en China, por supuesto.

Por ejemplo, cuando estuve en Dublín en el año 2001, unos meses después de que Gateway anunciase su cierre, un ejecutivo irlandés del sector tecnológico me preguntó con angustia: «¿Es esto el fin de nuestro largo período de prosperidad?» En 2004, hablé en Milán con un director alemán que se preguntaba si la única esperanza de su empresa era venderla a una compañía asiática interesada en su capacidad de distribución en Europa. En una conferencia en Chicago del mismo año, un fabricante de piezas de maquinaria con sede en Cleveland me describió con angustioso detalle cómo la competencia china bajaba una y otra vez los precios de sus productos. «¿Quedará algún trabajo en las fábricas de Ohio?», preguntó.

No hay una respuesta fácil a la cuestión china. Sí, se habla de los problemas del país: su escasez de directores de rango medio, por ejemplo, o las familias campesinas pobres que emigran en masa a ciudades que no están preparadas ni cuentan con trabajo suficiente para mantenerlas. Las empresas estatales, lentas y burocráticas, siguen formando la mayor parte de su economía. Y los bancos del país están cargados de malos préstamos.

No obstante, para China estos problemas no son grandes montañas, sino pequeños montículos que la excavadora gigantesca y rápida de su economía puede allanar sin problemas. La prosperidad cada vez mayor, derivada del espectacular crecimiento económico de los últimos veinte años, ha dado a China una enorme confianza en sí misma. Además cuenta con mucho más: una gran masa de mano de obra barata y muy trabajadora, así como un número creciente de ingenieros bien formados.

También existe una ética de trabajo, que quizá sea su principal baza. El carácter emprendedor y la competitividad forman parte de la cultura china. Considérese la ejecutiva que, el año pasado, me atendió como anfitriona durante la visita de una semana a Shanghai y Pekín. Me dijo que estaba en el despacho de las siete de la mañana a las seis de la noche, que después iba a casa a cenar y estar con su esposo y su hijo hasta las ocho, y más tarde regresaba al trabajo hasta la medianoche. «Es muy típico aquí... seis días a la semana», comentó. ¡Y trabaja para una multinacional estadounidense!

Así pues, ¿qué hacer ante la inevitable cuestión china?

En primer lugar, salir del estado de desolación que advertí en México, Milán y en todo Estados Unidos; quizá sea comprensible, pero no lleva a ningún sitio.

Las economías desarrolladas del mundo no están acabadas. El mundo desarrollado cuenta con grandes mercados industriales y de consumo, sedientos de productos, con grandes marcas y mecanismos de distribución dispuestos a servirlos. Sus economías tienen sistemas legales abiertos y maduros; son sociedades transparentes, con gobiernos democráticos y buenos sistemas educativos y sociales. Sus negocios cuentan con procesos de gestión totalmente desarrollados. Estados Unidos posee la ventaja añadida de un gran mercado de capital de riesgo capaz de proporcionar fondos iniciales para el desarrollo de, prácticamente, cualquier buena idea.

La lista de las ventajas competitivas del mundo desarrollado podría seguir indefinidamente.

Por tanto, hay que pensar de forma positiva. Para empezar, se requiere, como mínimo, cierta buena disposición.

¿Recuerdan mi descripción de la amenaza japonesa a inicios de los años ochenta? En ocasiones nos sentíamos acabados, algo en lo que todos parecían estar de acuerdo. Los periodistas y las autoridades políticas predijeron la muerte inminente de empresas industriales como General Electric, lo que no es de extrañar, dadas las circunstancias. La inflación tenía dos dígitos, y el tipo de interés preferencial ascendía a más del 20 %. En Syracuse, fabricábamos televisores cuyo coste de producción era mayor que el de los japoneses que se vendían en centros comerciales a dos kilómetros de distancia.

Parecíamos vivir el peor de los momentos.

Pero ésa es la cuestión. En el fragor de la batalla, siempre se parece vivir el peor momento posible. Los competidores con precios bajos no son una novedad. Hong Kong y Taiwán llevan cuarenta años en el juego, y México, Filipinas, India y Europa Oriental también participan desde hace cierto tiempo. Incluso a finales de la década de los noventa, cuando el viento soplaba a nuestro favor y hacer dinero era más fácil que en tiempos anteriores, el trabajo parecía muy difícil. Las grandes compañías se consideraban dinosaurios, y todos daban por asumido que los recién creados negocios tecnológicos pronto dominarían el mundo. Se dijo que sectores enteros se verían arrasados por Internet.

Entonces la burbuja estalló. Muchas de esas pequeñas empresas que iban a gobernar el mundo desaparecieron, mientras que otras, como eBay y Amazon, no sólo sobrevivieron, sino que se convirtieron en negocios boyantes. Pero también sobrevivieron los denominados dinosaurios... porque cambiaron. Acogieron las nuevas tecnologías y se transformaron, para hacerse más fuertes que nunca.

Y cambios es lo que ahora China exige de nosotros.

El primero, y más evidente, es tomar los tres caballos de batalla de la competencia —coste, calidad y servicio— y dirigirlos a nuevas metas, haciendo que cada persona de la organización los vea como lo que son, una cuestión de supervivencia.

Piénsese en los costes. Es imprescindible buscar mejores prácticas, tanto dentro como fuera de la empresa. Deben tomarse decisiones difíciles acerca de dónde y cómo ha de realizarse cada uno de los procesos para aumentar la productividad. No hay que plantearse reducir costes en un 5 o un 10 %,

> El primero, y más evidente, es tomar los tres caballos de batalla de la competencia —coste, calidad y servicio— y dirigirlos a nuevas metas.

sino en un 30 o un 40 %. En la mayoría de los casos, esto es lo que se requiere para ser competitivo en el mundo de China.

Respecto a la calidad, no pueden permitirse los errores. Hacerlo bien el 95 % del tiempo no es suficiente. Debe utilizarse Seis Sigma o cualquier otra metodología, pero hay que mejorar lo que no funciona.

El servicio es la ventaja más fácil de explotar. China está a miles de kilómetros de distancia de los mercados más desarrollados. ¿Recuerdan Gary Drug, el pequeño establecimiento de mi barrio donde no sólo conocen a todos los clientes por el nombre, sino que hacen entregas a domicilio en menos de una hora? No muestra signos de debilidad frente a su China particular, la parafarmacia nueva, grande y reluciente situada a escasas manzanas de distancia. Y recuérdese al director general mexicano que formuló esta pregunta. La proximidad de su país respecto a Estados Unidos supone una gran ventaja en tiempo de respuesta.

Una vez más, el desafío no es únicamente mejorar, sino romper el paradigma de servicios del sector o mercado al que se pertenece para que los clientes no estén tan sólo satisfechos, sino tan sorprendidos que cuenten en la calle, a los desconocidos, lo satisfechos que están. FedEx y Dell son buenos ejemplos de ello.

Hay que innovar para mejorar costes, calidad y servicio, pero no basta con quedarse ahí. Hay que mirar el mercado con nuevos ojos: buscar oportunidades ocultas y encontrar nuevos nichos. No hay que insistir siempre en el mismo material.

Aunque el mercado al que se sirve parezca saturado, en realidad abunda en demandas de nuevos productos, servicios y tecnologías. Es lo que Procter & Gamble ha descubierto recientemente. No había empresa más arraigada en su forma de hacer las cosas pero, en menos de cinco años, ha inyectado un nuevo vigor a sus esfuerzos innovadores. Acabó con su «síndrome Instituto Nacional de la Salud» y removió todos los rincones del mundo para encontrar inventores «de garaje» con ideas innovadoras. Su búsqueda de nuevas ideas les llevó a crear redes de contactos con otras empresas, proveedores, universidades, laboratorios de investigación y capitalistas de riesgo. Afinaron algunas de las ideas que encontraron y utilizaron otras para reinventar sus productos existentes. Por ejemplo, aplicaron la tecnología electrostática para pintar coches a su negocio de cosmética, transformando así el modo en que sus productos de maquillaje se aplican a la piel. Gracias a esta nueva disposición, la empresa también revitalizó su propio departamento de I+D. El resultado fueron productos de limpieza como Whitestrips o Swiffer, que literalmente inventaron nuevas categorías de productos de alto consumo.

Para finalizar, mientras se esté innovando y buscando nuevos productos, mercados y nichos, hay que hacerse a la idea de que China puede ser mucho más que un competidor.

Hay que pensar en China como en un mercado, una opción de subcontratación y un socio potencial.

A diferencia de Japón durante su desarrollo inicial, el inmenso mercado chino está relativamente abierto a la inversión directa. Muchos pueden ir a China a vender sus productos y abastecerse, a su vez, de productos para el propio mercado nacional.

Otra alternativa es unir fuerzas con algún mercado local. Es innecesario advertir que las empresas conjuntas con China no son fáciles.

Según mi experiencia, para lograrlo hay que asegurarse de que el socio chino sienta que gana mucho, quizá mucho más que el otro socio. Pero hay formas de redactar tratos en los que todos salen satisfechos. Cuando el negocio de equipamiento médico de General Electric formó una empresa conjunta en 1991, su socio chino aportó mucha información del mercado local, lo que fue un factor esencial para que la nueva empresa alcanzase el primer puesto en el mercado de productos de diagnóstico por imagen de alta calidad. Al mismo tiempo, los ingenieros chinos de la empresa conjunta diseñaron y construyeron productos de bajo coste y gran calidad que se exportaron mediante la red de distribución internacional de General Electric.

No quiero parecer ingenuamente optimista respecto a China. Su presencia actual en el mundo empresarial supone un verdadero cambio en el tablero de juego. Aunque se apliquen restricciones comerciales, se permita fluctuar su divisa y se aprueben leyes de propiedad intelectual, ninguna solución política conseguirá que China desaparezca.

No obstante, China es el típico caso del vaso que puede estar medio lleno o medio vacío.

Se puede observar la situación de China y verse uno como una víctima; u observar la misma situación y animarse a aceptar el desafío y conquistar las oportunidades que presenta.

Es mejor elegir la segunda opción. No es posible ganar retorciéndose las manos.

Esta pregunta me la planteó un miembro del público en Londres, durante una conferencia a la que asistieron unos tres mil directivos de niveles medio y superior:

> Se puede observar la situación de China y verse uno como una víctima; u observar la misma situación y animarse a aceptar el desafío y conquistar las oportunidades que presenta.

Noruega acaba de aprobar una ley que obliga a que la mitad de cada consejo de administración esté compuesto por mujeres. ¿Qué opina al respecto?

Me parece ridículo.

Evidentemente, no estoy en contra de las directivas. Han hecho contribuciones de gran importancia a miles de consejos de todo el mundo. De hecho, uno de los mejores directivos que he conocido es una mujer que formó parte del consejo de General Electric, G. G. Michelson, la antigua directora de recursos humanos en R. H. Macy & Co. y antigua responsable de la junta gestora de la Universidad de Columbia, cuya percepción de las personas y su sabiduría general me sirvió de guía durante dos décadas.

Sin embargo, no me gustan las cuotas, ni en la sala de juntas ni en el despacho. Las empresas ganadoras son meritocracias. Practican la diferenciación y hacen una distinción clara entre los empleados de rendimiento superior, medio e inferior. Este sistema es sincero y justo, así como la forma más eficaz de que una organización cuente con el mejor equipo posible.

Las cuotas minan las meritocracias. Hacen progresar de forma artificial a algunas personas, sin tenerse en cuenta sus calificaciones. Pueden desmotivar a las personas de rendimiento superior que se ven superadas de forma injusta; tampoco es conveniente, de cara a los resultados, que personas no preparadas se hagan cargo de trabajos importantes.

¿Qué funciona entonces?

Vuélvase unos instantes al capítulo que trata los ascensos; sus consejos no tienen en cuenta género ni color de piel. Si se desea progresar, lo mejor que puede hacerse es ofrecer resultados excepcionales, tratar a los subordinados con el mismo cuidado con que se trata al jefe, hacerse visible mediante el apoyo temprano a iniciativas importantes, atesorar la sabiduría de numerosos mentores y siempre, siempre, tener un planteamiento positivo y lleno de energía tanto en la vida como en el trabajo. Al mismo tiempo, no debemos obligar a nuestro superior a que utilice su capital político para defendernos, ni permitir que los reveses (que siempre los hay) nos hundan.

No digo que las mujeres y las minorías lo hayan tenido fácil en el mundo de los negocios; han debido superar muchas dificultades y necesitan mecanismos que les den un perfil más elevado en la empresa.

Uno de tales mecanismos son los grupos de diversidad, como la red de empleadas de General Electric, denominada Women's Network, o su Foro Afroamericano. Estos grupos facilitan que mujeres de éxito y ejecutivos pertenecientes a minorías sirvan de modelo; también proporcionan un marco para hablar de cómo las mujeres y las minorías pueden aumentar su experiencia y su capacidad para hacerse visibles en una organización. Fomentan el concepto de que el éxito es resultado del talento, la energía y el empuje, como sucede en toda meritocracia.

No obstante, el tema de la diversidad tiene más matices y complejidades de las que he descrito.

En General Electric, el Foro Afroamericano fue una iniciativa popular que empezó en 1990. Avanzó dando tumbos hasta que un vicepresidente primero, Lloyd Trotter, se hizo con el proyecto, que tomó un nuevo rumbo mediante seminarios, conferencias y programas con mentores. Con Lloyd al frente, todos los afroamericanos de la empresa quisieron sumarse al proyecto y todos los colegas de Lloyd ofrecieron su ayuda. El grupo despegó y con el tiempo también lo hicieron los ascensos para los afroamericanos.

Por otra parte, a mediados de la década de los noventa empecé a organizar cenas bianuales con mujeres de gran potencial, donde discutíamos los asuntos personales-laborales a los que se enfrentaban. En 1997, después de un largo tira y afloja, convencí al grupo para que crease su propia versión del Foro Afroamericano. Parecieron entusiasmadas pero, para mi sorpresa, a lo largo de las siguientes semanas advertí que algunas de las principales mujeres de la empresa ponían trabas a la idea. Sentían que ellas lo habían conseguido sin etiquetas y no querían que se las considerase como mujeres de éxito, sino como ejecutivas de éxito, independientemente de su género. Al cabo de unos años, esta conducta fue desapareciendo e incluso las más reticentes acabaron por disfrutar de colaborar, mediante sus conocimientos y su influencia positiva, al progreso de las mujeres de la empresa.

En lo que respecta a la pregunta sobre Noruega, la única cuota que siempre he pensado que funciona es la de exposición que utilizábamos en General Electric; es decir, nos asegurábamos de que había una mujer o el miembro de una minoría en cada lista de candidatos a los dos mil puestos más importantes de la organización. De esta forma quedaba garantizado que los directores viesen a los diferentes candidatos y que los diversos candidatos tuviesen su oportunidad.

Dediqué la primera mitad de mi ejercicio como director general a modificar la cartera y mejorar la competitividad de la empresa. La diversidad no entró en mis planes hasta la década de los noventa.

En la actualidad, sin embargo, si se desea presentar al mejor equipo, no podemos permitirnos un retroceso en este aspecto.

Asistentes a mis conferencias, de Nueva York a Sidney, me han formulado esta pregunta en numerosas ocasiones:

La única cuota que siempre he pensado que funciona es la de exposición.

¿Cómo eligió a su sucesor, Jeff Immelt, y cómo cree que ha desarrollado su trabajo hasta ahora?

Me encanta responder a la segunda parte de la pregunta, pues es muy fácil. Jeff lo está haciendo sorprendentemente bien; su liderazgo ha superado incluso mis expectativas. Me siento muy orgulloso de adónde ha llevado a General Electric y de la dirección que ha tomado la empresa.

Jeff fue nombrado presidente y director general de General Electric el 10 de septiembre de 2001, por lo que técnicamente llevaba un día en el cargo cuando los ataques terroristas cambiaron el panorama para todos. Jeff manejó la nueva incertidumbre del entorno económico con su seriedad y su determinación características. A pesar del cambio desfavorable en los sectores de aerolíneas, energía y reaseguros, condujo con maestría la compañía para lograr un modesto crecimiento anual de los beneficios desde el año 2001 hasta 2004.

Jeff también ha realizado cambios significativos en la cartera, que han situado convenientemente a General Electric para crecer en el futuro. Ha realizado adquisiciones en los sectores de medios, médicos, servicios financieros e infraestructuras y ha prescindido de activos industriales y de seguros de crecimiento más lento. Ha revigorizado las actividades de I+D con grandes inversiones en Munich, Shanghai y Schenectady, Nueva York. También ha otorgado una gran importancia a la diversificación, con resultados positivos inmediatos.

A lo largo del libro, he repetido en distintas ocasiones que el cambio es bueno. Jeff es la mejor prueba de ello.

En lo que respecta a su elección, es un tema del que prefiero no hablar. Había tres candidatos magníficos: Jeff, Bob Nardelli y Jim McNerney. No hay motivos para realizar una autopsia pública del proceso; pertenece al pasado. Tanto Bob como Jim han llevado a cabo un trabajo espectacular en sus nuevos cargos, Bob como director general de The Home Depot y Jim en 3M.

Diría que, una vez considerados todos los aspectos, el consejo y yo elegimos al que juzgamos mejor líder para General Electric, y Jeff nos está haciendo quedar muy bien.

Esta pregunta me fue planteada en una conferencia de dirección en Reykiavik, Islandia, y también durante una cena de negocios de doce invitados celebrada en Londres:

¿Cuál es el futuro de la Unión Europea?

A largo plazo es muy bueno.

Mientras China acapara toda la atención, algunas personas ven a la Unión Europea como una burocracia gigantesca y renqueante que nunca logrará acordar su acto colectivo lo bastante rápido para alcanzar su pleno potencial en la economía internacional. Quizá sea cierto a corto plazo pero, con el tiempo, la Unión Europea probará a sus detractores que estaban equivocados.

Debe recordarse que la Unión Económica Europea tiene menos de quince años. Y ya ha recorrido un largo camino. Imaginemos lo que sería unir en la actualidad los cincuenta estados de Estados Unidos; e imaginemos lo que sería unirlos si cada uno de ellos hubiese funcionado durante siglos con un gobierno, unas leyes, una lengua, una moneda y una cultura propias, como ha sido el caso de los miembros de la Unión Europea. En realidad, es sorprendente que lo hayan hecho tan bien en un plazo tan breve de tiempo.

Es indudable que a la Unión Europea le queda cierto camino por recorrer antes de poder ver materializados los sueños económicos y las esperanzas de sus miembros. Pero sus estadísticas actuales bastan para ofrecernos una idea de su potencial. Con veinticinco países, la Unión Europea cuenta con 450 millones de habitantes, un 50 % más que Estados Unidos, y su PIB es de 11 billones de dólares, aproximadamente el mismo de Estados Unidos, 2,5 veces el de Japón y unas siete veces el de China.

Estas cifras son impresionantes y no harán más que mejorar cuando la Unión Europea reciba la influencia de sus nuevos miembros, Polonia, Hungría, Eslovaquia, la República Checa y las otras naciones de la «Nueva Europa». En la pasada década, de Budapest a Bratislava y de Praga a Varsovia, he visto emoción, optimismo y logros importantes. Una nueva generación de emprendedores y de pequeños empresarios espera deseosa las nuevas oportunidades y el éxito. Sus gobiernos han respondido reduciendo los impuestos y ofreciendo otros incentivos empresariales. El resultado ha sido un significativo crecimiento económico, sobre todo en comparación con el que se ha dado en la Vieja Europa.

Sí, la «Vieja Europa» tiene problemas y una larga historia. Bruselas está plagada de burócratas, y los gobiernos de muchas naciones luchan para conservar la soberanía que tanto les ha costado conseguir. Con sus arraigadas tradiciones culturales, Francia y Alemania se muestran algo escépticas respecto a la Unión Europea y a menudo sólo consideran sus propios intereses.

Pero no son problemas insuperables. Washington, Tokio y Pekín también están llenos de burócratas. Asimismo, a medida que surjan nuevas generaciones de líderes en toda Europa y el liderazgo de la Unión Europea crezca de año en año, la influencia de los gobiernos del antiguo orden económico irá perdiendo terreno. El gobierno francés, por ejemplo, ha empezado a relajar su apoyo inamovible a la semana de treinta y cinco horas y propone a las empresas que negocien directamente con los empleados los horarios laborales.

Con el tiempo (y quizás antes de lo esperado) las presiones de la competencia internacional y la energía de la «Nueva Europa» tendrán un potente efecto combinado. El peso paralizante del socialismo desaparecerá gradualmente y la Unión Europea avanzará de forma continuada, espoleada por una aceptación creciente del capitalismo.

> El peso paralizante del socialismo desaparecerá gradualmente y la Unión Europea avanzará de forma continuada.

Esta pregunta surgió en una serie de conferencias sobre tecnología e innovación celebrada en Las Vegas duran-

te tres días, en la que participaron unos veinte conferenciantes. Yo era uno de ellos.

¿Cómo considera que la ley Sarbanes-Oxley modificará el consejo de administración?

Esta pregunta, que he escuchado en diversas formas y en diferentes localizaciones, como Australia y Europa, refleja una creciente atención por el ejercicio del poder, un tema de discusión que solía estar reservado a las reuniones de accionistas o a las aulas de las escuelas de negocios.

No obstante, a raíz de los escándalos corporativos la gente empezó a preguntarse dónde estaban los consejos y las juntas cuando éstos se produjeron y por qué no vieron lo que sucedía.

Se aprobaron de inmediato leyes y regulaciones para que el consejo de administración y sus principales ejecutivos se hicieran más responsables de las corrupciones que pudieran producirse. Por lo general estas reglas, como la ley Sarbanes-Oxley, son buenas y necesarias para recuperar la confianza económica.

Sin embargo, las leyes nunca garantizarán un buen gobierno corporativo. Es imposible que la comisión de finanzas de un consejo, formada por un profesor de finanzas, un contable y varios directores generales muy ocupados y alejados entre sí, se reúna un par de días al mes para estudiar los libros de una empresa y verificar que todo está en orden. Tómese el caso de un miembro del consejo de administración de un banco multinacional: tiene gente negociando en todos los campos, cambiando yenes por euros en Londres mientras al fondo del pasillo otros apuestan por bienes estadounidenses en el mercado de futuros. Pero incluso las pequeñas empresas son demasiado complejas, con cientos de transacciones diarias, cercanas y lejanas, para que una comisión pueda seguirles la pista.

Los consejos no pueden constituirse en policía, pero sí pueden asegurarse de que la compañía tenga auditores, rigurosos procesos internos, controles severos y una cultura adecuada a tal propósito.

Los consejos de administración también cumplen otras funciones. Eligen al director general y aprueban la alta dirección. Teóricamente conocen los miembros del equipo dirigente tanto como a sus propios colegas. Además controlan la misión de la empresa: ¿es auténtica?, ¿se entiende?, ¿se practica?, ¿puede triunfar?, se cuestionan.

Asimismo, calibran la integridad de la compañía. Es una tarea inmensa. Deben visitar las operaciones externas y mantener conversaciones cara a cara con personas de todos los rangos. Es en esta función de vigilancia sutil y matizada de la integridad donde pueden ejercer su auténtica contribución.

Para algunos consejos, la ley Sarbanes-Oxley supondrá un auténtico cambio de conducta. Tendrán que dejar de considerar sus trabajos como ocho, diez o doce reuniones anuales a puerta cerrada con almuerzos deliciosamente servidos.

Para otros, no hará más que reforzar su planteamiento previo.

Ahora bien, en la precipitación para reaccionar ante los escándalos, tal vez la ley Sarbanes-Oxley haya llegado demasiado lejos, por ejemplo, en las reglas que suponen la superioridad de los directores independientes por encima de los directores que tengan algún tipo de interés en la empresa, sea como inversores, proveedores o en cualquier otra forma de asociación empresarial.

Este nuevo requerimiento necesita replantearse con grandes dosis de sentido común.

No hay nada malo en que el propio interés de los directores esté en juego. Por el bien de los accionistas, a los directores debe importarles de verdad la marcha de la empresa. Sin embargo, la noción de que los directores independientes son mejores para la empresa puede tener la consecuencia indeseada, en algunos casos, de eliminar el buen juicio y la experiencia donde más se necesita.

Tómese el caso de Sam Nunn, el distinguido ex senador de Georgia. O Roger Penske, el emprendedor de la industria automovilística. Ambos se vieron obligados a abandonar consejos esenciales de

General Electric. ¿Por qué? Después de dejar el Senado, Sam se unió a King & Spalding, una firma jurídica con la que General Electric había hecho negocios durante años. En el caso de Roger, tenía un interés minoritario en una pequeña empresa conjunta de alquiler de camiones con General Electric. También ilustrativo es el caso de Warren Buffett; los activistas lo quisieron fuera de la comisión auditora de Coca-Cola a causa de su gran participación como accionista.

¿Quién mejor que estos tres hombres para representar a los accionistas en comisiones clave? ¿Un profesor? ¿Un experto en contabilidad? ¿El director de una fundación de caridad? ¿Por qué los accionistas querrían que los ejecutivos de la empresa respondiesen ante personas que quizá necesiten el salario de un director para que todo les cuadre? Es muy poco probable que esta especie de directores deseen desafiar lo establecido; lo más posible es que escurran el bulto con la esperanza de que los vuelvan a contratar.

Cabe recordar que los consejos de administración existen para apoyar y guiar, así como para desafiar, a la dirección. Sería una lástima que la ley Sarbanes-Oxley acabase convirtiéndolos en una reunión de adversarios. Los miembros del consejo nunca deben olvidar que su principal tarea es hacer que la empresa funcione mejor, no entrar en una dinámica «nosotros contra ellos» con las personas a las que supuestamente deben ayudar.

> Los miembros del consejo nunca deben entrar en una dinámica «nosotros contra ellos» con las personas a las que supuestamente deben ayudar.

En el análisis final, los mejores miembros del consejo comparten cuatro características muy simples: buen carácter, sentido común, sensatez de juicio (sobre todo en lo referente a las personas) y el valor de pronunciarse.

Las leyes son buenas y convenientes, pero son las personas, la cultura, los procesos, los controles y... unos directivos íntegros los que inyectan rectitud en la sangre de una empresa.

Esta pregunta surgió durante un desayuno en Copenhague, donde me reuní con treinta directores europeos que trabajaban para compañías internacionales en Escandinavia.

Estoy a punto de trasladarme para dirigir nuestras operaciones en África occidental. Me han dicho que posiblemente un 40 % de mi fuerza de trabajo tendrá SIDA o algún miembro de su familia sufrirá la enfermedad. ¿Alguna sugerencia sobre cómo tratar el problema?

Ninguna pregunta me ha confundido tanto como ésta.

Por si no fuera lo bastante turbadora, otra persona presente en el desayuno, un ejecutivo de una empresa de bienes de consumo, añadió: «Acabo de regresar de nuestras operaciones en África. La cifra está más cercana al 60 %.»

¿Qué puede hacer un líder ante una situación tan espantosa? ¿Qué puede hacer una empresa?

Es en la confrontación de un problema social cuando los resultados de una empresa ganadora y una buena cultura se unen para marcar la diferencia. En el inicio de este libro, defendí las bondades del éxito porque inspira a las personas para que sean felices, creativas y generosas.

Eso fue hablando a seis mil metros de altura. Esta pregunta nos lleva a ras de suelo.

El director que me planteó la cuestión trabajaba para una compañía petrolífera muy rentable y sentí que realmente deseaba hacer algo. Lo logrará, puesto que forma parte de una empresa de éxito. Puede crear programas para informar a la fuerza de trabajo acerca del SIDA, proporcionar instalaciones médicas y subvencionar los costosos fármacos que requiere la enfermedad. Puede mejorar la vida de cientos de personas y estoy convencido de que así lo hace.

Las empresas triunfadoras ayudan constantemente.

Entre los empleados de General Electric hay más de cincuenta mil voluntarios activos, involucrados en cuatro mil proyectos anuales que abarcan desde ofrecer clases en escuelas de todo el mundo hasta participar en incontables programas para los necesitados. Gracias a los esfuerzos de estos voluntarios, se han llevado a cabo sorprendentes proyectos comunitarios en ciudades húngaras, en suburbios de Yakarta y en los barrios del centro de Cincinnati. Estos proyectos no sólo fueron de gran utilidad para los necesitados, sino también para los que ofrecieron su ayuda. Su voluntariado en la calle dio a su trabajo en la oficina más significado y vitalidad.

Chris Navetta llegó a Eslovaquia en 2002 para dirigir la planta que acababa de adquirir U. S. Steel en Kosice. Era una fábrica de seiscientos empleados en una ciudad de la empobrecida región oriental del país, que contaba con un 23 % de desempleo. Chris y su equipo se hicieron cargo de una auténtica reliquia del comunismo (una empresa estatal que perdía dinero) y con una inversión de 600 millones de dólares la convirtieron en una operación muy rentable. Entretanto, también invirtieron grandes cantidades de tiempo y dinero en Kosice. La lista de sus contribuciones es demasiado extensa para exponerla en su totalidad, pero incluye la construcción de un ala de oncología en el hospital infantil, remodelar las aulas de la escuela y dotarlas de ordenadores, o la restauración de varios orfanatos e instalaciones para personas invidentes.

Considérese también todo el apoyo ofrecido por los negocios de todo el mundo tras el trágico tsunami de la Navidad de 2004. En cuestión de días, las empresas y sus empleados donaron miles de millones de dólares en efectivo y en suministros para ayudar a los habitantes de las poblaciones devastadas. Fue un ejemplo de generosidad de primer orden.

No hablo de bondades intrínsecas ni quiero que parezca que expongo el típico informe anual. Así es como funciona un buen negocio. Las compañías que triunfan devuelven el fruto de sus éxitos para que todos salgan ganando.

Esta pregunta me la planteó el periodista que actuaba como moderador en una sesión de preguntas y respuestas celebrada durante una conferencia de dirección de empresas en Londres, que contó con unos tres mil asistentes.

¿Se ha planteado entrar en política?

Nunca.

No es que no aprecie al gobierno. Todos estamos agradecidos a los funcionarios que han hecho de la seguridad nacional y de la erradicación del terrorismo el trabajo de su vida. Asimismo, el gobierno nos proporciona otros servicios que son vitales para la sociedad: escuelas, hospitales y policía, por nombrar sólo tres.

Pero el gobierno, con todas sus bondades, está plagado de los mismos problemas que los negocios, sólo que nadie parece saber cómo solucionarlos.

Básicamente el gobierno está infestado de burocracia, despilfarro e ineficacia. En una empresa es posible acabar con ellos y es imprescindible hacerlo. En el gobierno, se hacen eternos.

¿Los motivos? Para empezar, es difícil subir o bajar la categoría de las personas en función de los méritos. La mayor parte de los organismos gubernamentales no tienen nada parecido a la diferenciación. Se puede trabajar durante cuarenta años sin sobresalir ni obtener buenos resultados y seguir disfrutando del ascenso anual. Por otra parte, en el gobierno no es posible actuar ni hablar con sinceridad sin acabar entre la espada y la pared. Es un mundo plagado de compromisos, tutelas y compensaciones.

Sí, todas estas conductas existen en los negocios, pero los ejecutivos pueden luchar contra ellas o unirse a una empresa que así lo haga.

Para terminar, los gobiernos pueden permitirse ser burocráticos porque no compiten. Durante el último período electoral, el gobernador de Indiana anunció a bombo y platillo que iba a retirar a su estado de un proyecto industrial que uno de sus departamentos había iniciado en India. Se le aplaudió mucho por su patriotismo. Era cómico. Para el gobernador era fácil retirar el proyecto de India, pues en el sector público no es imprescindible suministrar productos de valor más elevado o encontrar soluciones que impliquen un menor coste para generar ingresos. Basta con subir los impuestos para pagarlo todo.

Por tanto, aunque el gobierno es muy importante, no está hecho para mí. A lo largo de estas páginas he insistido en la importancia de hacer algo que nos apasione.

Es este caso, he seguido mi propio consejo.

Esta pregunta me la han formulado en todas partes.

¿Sigue jugando al golf?

Parece que a la gente le encanta el golf. Vaya donde vaya, quizá porque incluí un capítulo sobre el golf en mi anterior libro, siempre me preguntan por mi handicap y si ha mejorado desde que me jubilé.

La respuesta es que ya no juego al golf.

Y, creánlo o no, no lo echo de menos.

Mi obsesión por el golf se prolongó durante casi sesenta años, desde mis primeros días de jugador y *caddy* a los diez años de edad hasta mi primera operación de espalda en el año 2002. Desde entonces me he sometido a dos operaciones más y, afortunadamente, mi espalda está mucho mejor. Pero no me siento inclinado a probar tal afirmación con un swing... los que hayan tenido problemas de espalda, entenderán mi postura.

Sin embargo, la ausencia del golf ha abierto ante mí todo un mundo de nuevos intereses. Es increíble el tiempo libre del que se dispone cuando uno no se pasa todo el día en el campo de golf. Me encanta asesorar a varias empresas y a sus directores generales. También he descubierto mi pasión por el arte moderno y, por fin, puedo disfrutar de mi eterna devoción por los Red Sox y asistir a todos los partidos que puedo. Asimismo, he viajado por todo el mundo con mi esposa y mis cuatro hijastros, y he disfrutado de otros paisajes, distintos de salas de conferencias y fábricas; también he conocido a personas muy interesantes, cuyas preguntas han dado lugar a este libro.

Siempre me han atraído las novedades. Me sienta bien mirar hacia el futuro, aprender y crecer. El golf era maravilloso, me proporcionó grandes amigos de los que he disfrutado y disfruto desde hace décadas, así como la diversión de competir.

Pero si no se puede jugar, no se juega y, aunque parezca mentira, el mundo no se acaba.

Para terminar, una pregunta que me planteó un asistente a una conferencia empresarial en Frankfurt, en la que participaban unas dos mil quinientas personas.

¿Cree que irá al cielo?

Tras unos instantes de silencio por la sorpresa, mi primera respuesta fue: «¡Bueno, espero que se trate de un plan a largo plazo!»

Sin embargo, una vez el público dejó de reír (todos estaban tan sorprendidos como yo por la pregunta), el hombre que la había planteado aclaró que deseaba conocer lo que yo consideraba mi legado.

En primer lugar, odio la palabra «legado», pues suena demasiado arrogante. Los presidentes y los primeros ministros dejan legados. Yo sólo dirigí una empresa y he escrito un par de libros.

No obstante, al final de este libro ha surgido la pregunta, por lo que intentaré responderla.

Si hay algo por lo que me gustaría que se me recordase es por haber ayudado a que las personas entiendan que el liderazgo consiste en ayudar a otros a crecer y tener éxito. Para repetirme, el liderazgo no es una cuestión únicamente personal; también implica a los otros.

Además me gustaría que se me recordase como un gran abogado de la sinceridad y la meritocracia, así como por creer que todos se merecen una oportunidad. También por defender que nunca hay que considerarse una víctima.

Ahora bien, no es ningún secreto que he cometido numerosos errores a lo largo de mi carrera. Hice algunas malas adquisiciones, contraté a algunas personas equivocadas y fui demasiado lento de reflejos en lo que respecta a detectar ciertas oportunidades. Y ésta es sólo una pequeña parte de la lista.

En lo que respecta a mi vida personal, tengo cuatro hijos y nueve nietos magníficos. Mi amor y mi admiración por ellos no puede expresarse con palabras, y sus vidas felices y plenas me producen un infinito placer. Sin embargo, he pasado por dos matrimonios que no funcionaron. La vida continúa para bien, pero nadie que ha vivido dos divorcios se siente orgulloso de ellos.

En cuanto a lo del cielo, ¿quién sabe? Sin duda no soy perfecto, pero si preocuparse por las personas con todo nuestro ser y ofrecer a la vida cuanto se tiene a diario da varios puntos, entonces supongo que tengo alguna opción.

Aunque espero no descubrirlo pronto, porque ¡me queda mucho por hacer!

Agradecimientos

LOS NEGOCIOS SON UNA CUESTIÓN de personas. En realidad, la vida son sólo personas: familia, amigos, colegas, jefes, profesores, instructores y vecinos. En última instancia, las personas son lo único que importa.

Son personas las que han dado forma a este libro. En primer lugar, miles de hombres y mujeres de todo el mundo cuyo extraordinario interés por los negocios, como cito en mi dedicatoria, les hizo alzar la mano y plantear las preguntas que han llenado estas páginas. Les agradezco que hayan compartido sus historias con sinceridad, que hayan hablado sin tapujos de los siempre cambiantes desafíos del trabajo y me hayan ayudado a formular mis ideas sobre cómo hacer bien las cosas.

También estoy profundamente agradecido a las personas que dedicaron una o dos horas (a menudo más) a charlar conmigo de sus experiencias, para que las ideas de este libro estuvieran llenas de vida: Bill Harrison y Jamie Dimon de JPMorgan Chase; Steve Klimkowski de Northwestern Memorial HealthCare; George Tamke, socio de Clayton, Dubilier & Rice; David Novak, responsable de Yum! Brands; Bob Nardelli de The Home Depot; Robert Bagby de A. G. Edwards; Perry Ruddick, vicepresidente jubilado de Smith Barney; Maxine McKew de Australian Broadcasting Company; Kevin Sharer de Amgen; Jimmy Dunne de Sandler O'Neill & Partners; mi viejo amigo Paolo Fresco, anterior vicepresidente de General Electric y ex director general de Fiat; Gerry Roche de Heidrick & Struggles; Joel Klein, responsable de las escuelas públicas de la ciudad de Nueva York; Jim McNerney de 3M; Paolo Monferino de Case New Holland; Dara Khosrowshahi de Expedia, y Chris Navetta de U. S. Steel; de General Electric, Bill Conaty, Gary Reiner, Susan Peters, Dennis Dammerman, Mark Little, John Krenicki y Charlene Begley. Bob Nelson, mi analista financiero en General Electric durante muchos años, ha sido un lector de gran ayuda durante todo el proceso.

Varias personas no aparecen con nombre propio en el libro, pero sus ideas han sido esenciales para perfilar el contenido de éste. Linda Gosden Robinson, presidenta de Robinson Lerer & Montgomery, compartió con nosotros su considerable experiencia en el capítulo sobre gestión de las crisis. Respecto al capítulo que trata el equilibrio entre vida personal y laboral, estoy en deuda con el profesor Stew Friedman, de la Wharton School, y con Claudio Fernández-Aráoz, de la firma de localización de ejecutivos Egon Zehnder. El capítulo sobre fusiones y adquisiciones contó con la ayuda del experto David Fubini, de McKinsey & Company, mediante una conversación larga y profunda. Y mi recién descubierto conocimiento (mínimo) de filosofía lo debo en su totalidad a las ideas de Nancy Bauer, profesora en la Universidad de Tufts.

Este libro se inició con dos páginas de notas garabateadas. El producto acabado que ahora está en sus manos debo agradecérselo a un grupo estelar, especialmente a las personas con cuatro E y una P de HarperCollins: nuestro maravilloso editor, Leah Spiro, cuya lucidez y pasión por este libro nunca menguaron; Jane Friedman, una ferviente creyente y defensora de la actitud positiva, y Marion Maneker, cuya profunda sabiduría nos sirvió de guía a lo largo del proyecto. También deseamos transmitir nuestro agradecimiento al magnífico equipo que se encargó del marketing: Joe Tessitore, cuya experiencia, energía y decisión hicieron posible este libro, así como a Brian Murray, Stephen Hanselman, Paul Olsewski, Keith Pfeffer y Larry Hughes; a la diseñadora del libro, Leah Carlson-Stanisic; a su correctora, Anne Greenberg y al editor adjunto Knox Huston. Nuestra agente, Helen Rees, fue una preciada amiga y un apoyo entusiasta, y Megan LaMothe realizó una labor tenaz en la comprobación de los datos.

Mi ayudante, Rosanne Badowski, leyó todos los borradores de este libro, cuestionó su contenido, analizó frases y mejoró cada uno de los capítulos. Su cuidado y su atención fueron notables, y le agradezco las interminables horas que dedicó a este proyecto.

Para terminar, no hay palabras suficientes para agradecer a mi esposa, Suzy, el trabajo realizado en este libro. Sus implacables preguntas me revelaron todas las ideas que tenía de los negocios, y su habilidad para organizar y reestructurar mis observaciones aleatorias (en muchos casos) hizo este libro mucho mejor de lo que yo nunca habría soñado. Siempre digo que Suzy es la persona más inteligente que he conocido, y durante el último año de redacción del texto lo ha probado con creces. Suzy escribió y volvió a escribir incontables borradores de cada capítulo, sin dejar de ser ni un instante una madre extraordinaria para sus cuatro hijos maravillosos. Me sorprende cada día.

Este último año hemos pasado momentos formidables debatiendo y discutiendo, día y noche, todo el material que ha acabado por conformar este libro. ¡La conversación nunca se detenía! Mientras viajaba por todo el mundo y me reunía con personas, respondía a sus preguntas y yo también me planteaba muchas, Suzy siempre estuvo a mi lado, escuchando, analizando y haciéndome consciente de lo que sabía y de lo que podía saber.

Ha sido un duro trabajo y un gran placer. Suzy, tú lo has hecho posible.

Jack Welch
Boston, febrero de 2005

Índice temático

productividad: 184, 221, 330
    Competencia y: 361
    mediante el proceso *Work-Out*: 68
    Seis Sigma y: 363

Quackenbush, Chris: 313

RCA: 185, 247, 254-255
Reagan, Ronald: 168
recompensas
    como motivación: 112, 120-123
    Diferenciación y: 53, 59
    Empleados brillantes y: 53
    Misión y: 28, 81
    por las grandes ideas: 199
    Valores y: 32
reconocimiento: 112, 120-121, 122
recursos humanos: 112, 113-117, 120, 326
    Cualidades necesarias para: 14-15, 113-114, 116-117
    Equilibrio vida laboral-personal y: 344, 346, 347, 349
    Estrategia y: 184
red de relaciones: 292, 306-307
Red Sox de Boston: 58, 77, 377
reducción de costes:
    como respuesta competitiva: 43, 361-362
    Seis Sigma y: 263, 265
    Sinceridad y: 39
reducción de plantilla: 28, 43, 133, 135-137, 142-143
    Noticias en los medios de una: 172-173
    por fusiones y adquisiciones: 236, 253-254
    Prepararse para la: 135-136
    Véase también despidos
Reed, Charlie: 89
Reiner, Gary: 340-341
relaciones problemáticas, 125-128

Reliance Electric: 81
resistencia: 102
resistencia: 18, 19, 257-261, 318-319
responsabilidad: 217, 370
    Desconexión misión-valores y: 34-36
    fraude contable: 156, 158, 164, 326
    Ley Sarbanes-Oxley y: 21, 112, 118, 370-372
    Misión y: 28, 29
    Prevención de: 164-166
    Victimismo frente a: 18, 19, 259-261, 318-320, 357, 362, 363, 378
Ripplewood Holdings: 158
Robb, Walt: 192, 194
Robinson, Linda Gosden: 361
Roche, Gerry: 290-291
Rodriguez, Alex: 59
Rosso, Jean-Pierre: 251
Rowe, Brian: 197
Ruddick, Perry: 297

salario. *Véase* compensación
Sandler O'Neill & Partners: 313
Sandler, Herman: 313
Seis Sigma: 20, 97, 186, 263-269, 308, 340, 361
    Dos aplicaciones de: 266-267, 268-269
    Explicación de: 264-266
sensibilidades comunes: 275, 277-279
Serie Continuum: 192, 194
Series Mundiales: 77, 91
servicio: 26
    como estrategia: 183, 186, 195-196, 360-362
Servitje, Daniel: 113
Sharer, Kevin: 303-304, 305
SIDA: 21, 373
Siemens: 191
sinceridad: 15, 28, 37-47, 243, 357
    Beneficios de la: 37-38
    Ejercicio de la: 43-45